Petr Jašek

mit Rebecca George

GEFANGEN MIT DEM IS

Glaube leben im Angesicht des Terrors

Deutsch von Beate Zobel

BRUNNEN | HMK

MIX
Papier aus verantwortungsvollen Quellen
FSC® C083411
FSC www.fsc.org

Lektorat: Carolin Kotthaus
Umschlagfoto: © shutterstock/© Peter Jasek, privat
Umschlaggestaltung: Jonathan Maul
Fotos: © Peter Jasek, privat
Karte S. 283: © Brunnen Verlag
Satz: DTP Brunnen
Druck: CPI Books GmbH
Gedruckt in Deutschland
ISBN Buch 978-3-7655-4356-2
ISBN E-Book 978-3-7655-7574-7
www.brunnen-verlag.de

Geleitwort

Am Flughafengate verhaftet. Von einem korrupten Regime festgehalten. Im Gefängnis mit dem IS. Und die Fragen: Was wird mit meiner Familie? Komme ich hier wieder raus? Angst. Sorge. Und doch auch das Aufblitzen von Bibelworten. Ruhe und Trost, die man gar nicht erklären kann.

Was wie ein Albtraum klingt, hat Petr Jašek erlebt. Darüber berichtet er in diesem Buch. Aber er hat noch mehr zu sagen! Er hat erfahren, wie Jesus trägt, wie die Bibel zu einer überwältigenden Kraftquelle wird. Und wie er als ein Nachfolger Jesu die Möglichkeit hat, seinen Glauben Menschen zu bezeugen, mit denen er wahrscheinlich außerhalb des Gefängnisses nie ins Gespräch gekommen wäre. Und das alles mitten in seinem eigenen Leiden, der eigenen Unsicherheit und Angst.

Paulus schreibt im Philipperbrief, dass die Leiden aufgrund von Verfolgung, die er erlebt, nur zur Förderung des Evangeliums dienen. Diesen Blick brauchen wir auch! Wir dürfen lernen, nicht bei unseren Schwierigkeiten stehen zu bleiben, sondern darauf zu vertrauen, dass nach Römer 8,28 denen, die Gott lieben, alle Dinge zum Besten dienen. Wenn Jesus seinen guten Plan in unserem Leben zum Ziel bringt, dann kann ein gefangener Tscheche zum Prediger für den IS-Terroristen werden. Und dann kann Gott auch Sie und mich gebrauchen, da wo er uns hingestellt hat.

Das vorliegende Buch ist ein Einblick in die Erfahrungswelt verfolgter Christen von heute. Es ist aber auch noch mehr: Wer heute in seinem Glauben angefochten wird, wem die Kraft fehlt und die Hoffnung schwindet, für den ist dieses Buch ein Mutmacher. Denn es zeigt, wie Gott trägt und wie er auch noch die schwierigste und ausweglosesste Situation gebrauchen kann – und uns mittendrin, in all unserer Schwäche. Das neu zu erkennen und zudem zu einem Beter für die verfolgte Gemeinde zu werden, dazu gebe Gott beim Lesen seinen Segen.

Manfred Müller
Missionsleiter
Hilfsaktion Märtyrerkirche

Der Sudan in einer Zeit der gewaltsamen Islamisierung

Bereits seit Jahrzehnten kämpfen Millionen von Menschen im Sudan ums Überleben, sie sind extremer Armut, Hungersnot und politischer Instabilität ausgesetzt. Doch wer in diesem Land, das von Islamisten nach den Gesetzen der Scharia regiert wird, als Christ leben will, hat es noch viel schwerer. Seit rund dreißig Jahren ist es ein offen kommuniziertes Ziel der sudanesischen Regierung, die Christen im Land und alle Menschen, die nicht arabischer Abstammung sind, auszurotten.

1989 kam Omar Hassan al-Baschir durch einen Militärputsch an die Macht und regierte fortan das Land nach islamisch-fundamentalistischem Recht. Mit seinem brutalen Machtapparat schüchterte er die sudanesischen Christen ein. Verhaftungen und Folter waren an der Tagesordnung. Kirchen wurden gesprengt und abgerissen. Ziel war, das Land immer weiter zu islamisieren.

Die USA bezeichneten die sudanesische Regierung 1993 offiziell als ein Regime, das terroristische Organisationen unterstützt, da verschiedene Islamisten vom Sudan aufgenommen worden waren, darunter auch Osama bin Laden.

Der jahrzehntelange blutige Bürgerkrieg endete 2005 mit einem Friedensabkommen. Im Jahr 2011 trennte sich der südliche Teil des Sudan vom Norden ab, um den neuen Staat Südsudan zu bilden. Dieser ist vorwiegend christlich-animistisch, während der Norden – der jetzige Staat Sudan – mehrheitlich muslimisch ist.

Gerade in der westlichen Provinz Darfur gab es bewaffnete Aufstände gegen die Regierung und al-Baschir wurde in seinem Kampf gegen die verschiedenen, überwiegend schwarzafrikanischen Rebellengruppen von lokalen arabischen Reitermilizen unterstützt. Zusammen mit den sudanesischen Regierungstruppen begingen die Milizen schwere Menschenrechtsverletzungen an der Zivilbevölkerung. Es gab mindestens dreihunderttausend Tote und vier Millionen Menschen wurden vertrieben.

Bevor der Süden des Landes ein selbstständiger Staat wurde, machte sich al-Baschir am Tod von nahezu zwei Millionen Christen im südlichen Sudan, im Bundesstaat Blauer Nil und in den Nuba-Bergen schuldig. Allein über den christlichen Dörfern in der Nuba-Region warf das sudanesische Militär mehr als viertausend Bomben ab, zerstörte Kirchen, Schulen und Krankenhäuser. Das Christentum vollständig aus dem Land zu entfernen war das erklärte Ziel der Angriffe. Gläubige wurden wie Kriminelle behandelt und viele wurden verhaftet und gefoltert. Man erhob falsche Anklagen, sprach ungerechte Urteile und verhängte sogar oft die Todesstrafe.

Im März 2009 erließ der Internationale Strafgerichtshof in Den Haag einen Haftbefehl gegen den damals 65-jährigen Baschir – wegen Verbrechen gegen die Menschlichkeit und Kriegsverbrechen im anhaltenden Darfur-Konflikt. Zum ersten Mal überhaupt wurde ein Haftbefehl gegen einen amtierenden Staatschef ausgestellt. Weitere Anklagepunkte waren Massenvernichtung, Deportation,

Folter und Vergewaltigungen im westlichen Sudan. Im folgenden Jahr wurde ein zweiter Haftbefehl erlassen, dieses Mal wegen gezielter Planung eines Völkermordes in der Provinz Darfur.

Trotz der Haftbefehle blieb Baschir jahrelang weiterhin im Amt und terrorisierte die Christen in seinem Land, bis das Militär den Diktator nach mehrmonatigen Protesten der Bevölkerung am 11. April 2019 endlich absetzte.

Die in diesem Buch berichteten Begebenheiten fanden einige Jahre vor Baschirs Sturz statt, als er noch Staatspräsident war.

Zum Schutz der Christen, für die sich die NGO *Hilfsaktion Märtyrerkirche* einsetzt, und besonders zum Schutz aller Personen, mit denen Petr zusammenarbeitet, wurden manche Namen verändert und bestimmte Details in der vorliegenden Geschichte verallgemeinert oder nicht konkretisiert.

Er hat euch die Gnade erwiesen, nicht nur an Christus zu glauben, sondern auch für Christus zu leiden. *Philipper 1,29 (NGÜ)*

Vorwort

Sonntag, 19. Mai 2013
Tschechien

Mit einem Rums fiel die schwere Stahltür hinter mir ins Schloss. Nun war ich gefangen in einem Raum, in dem es kaum Luft zum Atmen gab. Die mit dreckigen Flecken beiger Farbe gepünkelte Tür hatte im oberen Bereich ein kleines Fenster, etwa zehn mal zwanzig Zentimeter groß. Ich saß auf den eiskalten Bodenfliesen, starrte auf das kleine Rechteck in der Tür, hinter dem die Freiheit lag, und fühlte mich von der übrigen Welt vollkommen vergessen.

Meine Gedanken wanderten zu meiner Tochter Vanda – oder „Váva", wie wir sie nennen. Sie ist eine hübsche und begabte junge Frau, die in dieser Woche ihr Medizinstudium abschließen sollte. Aber anstatt bei ihr zu sein und eines der wichtigsten Ereignisse ihres Lebens mit ihr zu feiern, saß ich hinter Schloss und Riegeln. Scham stieg in mir auf.

Plötzlich verschwammen die Wände, zwischen denen ich eingesperrt war, und es war mir, als würde die Zelle in Dunkelheit versinken. Mein Herz klopfte heftig, Schweißperlen rannen über meine Stirn und brannten in meinen Augen. Konnte ich mich bewegen? Arme und Beine schienen mir nicht mehr zu gehorchen.

Dann spürte ich etwas Weiches. Unter mir war ein Laken, ein Bett – ich war an einem vertrauten, sicheren

Ort. Ein Kribbeln durchzog meinen Arm, ich streckte ihn aus und meine Hand berührte meine Frau, die neben mir schlief. Auch sie heißt Vanda. Die ersten Strahlen der Morgensonne verfingen sich in ihrem langen blonden Haar und ich betrachtete sie dankbar. Sie war immer noch so schön wie vor dreiundzwanzig Jahren, als ich sie geheiratet hatte.

Erleichtert ließ ich meinen Kopf aufs Kissen zurückfallen und atmete tief durch. Nur ein Traum! Doch im nächsten Moment stiegen Fragen auf, die sich wellenartig in meinem Kopf breitmachten.

Sprach Gott durch diesen Traum zu mir? War das eine Warnung? Hatte ich irgendetwas getan, für das ich verhaftet werden konnte?

Es war Zeit für uns, aufzustehen und uns für den Gottesdienst fertig zu machen. An diesem besonderen Sonntag besuchten Mitglieder unserer Gemeinde in Kladno in der Tschechischen Republik eine befreundete Gemeinde in Karlsbad, dem malerischen Kurort an der Grenze zu Deutschland.

Mit mehreren Autos fuhren wir die eineinhalbstündige Strecke Richtung Westen. Ich schwieg die meiste Zeit, während die schöne, weite Landschaft an uns vorüberzog. Meine Gedanken drehten sich immer noch um diesen seltsamen Traum.

Wieso war ich im Gefängnis? Hatte ich vielleicht einen Fehler bei meiner Steuererklärung gemacht?

Wir kamen rechtzeitig an und wurden schon auf dem Parkplatz von einem Ältesten der Gemeinde in Karlsbad begrüßt. Dass mich etwas belastete, spürte er sofort.

„Petr, was ist los?"

„Alles gut", antwortete ich. Aber eigentlich ging es mir gar nicht gut. Dieses beklemmende Gefühl, das ich beim Aufwachen verspürt hatte, wollte einfach nicht verschwinden. Bedrohlich hallte das metallische, kalte Geräusch der Zellentür, die sich hinter mir geschlossen hatte, in meiner Erinnerung nach.

Fast drei Jahre vergingen, während dieser Traum – der eindrücklichste und aufwühlendste Traum meines ganzen Lebens – in mir schlummerte. Dann wurde er plötzlich zum Leben erweckt.

Eins

Zweieinhalb Jahre später
Khartum, Hauptstadt des Sudan

Es war der 10. Dezember 2015, kurz vor zwei Uhr morgens. Vier Tage hatte ich im Sudan verbracht und heute wollte ich wieder nach Hause fliegen. Voller Vorfreude dachte ich an meine Frau, ihr leckeres Essen und mein weiches Bett. In knapp zwei Stunden würde mein Flieger von Khartum abheben. Bevor ich meine Sachen packte und das Hotelzimmer verließ, nahm ich mir noch kurz Zeit, um über Skype mit Vanda zu reden. Sie wartete zu Hause in Prag auf mich. Wir sprachen nur kurz miteinander, aber es war schön, ihr Lächeln zu sehen. Nach dem Gespräch freute ich mich umso mehr darauf, bald wieder bei meiner Familie zu sein.

Ich leitete schon seit über zehn Jahren die Arbeit der *Hilfsaktion Märtyrerkirche* auf dem afrikanischen Kontinent. Dazu gehörten auch immer Reisen in gefährliche Regionen – Länder, in denen Christen extrem verfolgt werden. So hatten Vanda und ich Wege gefunden, wie wir uns gut austauschen konnten, ohne vertrauliche Dinge preiszugeben. Wir verwendeten eine Mischung aus Textnachrichten, Telefongesprächen und Skype-Anrufen. Für gewisse Sachverhalte nutzten wir bestimmte Codewörter, besonders im schriftlichen Kontakt. Meine Frau und unsere Kinder hatten sich längst daran gewöhnt, dass meine Reisen mit einem gewissen Risiko verbunden waren. In den Ländern, in denen ich zu tun hatte, musste man immer mit unerwarteten und gefährlichen Ereignissen rechnen. Meine Familie wusste das, aber gleichzeitig lag mir auch viel daran, sie nicht in ständiger Sorge um mich zu wissen. Ich wollte auf keinen Fall, dass meine Lieben jedes Mal Angst hätten, wenn ich wieder unterwegs war.

Während meines Heimflugs heute würde es Nacht sein bei Vanda und sie würde schlafen. Deshalb hatten wir vereinbart, dass ich ihr von jeder Etappe meiner Flugreise eine Textnachricht schicken würde: kurz vor dem Abflug aus dem Sudan, bei der Landung in Nairobi, dann wieder vor dem Abflug dort und bei Ankunft und Abflug in Amsterdam. Würde alles planmäßig laufen, käme meine letzte Nachricht schließlich von der Landebahn in Prag. Das wäre dann für Vanda das Signal, um loszufahren und mich am Flughafen abzuholen. Idealerweise würde sie genau in dem Moment am Haupteingang des Terminals vorfahren, in dem ich mit meinen Koffern aus der Halle treten würde.

Ich hatte diese Reise offiziell als Tourist unternommen, deshalb trug ich auch Freizeitkleidung, Jeans und T-Shirt. In einem versteckten Hüftgürtel, den Vanda für mich genäht hatte, verbarg ich mein Bargeld und einen zweiten Pass. Zum Schlafen war ich vor dem Abflug nicht mehr gekommen, aber ich hatte geduscht und meinen Kopf frisch rasiert.

Als Nächstes faltete ich nun meine Kleidung und legte sie in den kleinen Koffer, der von seiner Größe her noch zum Handgepäck zählte. Dann öffnete ich meine Laptop-Tasche. Hier transportierte ich außer dem Laptop auch meinen offiziellen Reisepass, meinen Führerschein, die Kamera, Sonnenbrille und das Handy, dazu ein USB-Laufwerk und externe Festplatten. Eine Mikro-SD-Karte mit der verschlüsselten Kopie meiner Buchhaltungsdaten hatte ich in einer winzigen Innentasche meiner Brieftasche versteckt. So würde ich nie den Überblick über die Finanzen verlieren, selbst wenn mir unterwegs mein Laptop gestohlen werden würde.

Das Gerät war noch keinen Monat alt und auf dem neuesten Stand der Technik. Mein Leben und das Leben der Christen, deren Geschichten ich protokollierte, hingen davon ab, dass es nicht in die falschen Hände gelangte. Wenn ich im Internet unterwegs war, legte ich immer wieder Pausen ein, schaltete das WLAN aus und löschte alle Daten im Zwischenspeicher meines Browsers. Ich gab mir Mühe, möglichst keine digitalen Spuren zu hin-

Als Regionaldirektor für Afrika der NGO Hilfsaktion Märtyrerkirche habe ich in Nordnigeria den kleinen Weng getroffen. Als Weng drei Wochen alt war, attackierten muslimische Extremisten sein Heimatdorf. Sie setzten sein Haus in Brand und ermordeten seine Mutter, als sie mit Weng auf dem Arm fliehen wollte. Wengs Beine verbrannten so schrecklich, dass sie nicht mehr normal wachsen konnten. Mit Unterstützung der Spender und Freunde der Hilfsaktion Märtyrerkirche konnten wir Weng mit neuen Prothesen ausrüsten. Sie erlaubten ihm, wie andere Kinder seines Alters herumzulaufen und zu toben.

Drei Wochen nach diesem Foto reiste ich in den Sudan und wurde dort verhaftet.

terlassen und ließ den Laptop nie aus den Augen. Sollte er mir trotzdem abhandenkommen, würde man nichts als touristische Fotos von meiner letzten Reise nach Nigeria sehen.

Natürlich waren die Nigeria-Bilder nur Tarnung. Die eigentlichen Bilder, die ich gestern Abend aufgenommen hatte, waren auf meiner partitionierten Festplatte so verschlüsselt und abgespeichert, dass es einem Fremden eigentlich nicht möglich sein konnte, sie zu öffnen.

Ich hatte die letzten vier Tage vor allem damit zugebracht, mich in einem lebhaften Straßencafé namens

Ozone aufzuhalten, das direkt gegenüber von meinem Hotel lag. Hier waren gewöhnlich viele Weiße zu Gast, insbesondere Studenten und Professoren, die an den verschiedenen internationalen Schulen der Hauptstadt unterrichteten. Ich hatte mich gut ins Bild eingefügt. Im Schatten großer Sonnenschirme, die Tische und Sessel vor den Blicken der Passanten schützten, hatte ich mich mit verschiedenen Leuten zum Frühstück, zum Mittagessen oder zum Abendessen getroffen. Für solche Gespräche war ich in den Sudan geflogen.

Bevor ich mich auf den Weg zum Flughafen machte, kopierte ich die neuesten Fotos auf den Laptop, löschte sie von meiner Kamera und verschob sie in den verschlüsselten Teil meiner Festplatte. Dann warf ich einen letzten, prüfenden Blick zurück in mein Hotelzimmer, griff nach dem kleinen Koffer, hängte mir die Computertasche über die Schulter und ging den Flur entlang zur Rezeption. Alles war wie immer, eine Abreise am frühen Morgen. Ich checkte aus einem Hotel aus und fuhr zu einem Flughafen – das war mein Leben. Ich war beruflich viel unterwegs, Hotels und Flughäfen waren oft meine Aufenthaltsorte. Aber das Besondere heute war, dass ich jetzt zu keinem weiteren Einsatz fliegen musste, dieser Flug würde mich nach Hause bringen.

Zu dieser Tageszeit waren die Straßen wunderbar leer. Der Shuttlebus des Hotels würde bis zum Flughafen kaum drei Minuten brauchen. Ich hatte ihn für genau 2.00 Uhr bestellt, um noch eine Stunde am Flughafen für die Passkontrolle und das Einchecken zu haben.

Inzwischen war es 2.05 Uhr und ich stand immer noch

in der Dunkelheit vor dem Hotel. Keine Spur von meinem Taxi. Ich wartete noch kurz und ging dann durch die Lobby zur Rezeption zurück. Was war los?

„Es wird noch jemand mit Ihnen fahren“, erklärte mir die Dame hinter dem Tresen. Also ging ich wieder nach draußen und wartete. Jede Minute, die verstrich, fühlte sich endlos an. Weit und breit kein anderer Gast zu sehen. *Wollte man mich aufhalten?*

Ich ging noch einmal zu der Rezeptionistin – kurz darauf erschien mein Fahrer endlich. Er wollte nach meinen Taschen greifen, aber ich gab ihm nur den Koffer. Wir stiegen in den Shuttlebus, der Fahrer schloss die Tür hinter mir und langsam setzte sich der Bus in Bewegung.

Wie erwartet waren wir kurz darauf am Flughafen. Eilig schritt ich durch die fast leere Abfertigungshalle zum Schalter der kenianischen Fluggesellschaft. Der Check-in-Mitarbeiter gab mir drei Bordkarten, da ich zweimal umsteigen musste. Die beiden Karten, die ich erst später brauchen würde, steckte ich in meine Computertasche und stellte mich dann in der Schlange für die Passkontrolle an. Morgen um diese Zeit würde ich zu Hause in meinem Bett liegen.

Ich war schon ganz nahe am Schalter, als ich plötzlich eine Hand auf meiner Schulter spürte.

„Sudanesischer Sicherheitsdienst“, hörte ich eine schneidende Stimme in gebrochenem Englisch. „Bitte folgen Sie uns.“

Zwei

10. Dezember 2015
Flughafen in Khartum

Ich war nicht wirklich beunruhigt über die Kontrolle – so etwas kannte ich aus vielen Ländern. Es gehörte zu den Aufgaben des Flughafenpersonals, darauf zu achten, dass die Reisenden nicht zu viel Bargeld außer Landes schmuggelten. Sie waren zu diesen stichprobenartigen Kontrollen verpflichtet.

Das ist ganz normal, versuchte ich mich zu beruhigen. *Ein paar Fragen, ein schneller Blick in meine Taschen, schon bin ich im Flieger und auf dem Weg nach Kenia.*

Die beiden Männer trugen schwarze Hosen und helle Hemden mit kurzem Arm. An ihren Gürteln hingen Pistolen. Sie führten mich zu einem kleinen improvisierten Raum, in dem sie mich vermutlich befragen wollten. In der Mitte stand ein Tisch mit ein paar Stühlen. Statt Wänden gab es graue bewegliche Raumteiler. Nach oben war der Raum offen und man hörte die Geräusche des Terminals in voller Lautstärke.

Ich schielte auf meine Uhr. Mein Flieger würde in fünfundvierzig Minuten abheben. Wir sollten uns besser beeilen, wenn ich die Maschine nicht verpassen wollte. Die beiden konnten kaum Englisch, also versuchte ich es in Französisch. Ratlos starrten sie mich an. Da es zwischen dem Sudan und Russland enge Beziehungen gibt, versuchte ich es mit Russisch. Wieder keine Reaktion. Ich sagte ein paar Sätze in Deutsch, schließlich sprach ich in Tschechisch mit ihnen, meiner Muttersprache. Doch was ich auch versuchte, die Männer verstanden mich nicht.

„Laptop", brachte der eine schließlich in sehr schlechtem Englisch über die Lippen.

Ich öffnete meine Tasche, holte den Laptop heraus und legte ihn auf den Tisch. Der Sicherheitsbeamte schaltete ihn ein und wartete, bis der Computer hochfuhr. Dann drehte er ihn so, dass ich auch auf den Bildschirm sehen konnte, und fragte nach dem Passwort.

„Tut mir leid", sagte ich, „das geht nicht." Ich hatte nicht vor, den beiden meine Informationen ohne Weiteres zu überlassen, auch wenn ich die sensiblen Daten gut verschlüsselt hatte. Während die Männer sich über meinen Computer beugten, griff ich unauffällig nach dem Handy, das ich in einer Tasche am Gürtel trug. Es war so eingestellt, dass es sich nach zehn Fehlversuchen mit falschen PIN-Nummern neu formatierte. So schnell wie möglich tippte ich falsche PINs ein, aber nach fünf Versuchen fror das Telefon ein und ich hätte fünf Minuten warten müssen, ehe ich weitermachen konnte. Also schaltete ich es aus. Zumindest würden diese Sicherheitsleute mein Handy nun ohne Passwort nicht öffnen können und mein Fingerabdruck würde zum Öffnen nicht ausreichen, selbst wenn sie meinen Finger mit Gewalt auf den Sensor drücken würden.

Einer der beiden Männer bemerkte, dass ich etwas an meinem Handy machte. Wahrscheinlich dachte er, dass ich zu telefonieren versuchte. Also streckte er seine Hand aus und verlangte nach dem Gerät. Ein schneller Blick aufs Display – ja, das Handy war heruntergefahren. Ich gab es ihm und er steckte das Gerät ein. Anscheinend wollte er es gar nicht anmachen – zumindest jetzt noch nicht.

„Kamera", knurrte der andere. Ich gab sie ihm und er begann, an den Einstellungen herumzuspielen. Über uns hörte ich aus den Lautsprechern meinen Namen. „... Petr Jašek ..." Ich war wegen dieser frühen Abflugzeit sehr müde und wollte einfach nur in mein Flugzeug steigen. Ich spürte, wie ich unter Druck kam. „Wegen Ihnen wird gerade der Abflug meiner Maschine verzögert", beschwerte ich mich und mein Ärger war deutlich zu hören.

„Kein Problem, kein Problem", beschwichtigte der Sicherheitsbeamte mich auf Arabisch.

Er blätterte in einem kleinen Stapel Papiere. „Purpose?", fragte er mich auf Englisch nach dem Zweck meiner Reise.

„Tourist", antwortete ich, während er meinen Reisepass, mein Touristenvisum und meine polizeiliche Registrierung kontrollierte.

„No tourist", knurrte er, „no tourist." *Sie sind kein Tourist.*

Ungeduldig schaute ich auf meine Uhr. Es war genau 3.00 Uhr – wahrscheinlich schon zu spät, um noch an Bord gehen zu können. Das Flugzeug würde ohne mich starten und ich musste versuchen, einen späteren Flug zu buchen.

Ich dachte an meine Frau. Sie würde sich bestimmt große Sorgen machen, wenn sie beim Aufwachen keine Nachricht von mir vorfand. Später am Tag würde meine

Tochter Váva ihre Semesterabschlussprüfung in Innerer Medizin ablegen. In Gedanken betete ich für sie. Währenddessen zeigte der Wachmann auf meine Laptop-Tasche. Mein Koffer schien ihn gar nicht zu interessieren. In notdürftigen englischen Brocken fragte er, ob ich noch weitere elektronische Speichergeräte bei mir hätte.

Er durchsuchte meine Tasche und fand die externen Festplatten sowie mein restliches elektronisches Zubehör. Als er meinen zweiten Reisepass entdeckte, begann er zu strahlen.

Im Rahmen meiner beruflichen Tätigkeit war ich oft auf Reisen, deshalb hatte mir die tschechische Regierung insgesamt drei Pässe ausgestellt. Musste ich einen Pass an eine Botschaft schicken, um ein Visum für eine bevorstehende Reise zu beantragen, hatte ich immer noch zwei Pässe, um in der Zwischenzeit im Ausland sein zu können. Einen davon zeigte ich bei den Passkontrollen vor, den anderen hatte ich als Ersatz dabei.

Die beiden Männer warfen sich vielsagende Blicke zu, während sie meinen zweiten Pass betrachteten. *Jetzt halten sie mich für einen Spion.* Sie nahmen beide Pässe, ließen mich kurz allein und kamen dann mit einem überdimensionalen weißen Handy zurück.

„Guck mal", sagte der eine und tippte triumphierend auf das Display des großen weißen Gerätes. „Foto."

Ich traute meinen Augen nicht! Auf dem Bild saß ich zusammen mit einem sudanesischen Pastor im Ozone. Es war eine der ersten Verabredungen gewesen, die ich dort vor vier Tagen gehabt hatte. Nur mit äußerster Anstrengung gelang es mir, meine Gesichtszüge unter Kontrolle zu halten und mir mein Erschrecken nicht anmerken zu lassen. „Vielleicht bin ich das“, versuchte ich belanglos zu klingen, „vielleicht aber auch nicht.“

„Name?“, fragte mein Gegenüber und zeigte auf den Sudanesen auf dem Foto. Ich schwieg.

Der Mann strich mit dem Finger über das Display und das nächste Foto erschien. Wieder eine Begegnung im Ozone, wieder die gleiche Frage: „Name?“

„Und wenn schon“, sagte ich schulterzuckend, „ich habe mich mit ein paar Leuten getroffen.“

„Was für Leute?“

„Na, Freunde von mir, die ich schon länger kenne.“ Erneut wischte er über den Bildschirm, weitere Fotos waren zu sehen, die gleiche Frage wurde gestellt. Ich gab keine Informationen preis.

Die beiden Sicherheitsmitarbeiter wirkten frustriert, wechselten untereinander ein paar arabische Sätze und verließen den Raum. Einige Minuten später kamen sie mit einem dritten Mann zurück. Er war elegant gekleidet, trug eine braune Hose und ein gelb kariertes Jackett. Man sah, dass er vom Rang her deutlich über ihnen stand. Schweigend stellte er sich in eine Ecke des Raumes und beobachtete, wie die Männer versuchten, mich auszufragen. Ihnen fehlte es am englischen Wortschatz und ich war nicht gewillt, ihnen zu helfen. Offensichtlich hatten sie diesen hochrangigen Mann zu Hilfe geholt, weil sie bei mir nicht weiterkamen. Doch auch jetzt kooperierte ich nicht und antwortete nur ausweichend. Sie wurden wütend.

Gegen 3.45 Uhr war auch dem dritten Mann klar geworden, dass dieses Verhör nirgendwohin führen würde. Eine Flut arabischer Worte aus seinem Mund und die beiden Männer rafften innerhalb von Sekunden ihre Papiere und meine Sachen zusammen. Auch meinen Koffer nahmen sie, zusammen mit meiner Computertasche und meiner Brieftasche.

„Sie verweigern die Zusammenarbeit", wandte sich der Herr im Jackett nun an mich, „also nehmen wir Sie jetzt mit."

Drei

Herbst 2015
Äthiopien / Sudan

Eigentlich begann alles vor zwei Monaten während einer kleinen Konferenz in Addis Abeba, der Hauptstadt Äthiopiens. Christliche Leiter aus dem benachbarten Sudan trafen sich dort für eine Woche zum Austausch, zur gegenseitigen Ermutigung und zur Beratung über Möglichkeiten zukünftiger Zusammenarbeit.

Auch ich nahm an der Konferenz teil und lernte etwa fünfzehn sudanesische Staatsangehörige kennen, dazu fast gleich viele ausländische Missionare, die im Sudan lebten, und noch einige Personen, die in den letzten Jahren aus dem Sudan ausgewiesen worden waren. Ich wollte herausfinden, welche Unterstützung sie sich für ihren

Dienst wünschten, und hoffte auf konkrete Informationen über die aktuelle Verfolgung der Christen im Sudan. Außerdem hielt ich eine zehnminütige Präsentation, die sich besonders an Pastoren und geistliche Leiter in Ostafrika richtete.

Während der Konferenz erzählte mir ein Pastor namens Hassan von einem jungen Christen aus Darfur. Der war in der sudanesischen Hauptstadt Khartum schrecklich misshandelt worden, nachdem er den christlichen Glauben angenommen hatte. Fast dreißig Prozent seiner Körperoberfläche – auch Gesicht, Brust und Hände – waren verletzt.

Die Geschichte dieses jungen Mannes, der für seinen Glauben so viel gelitten hatte, machte mich sehr betroffen. Überall auf der Welt war ich schon solchen Männern, Frauen und Kindern begegnet, die Schreckliches ertragen mussten, weil sie Jesus nachfolgten. Immer wenn ich Christen sehe, die an ihrem Körper Spuren von Misshandlungen um ihres Glaubens willen tragen, bin ich Gott so dankbar, dass ich für eine Organisation arbeiten darf, die diesen verfolgten Christen geistlich und praktisch hilft.

„Braucht er medizinische Hilfe?“, fragte ich.

„Ja, dringend“, war Hassans Antwort. „Vielleicht kannst du ihn bei deinem nächsten Besuch im Sudan persönlich treffen und mit ihm darüber sprechen?“

Als ich ein paar Tage später auf dem Rückflug nach Prag war, hoffte ich, bald wieder nach Afrika zurückkehren zu können, um diesen verletzten jungen Christen zu treffen. Von 2002 bis 2011 hatte ich den Sudan mehr als

Im Dezember 2002 besuchte ich ein zweites Mal den Sudan. Auf der Reise unterstützte ich einen befreundeten Missionar. In meinem Vortrag erzählte ich verfolgten sudanesischen Christen aus der Gegend des Oberen Nils, zwölf Kilometer von der damaligen Kampflinie entfernt, von meinen Erfahrungen mit meiner ersten Bibel. Ich hatte sie im Alter von sieben Jahren bekommen. Sie war in die damals kommunistische Tschechoslowakei in den späten 1960er-Jahren eingeschmuggelt worden. Den verfolgten Brüdern und Schwestern im Sudan sollte mein Erleben Mut machen neben der praktischen Hilfe und Unterstützung, die wir mitgebracht hatten.

zehn Mal bereist, meist die südlichen Regionen. Aber in den letzten Jahren, seit ich nicht mehr dort gewesen war, hatten die Feindseligkeiten gegenüber den Christen im ganzen Land deutlich zugenommen, besonders seit der Abspaltung des Südsudans im Jahr 2011.

Im Januar 2005 hatte man zwischen der südsudanesischen Rebellenorganisation und der offiziellen sudanesischen Regierung ein sogenanntes „Umfassendes Friedensabkommen für den Sudan" geschlossen, das den anhaltenden Bürgerkrieg beenden sollte. Außerdem hatten sich beide Landesteile zum Ziel gesetzt, demokratische Reformen voranzutreiben und die Einnahmen aus den Erdölvorkommen künftig dem Süden und dem Norden zu gleichen Teilen zukommen zu lassen. Das Abkommen hatte auch einen Sechsjahresplan enthalten, mit dessen Hilfe man die Einzelheiten zur Trennung des Südens vom übrigen Land detailliert vorbereiten wollte. Als dann das Jahr 2011 anbrach, entstanden aus den beiden Landesteilen zwei separate Staaten – Sudan und Südsudan –, geografisch durch die Nuba-Berge getrennt. Fast der ganze Sudan war muslimisch, während im Südsudan und in den Nuba-Bergen ein Großteil der Bevölkerung christlich war.

Zum Volk der Nuba zählen heute weltweit etwa fünf Millionen Menschen, von denen noch 1,5 Millionen in den Nuba-Bergen wohnen. Alle übrigen wurden vertrieben, die Mehrheit lebt in verschiedenen Landesteilen des Sudan. Präsident Omar al-Baschir und sein totalitäres System strebten die vollständige Islamisierung und Arabisierung des Landes an und sahen im Volk der Nuba eine große Gefahr, da knapp die Hälfte der Volksgruppe dem christlichen Glauben angehörte und eine Bedrohung des islamischen Rechtssystems darzustellen schien. Deshalb griff die islamische Regierung in Khartum die Zivilbevölkerung in den Nuba-Bergen an und verwehrte auch humanitären Helfern den Zutritt in das bergige Gebiet von der Größe Belgiens. Das Regime von al-Baschir hatte die Ausrottung der Nuba beschlossen und Reisen in diese Region des Landes waren verboten worden.

Baschir empfand die Nuba-Region als Bedrohung, weil er sich grundsätzlich von den Christen bedroht fühlte. Ihre bloße Existenz machte die Nuba schon zu Hochverrätern. Entsprechend behandelte die von al-Baschir geleitete Regierung jeden als Spion, der Interesse am Schicksal des Volkes der Nuba zeigte und die an ihnen begangenen Gräueltaten untersuchen wollte.

Als ich im Dezember 2015 wieder in den Sudan reisen wollte, war ich angenehm überrascht, wie unkompliziert anscheinend das Visum zu bekommen war. Ich sollte einzig eine Hotelbuchung im Sudan nachweisen. Also reservierte ich mir in Khartum ein Zimmer in einem Hotel namens Paradise und ließ mir bescheinigen, dass mein geplanter Aufenthalt bei der lokalen Polizei registriert worden war.

Mit diesen Papieren in der Tasche fuhr ich nach Wien, wo sich die für mich nächstgelegene sudanesische Botschaft befand. Dort wollte ich ein Touristenvisum beantragen. Mir war bewusst, dass dieser Antrag auch abgelehnt werden konnte. Deshalb hatte ich noch keine Begegnungen im Sudan organisieren können. Während ich zur Botschaft fuhr, wusste ich nicht, ob es anschließend überhaupt möglich sein würde, mich so kurzfristig mit einem sudanesischen Pastor zu verabreden.

Eine der Kirchen im Sudan um ein Einladungsschreiben zu bitten, mit dem ich ein religiöses Visum hätte beantragen können, hatte ich nicht versucht. Das hätte mehr Zeit gebraucht und es war auch eher unwahrscheinlich, dass die islamische Regierung des Sudan grundsätzlich bereit gewesen wäre, ein Visum für religiöse Aktivitäten auszustellen. Aber ich hatte keine Gewissensprobleme damit, ein Touristenvisum zu beantragen, denn wie immer, wenn ich so eine Reise unternahm, hatte ich auch dieses Mal vor, neben den Besprechungsterminen einige wichtige touristische Orte zu besuchen. Die Sehenswürdigkeiten waren für mich immer auch ein Schlüssel, um Land und Leute besser kennenzulernen. So war ich zumindest teilweise ein Tourist.

Bei Reisen in Länder, in denen Christen verfolgt werden, kann man nie genau vorhersagen, was passieren wird. Manchmal klappt alles reibungslos und alle geplanten Treffen finden ohne Probleme statt. Und ein anderes Mal kann man aus Sicherheitsgründen oder durch andere unvorhersehbare Umstände keinen einzigen Christen treffen.

Mit all diesen Gedanken im Hinterkopf präsentierte ich der sudanesischen Botschaft in Wien mein Flugticket und die Hotelbuchung, füllte alle erforderlichen Formulare aus und wartete. Zu meiner großen Überraschung hatte ich schon zwei Stunden später tatsächlich den Visumstempel im Reisepass. Wie erfreulich – damit hatte ich nicht gerechnet!

Nachdem nun damit die Eckdaten meiner Reise feststanden, nahm ich Kontakt zu dem geheimen Netzwerk der Pastoren im Sudan auf, die ich im Oktober auf der Konferenz kennengelernt hatte. Von manchen bekam ich keine Antwort. Andere teilten mir mit, dass sie zu dieser Zeit nicht in der Gegend waren. Aber ein paar konnten und wollten sich mit mir treffen. Wir kommunizierten sehr vorsichtig und nutzten eine sichere Verschlüsselung, um E-Mails zu schreiben. Außerdem vermieden wir bestimmte verdächtig erscheinende Worte für den Fall, dass unsere Nachrichten abgefangen wurden. Trotzdem hatte ich schon bald einen Reiseplan erstellt und mein Besuch in Khartum war vollgepackt mit interessanten Terminen. Einige Pastoren halfen mir bei der Planung, besonders jener Pastor Hassan aus den Nuba-Bergen, der mir zwei Monate davor von dem verletzten jungen Christen erzählt hatte.

So kam ich bald darauf in Khartum an. Ich wurde zu Überresten von Kirchengebäuden geführt, die erst kürzlich abgerissen worden waren. Es macht mich immer traurig, wenn ich eine zerstörte, abgebrannte oder abgerissene Kirche sehe. Ich fühle den Schmerz der Menschen, die hier ihr geistliches Zuhause verloren haben, und bin gleichzeitig dankbar für die Freiheit und Sicherheit in meiner Heimat. Doch der Schock über solch einen Anblick bleibt mittlerweile aus – zu oft habe ich Orte besucht, an denen die Versammlungshäuser in Schutt und Asche lagen. Es ist seit vielen Jahren meine Aufgabe, in den verschiedensten Gegenden der Welt Unterstützung für verfolgte Gemeinden zu organisieren. Die zerstörten Gotteshäuser in Khartum hatten überwiegend aus der Nuba-Region geflüchtete Christen besucht. Sie waren ins Visier der sudanesischen Behörden geraten und massiv verfolgt worden. Offiziell hieß es, dass die Gebäude hatten weichen müssen, weil sie gegen Grundstücksgrenzen und Flächennutzungs-Vorschriften verstießen, aber das waren nur Vorwände, um die Christen zu drangsalieren. Die Gemeindehäuser gab es teilweise schon seit Jahrzehnten und ihre Standorte waren bis dahin nie beanstandet worden. Nach meinem Verständnis wurden die Nuba in jeder Hinsicht unterdrückt – politisch, kulturell und geistlich –, weil sie den Missionsbefehl Jesu ernst nahmen, alle Menschen zu seinen Jüngern zu machen. Jesus schloss die Muslime dabei nicht aus, und die Nuba-Christen taten dies auch nicht. Das machte sie zu Verbrechern und Staatsfeinden.

Das Leiden dieser tapferen Christen motivierte mich neu, meinen eigenen Glauben kompromisslos zu leben, aber auch, ihnen möglichst schnell wirksame Hilfe zu bringen. Ich war wütend und traurig über das, was diese Regierung großen Teilen ihrer eigenen Bevölkerung antat. Gleichzeitig meinte ich, als jahrelanger Mitarbeiter der *Hilfsaktion Märtyrerkirche* hier wirklich helfen zu können. Ich hatte reichlich Erfahrung und kannte genug Leute, um viel zu bewegen. Das dachte ich zumindest.

Noch schmerzlicher als der Anblick der abgerissenen Kirchen waren die Verletzungen, die den Christen körperlich und seelisch zugefügt worden waren. Am letzten Tag meines Aufenthaltes konnte ich endlich den jungen Mann treffen, von dem Pastor Hassan mir in Addis Abeba erzählt hatte und der medizinische Hilfe brauchte. Mir war bewusst, dass unsere Begegnung für ihn sehr riskant sein würde – und auch für mich war sie nicht ungefährlich. Deshalb lud ich ihn nicht ins Café Ozone ein. Stattdessen trafen wir uns spätabends in einem Privathaus ganz in der Nähe seiner Wohnung.

Mein Übersetzer hieß Monim, ein junger Mann, der vom Islam zum Christentum übergetreten war. Monim wusste nur zu gut, was religiöse Verfolgung bedeuten konnte. Als er zum Glauben an Jesus gekommen war, hatte er gerade an seiner Masterarbeit gearbeitet. Kurz vor der Fertigstellung hatte die Geheimpolizei ihn abgeholt. Der Zeitpunkt war kein Zufall gewesen. Monim war aus dem Masterprogramm ausgeschlossen worden und hatte keine Möglichkeit mehr gehabt, seinen Abschluss zu erhalten. Stattdessen war er verhaftet und mit Elektroschocks gefoltert worden. Aber als ich ihn kennenlernte, waren sein Mut und sein Glaube ungebrochen. Ich bewunderte ihn dafür und war dankbar für seine Sprachkenntnisse, mit denen er mir eine große Hilfe war.

Zusammen mit Monim traf ich schließlich Ali Umar Musa, den jungen Mann, der bei einem Angriff durch die Regierung schwere Verbrennungen davongetragen hatte. Ich erkundigte mich nach der Behandlung, die er bisher erhalten hatte, und was die Ärzte als Nächstes geplant hatten. Monim und ich halfen ihm vorsichtig aus seinem Hemd, damit ich das Ausmaß seiner Verletzung sehen und dokumentieren konnte. Anhand der Bilder würden die Ärzte, die mit der *Hilfsaktion Märtyrerkirche* zusammenarbeiteten, seine weitere Behandlung planen können.

Ich sprach Ali auch auf seinen Glauben an, aber er reagierte nicht. Verstand er meine Frage nicht oder hatte er keine Lust, mir zu antworten? Unauffällig beugte sich Monim zu mir und erklärte mir leise, dass Alis Freunde und Studienkollegen mit im Raum waren, die nichts von seinem neuen Glauben wussten. Daran hatte ich nicht gedacht. Natürlich wollte er unter diesen Umständen nicht mit mir darüber reden, dass er dem Islam den Rücken gekehrt hatte und nun Jesus nachfolgte.

Zum Schluss sagte ich Ali noch, dass ich mich irgendwann gerne wieder mit ihm unterhalten würde. Ich wollte mir auf jeden Fall noch die ganze Geschichte erzählen lassen und hören, wie er zu der Überzeugung gelangt war, dass Jesus der Sohn Gottes ist. Das Treffen mit ihm erinnerte mich an meine Jugend in der Tschechoslowakei unter kommunistischer Führung, als die Christen auch in meinem Land verfolgt wurden.

Die Begegnung mit Ali war mein letzter Termin auf dieser Sudan-Reise gewesen. Danach ging ich auf mein Hotelzimmer und speicherte alle Bilder, die ich von Alis Verletzungen gemacht hatte, in der verschlüsselten Sektion der Festplatte meines Laptops.

Genau diesen Laptop hatten die Flughafen-Sicherheitsbeamten nun vor sich auf dem Tisch und bemühten sich, an meine Daten heranzukommen.

Vier

10. Dezember 2015
Khartum, Zentrale des sudanesischen Geheimdienstes NISS

Die beiden Sicherheitsmänner des Flughafens führten mich aus dem improvisierten Raum durch den Terminal nach draußen zu einem weißen Toyota Land Cruiser, der anscheinend auf uns wartete. Diese Art von Geländewagen sieht man häufig in den staubigen Straßen Khartums. Ich saß zusammen mit einem der Männer auf dem Rücksitz. Bereits fünf Minuten später hielten wir vor der Zentrale des sudanesischen Geheimdienstes, auch NISS genannt (National Intelligence and Security Service of Sudan; Nationaler Nachrichtendienst und Geheimdienst des Sudan). Die beiden Männer brachten mich in ein Wartezimmer in der Bürosuite des Generals der Behörde und ich nahm auf einem braunen Ledersofa Platz. Es gab keine Heizung, aber obwohl es erst 4.30 Uhr morgens war und ich nur Jeans und T-Shirt trug, erschien mir die Temperatur in dem Gebäude angenehm warm.

Ich wartete Stunde um Stunde, bewacht von einem Mann, der mit einer AK-47 (dem russischen Kalaschnikow-Sturmgewehr) ausgestattet war. Er saß auf einem Stuhl am Eingang des Raumes und schaute gelangweilt nach draußen. Gelegentlich sank sein Kinn auf die Brust und ich dachte über Fluchtmöglichkeiten nach. Aber ich wagte nicht zu fliehen. Der Mann wäre bestimmt bei der leisesten Bewegung wach geworden.

Nach fast drei Stunden holten mich endlich zwei Männer ab. „Ich möchte Kontakt zur tschechischen Botschaft und zu meiner Familie aufnehmen“, erklärte ich. Sie reagierten nicht, sondern brachten mich in einen Vernehmungsraum.

„So, so, Sie arbeiten also für die *Hilfsaktion Märtyrerkirche*?“, begann ein Mann das Verhör.

Um meine Arbeit nicht zu gefährden, antwortete ich ausweichend und versuchte, nur belanglose Informationen preiszugeben. *Die Sicherheit der Christen in vielen Ländern hängt davon ab, dass ich jetzt keinen Fehler mache*, dachte ich und nahm mir vor, dieses Gespräch vorsichtig in die richtige Richtung zu lenken. Genau genommen war ich kein angestellter Mitarbeiter der *Hilfsaktion Märtyrerkirche*, sondern ich arbeitete freiberuflich. Also war es keine Lüge, als ich mit einem klaren „Nein“ antwortete.

Er wiederholte die Frage.

„Ich berate Menschen, die Notleidenden helfen wollen“, erklärte ich und sprach davon, dass ich beruflich aus dem Bereich der Klinikverwaltung käme. Der Mann, der das Verhör führte, hob ein Blatt aus einem Ordner, der aufgeschlagen vor ihm lag. Er las mir eine Liste von Namen vor. Nach jedem Namen machte er eine bedeutungsvolle Pause.

Es waren die Namen jener Pastoren und geistlichen Leiter, die ich im Oktober in Äthiopien getroffen hatte. Doch ich durfte mir jetzt nichts anmerken lassen!

Erinnerungen blitzten in meinem Kopf auf: Da waren doch diese Männer im Hotel gewesen – mehrere Sudanesen. Schon damals waren sie mir verdächtig erschienen, wie sie in der Lobby auf und ab gegangen waren. Konnte das die Erklärung sein? Hatte die sudanesische Regierung mehrere Spione nach Äthiopien geschickt, um die Konferenz zu beobachten und die Teilnehmer zu identifizieren?

Ich konnte mich nicht mehr an alle Namen erinnern, denen ich auf der Konferenz begegnet war, an manche aber schon. Doch ich reagierte auf keinen der Namen, die mir jetzt vorgelesen wurden, auch wenn ich sie teilweise wiedererkannte.

Nach einigen Minuten ließ der Mann sein Blatt sinken und schlug den Ordner zu. „Ich nehme an, Sie wissen, dass wir Sie länger hierbehalten müssen, wenn Sie nicht kooperieren?"

Ich reagierte nicht und schließlich brachte er mich zurück in den Warteraum. Wieder saß ich auf dem braunen Sofa und wieder ließ man mich stundenlang allein. Es fiel mir schwer, meine Gedanken zur Ruhe zu bringen.

Endlich wurde ich zum zweiten Mal abgeholt, und wie zuvor ging es in den Vernehmungsraum. Auf dem Tisch entdeckte ich dieses Mal meinen Laptop, daneben die externen Festplatten und meine Kamera. Vor dieser Reise in den Sudan hatte ich alle Fotos von meinem alten Laptop auf den neuen Laptop übertragen. Und auf der externen Festplatte hatte ich alle Fotos gelöscht, das wusste ich genau. Alle relevanten Daten waren im verschlüsselten Teil der Festplatte des neuen Laptops bestens geschützt. So sah ich der nächsten Befragungsrunde einigermaßen entspannt entgegen und war zuversichtlich, dass die Männer keine Erkenntnis aus meinen elektronischen Geräten gewonnen hatten.

Doch was ich dann hörte, ließ mich vor Entsetzen erstarren!

Der sudanesische Geheimdienstmitarbeiter, der das Verhör leitete, tippte kurz auf der Tastatur meines Laptops herum, der mit einer externen Festplatte verbunden war. Dann hörte ich eine vertraute Stimme, die blechern aus den Lautsprechern meines Computers erklang: „Wir sind jetzt in den Nuba-Bergen …" Es war die Stimme meines Kollegen, eines Mitarbeiters der *Hilfsaktion Märtyrerkirche*. Ich kannte den Film, auch wenn ich ihn nicht selbst gedreht hatte.

Wie war der Mann an dieses Video aus dem Jahr 2011 gekommen? War es auf meiner externen Festplatte gewesen?

Ich war 2012 in den heiß umkämpften Nuba-Bergen gewesen, wo gerade der sogenannte Zweite Sudan-Krieg ausgebrochen war. Zusammen mit anderen christlichen Leitern war ich unterwegs gewesen, um die Verbrechen an dem Volk der Nuba zu dokumentieren und diesen verfolgten Christen unsere Hilfe zu bringen. Genau wie ich waren auch meine Reisegefährten seit Jahren in diesen Bergen aktiv, die den Sudan von Südsudan trennten. Doch nach den Gesetzen der al-Baschir-Regierung war das, was wir taten, verboten.

Man hatte sogar den Luftraum über den Nuba-Bergen geschlossen und die dortige Start- und Landebahn mit einem Bombenangriff zerstört. Der letzte Flieger, der zuvor noch hatte landen können, war eine Maschine mit unseren Hilfsgütern gewesen. Seit 2011 hatte die Regierung diese Hilfslieferungen bereits zunehmend eingeschränkt und alle Versuche, trotzdem humanitäre Hilfe in die Region zu bringen, unter Strafe gestellt. Auf Befehl von Präsident al-Baschir waren die Nuba-Berge über fünfzehn Jahre lang ununterbrochen bombardiert worden, doch erst kürzlich

Sudans langjähriger Präsident Omar Hassan al-Baschir ist 1989 durch einen Militärputsch an die Macht gekommen. Innerhalb kürzester Zeit etablierte er eine auf dem Islam beruhende Gesetzgebung. Christen waren der Verfolgung ausgesetzt. Im März 2009 erließ der Internationale Gerichtshof in Den Haag einen Haftbefehl gegen al-Baschir. Er war das erste Staatsoberhaupt, dem während der Amtszeit hochoffiziell Völkermord und Kriegsverbrechen vorgeworfen worden sind. Doch al-Baschir konnte noch weitere zehn Jahre seine Diktatur fortsetzen. Erst am 11. April 2019, nach monatelangen Protesten der sudanesischen Bevölkerung, wurde er vom sudanesischen Militär abgelöst. Am 11. Februar 2020 gab die sudanesische Übergangsregierung bekannt, dass al-Baschir an den Internationalen Gerichtshof ausgeliefert wird. Bis zur Fertigstellung des Buches im Juli 2020 ist dies jedoch noch nicht geschehen.

hatten die Vereinten Nationen über das fortgesetzte Bombardement informiert werden können. Das geschah durch Personen wie meinen Freund, der in dem Video sprach, das gerade auf meinem Computer abgespielt wurde.

Aber wie war dieses Video auf meinen Laptop gekommen?

Schon ging es weiter. Der Geheimdienstmitarbeiter legte ein Foto vor mir auf den Tisch. Es zeigte zwei Männer, die ganz entspannt im Rumpf eines Flugzeuges saßen. Ich erkannte das Bild sofort. Bei näherem Hinsehen sah ich auch den Kommentar, der unten auf den Rand des Bildes gekritzelt war: „Auf dem Weg ins Krisengebiet".

Und plötzlich verstand ich alles: Die Geheimdienstler hatten es offensichtlich geschafft, auf meinen externen Festplatten Dateien wiederherzustellen, die ich dort beim Übertragen vom alten auf den neuen Laptop nur zwischengespeichert hatte!

Aber das war noch nicht alles: Irgendwie waren sie auch an die Aufnahmen von Alis schwer verletztem Körper gelangt, die ich am letzten Abend meiner Reise unmittelbar vor meiner Verhaftung gemacht hatte.

„Wie heißt dieser Mann?", fragte mich der Verhörende und zeigte auf ein Foto des jungen Christen. Ich antwortete nicht und überlegte fieberhaft, wie sie an dieses Foto gekommen sein konnten. Ich hatte die Fotos zuerst verschlüsselt auf dem Laptop gespeichert und dann auf der Speicherkarte der Kamera gelöscht. Plötzlich lief mir ein kalter Schauer über den Rücken und mein Magen zog sich schmerzhaft zusammen, als ich den Fehler erkannte. Ich hatte die Fotos zwar gelöscht, aber es versäumt, anschließend ein Programm zur Säuberung der Speicherkarte anzuwenden, das eine Wiederherstellung der Daten unmöglich gemacht hätte.

Schon ging es weiter. Der Mann griff nach einem Blatt und las mehrere Namen vor – eine Liste, die mir nur allzu vertraut war. Es waren die Kontakte, mit denen ich zuletzt per Skype gesprochen hatte. Also hatte der Geheimdienst auch mein Benutzerkonto gehackt und sich in Ruhe angesehen, mit welchen Mitarbeitern der *Hilfsaktion Märtyrerkirche* und anderer Missionswerke ich in Verbindung stand.

Jetzt war ich wirklich in sehr großen Schwierigkeiten! Die sudanesische Regierung konnte mich dafür vor Gericht stellen. Nach ihren repressiven Gesetzen wurde jeder, der diese Art von christlicher Aktivität in ihrem Land betrieb, nicht nur als Spion, sondern auch als Staatsfeind angesehen!

Fünf

10. Dezember 2015
Khartum, Zentrale des sudanesischen
Geheimdienstes NISS

Ein paar Stunden später wurde ich wieder in den Vernehmungsraum gebracht. Dieses Mal war der ganze Tisch mit Fotos bedeckt – Dutzende von Bildern, auf denen ich zu sehen war. Man sah mich, wie ich das Paradise Hotel betrat und wieder verließ, wie ich durch die Lobby ging, im Ozone aß und eine zerstörte Kirche besuchte. Offensichtlich war ich in den letzten vier Tagen vollständig überwacht worden, der Geheimdienst war mir auf Schritt und Tritt gefolgt und hatte jede meiner Aktivitäten dokumentiert.

Dann machte mich der Verhörleiter auf eine Reihe grünlich getönter Bilder aufmerksam, die mit einer Nachtsichtkamera aufgenommen worden waren. *Sie sind mir Tag und Nacht auf den Fersen gewesen!* Ich war sehr alarmiert und besorgt, gleichzeitig bemühte ich mich mit äußerster Anstrengung, mir nichts anmerken zu lassen!

Zuletzt zog der Mitarbeiter des Geheimdienstes eine SD-Speicherkarte aus seinen Unterlagen und legte sie triumphierend vor mir auf den Tisch. Es war die Karte, die ich in das versteckte Fach meines Portemonnaies gesteckt hatte. Sie enthielt eine Kopie meiner Buchhaltungsunterlagen, um auch unterwegs den Überblick über alle Finanzen behalten zu können. Die Karte war passwortgeschützt, aber auch ohne an den Inhalt zu kommen, war sie für den NISS-Mitarbeiter ein Beweis dafür, dass ich ein Spion war.

„Bitte ermöglichen Sie mir, Kontakt zu meiner Botschaft aufzunehmen“, bat ich erneut, „und zu meiner Familie.“

Wortlos brachte der Mann mich zurück in den Warteraum, wo ich weitere Stunden ausharren musste, bis ich für das nächste kurze Verhör geholt wurde. So ging das weiter, den ganzen Tag und bis in die folgende Nacht hinein. Ich wartete und schwieg. Meine Gedanken waren bei meiner Familie. Bestimmt machte sich Vanda inzwischen große Sorgen. Aber es fiel mir schwer, meine Lage zu beurteilen. Wie ernst war meine Situation?

Als mir der Verhörende endlich erlaubte, mir im Treppenhaus die Beine zu vertreten, wurde die Wartezeit etwas erträglicher. Inzwischen war es kurz vor Mitternacht, ich hatte den ganzen Tag in der Zentrale des sudanesischen Geheimdienstes verbracht. Obwohl es so spät war, herrschte hier immer noch reges Treiben und zahlreiche Mitarbeiter waren treppauf, treppab unterwegs. Ich sah ihnen hinterher und wartete.

Meine Gedanken wanderten zu meinen Eltern, die wie viele Christen in der damals noch kommunistischen Tschechoslowakei jahrelang von unserer Regierung grausam verfolgt worden waren. Ich war in den Sechzigerjahren in diese christliche Familie hineingeboren worden, als mein Land noch zum sogenannten Ostblock der Sowjetunion gehört hatte. In den letzten zehn Jahren vor meiner Geburt war es an der Tagesordnung gewesen, dass Christen im kommunistischen Teil Europas inhaftiert und schrecklich gefoltert worden waren und dabei oft auch den Tod gefunden hatten. Damals war es bei Strafe verboten, religiöse Handlungen außerhalb der vom Staat anerkannten und kontrollierten Kirchen auszuüben.

Da mein Vater Pastor war, musste die ganze Familie häufig den Wohnort wechseln. Oft war das auch mitten im Schuljahr. Ich fand es sehr schwierig, immer wieder in eine fremde Klasse zu kommen. Alle fragten dann immer: „Was arbeitet dein Vater?“, und ich wusste nie, was ich

Bei meinem Vater, Pastor in der Untergrundkirche in der kommunistischen Zeit der Tschechoslowakei, als gerade Zweijähriger auf dem Arm. Wegen seiner Tätigkeit wurde er immer wieder vom Geheimdienst beobachtet und vorgeladen.

sagen sollte. Die Frage war ja grundsätzlich nicht böse gemeint, aber ich wollte auch nicht die Wahrheit verraten. Hätten die anderen Kinder gewusst, dass mein Vater Pastor war, hätten sie mich bestimmt ausgelacht. Also sagte ich, er sei Imker. Das war auch nicht so ganz gelogen, denn mein Vater besaß wirklich ein paar Bienenstöcke. Es war sein Hobby. Aber im tiefsten Inneren wusste ich natürlich, dass es nicht wirklich die Wahrheit war. Immer wieder dachte ich besorgt an die Geschichte von Petrus, dem Freund von Jesus. Er hatte gesagt, dass er Jesus nicht kannte, er hatte ihn verleugnet (Lukas 22,54-62). Petrus und ich hatten nicht nur ähnliche Namen, wir hatten in Bezug auf Jesus auch in ähnlicher Form gelogen!

In meiner Kindheit verfolgte mich dieser Gedanke sehr

und ich schämte mich dafür. Als ich dann mit fünfzehn Jahren selbst zum persönlichen, lebendigen Glauben an Jesus kam, traf ich ganz bewusst die Entscheidung, dass ich meinen Herrn nie wieder verleugnen wollte.

Während ich die weiterführende Schule besuchte, stattete die Geheimpolizei der Gemeinde, die mein Vater leitete, immer mal wieder einen Besuch ab. Sie beobachteten genau, was er tat, überwachten ihn und berichteten der Regierungsbehörde von seinen religiösen Aktivitäten. Meine Eltern ließen sich dadurch aber nicht abschrecken und leiteten sogar zusätzlich zur Gemeindearbeit noch ein geheimes Ausbildungsprogramm für junge Leute aus dem ganzen Land – eine Untergrund-Jüngerschafts-Schule für junge Erwachsene.

Eines Tages jedoch, als ich von der Schule nach Hause kam, waren meine Eltern nicht mehr da. Sie waren beide verhaftet worden! Glücklicherweise verhörte die Geheimpolizei sie aber nur ausgiebig und ließ sie dann wieder gehen.

Mein Vater sah daraufhin die Notwendigkeit, mit mir darüber zu sprechen, wie man sich während eines Verhörs verhielt. Ich lernte, dass es wichtig ist, beim Beantworten der Fragen genau auf den eigenen Wortlaut zu achten. Bei verschiedenen Vernehmungen wurden nämlich oft die gleichen Fragen gestellt, um Unterschiede zwischen den Antworten aufzuspüren. Da war es wichtig, immer konsequent und wörtlich das Gleiche zu sagen. Mein Vater erklärte mir auch den Unterschied zwischen den Informationen, die dem Vernehmer *schon bekannt* waren, und den Informationen, die er *wissen wollte*.

Und nun war ich in einer Situation, in der ich diese Ratschläge meines Vaters wirklich gebrauchen konnte! Was würde morgen wohl passieren? Ich fühlte mich schlecht gerüstet für das, was sich da so drohend vor mir aufbaute. Aber ich dachte an die Psalmen und ließ mich innerlich von dem Versprechen stärken, das David einst von Gott bekommen hatte:

> *Er beschützt alle, die sich selbst nicht helfen können. Ich war in großer Gefahr, doch der HERR hat mir geholfen!* Psalm 116,6 (HFA)

Während ich mit meinen Gedanken noch den Psalmen nachhing, entdeckte ich einen Mann, der im Treppenhaus geradewegs auf mich zukam. Er war grauhaarig und trug einen langen grauen Bart. Seine Haut war hell, er sah eher arabisch als sudanesisch aus. Irgendwo hatte ich ihn schon einmal gesehen … Ja genau, im Hotel in Addis Abeba! Dort hatte er vor zwei Monaten in der Lobby gesessen. Es war ernüchternd:

Die sudanesische Geheimpolizei wusste alles über mich, noch bevor ich überhaupt das Land betreten hatte.

Sechs

10./11. Dezember 2015
Prag

Während ich im Flughafen von Khartum verhört wurde, wartete meine Frau Vanda in unserem Haus in der Nähe von Prag, mehr als viertausend Kilometer nordwestlich von mir, angstvoll auf ein Lebenszeichen.

Es war 7.30 Uhr, aber die Textnachrichten, die ich ihr zugesagt hatte, blieben aus. Vanda fing an, sich Sorgen zu machen. Ich hatte versprochen, ihr vor dem Abflug in Khartum zu schreiben. Spätestens jetzt hätte ich mich aus Nairobi entweder mit einer Textnachricht oder per Skype melden sollen, bevor es um 7.30 Uhr von Nairobi weiterging nach Amsterdam.

Hat Petr seinen Flug verpasst?, fragte sie sich. Vanda wusste, dass ich um 17.30 Uhr in Prag landen sollte. Doch auch gegen Abend hatte sie noch kein Lebenszeichen von mir vernommen. Sie schaute sich die Flugpläne meiner Fluggesellschaft an: Von Amsterdam gingen an diesem Abend noch zwei weitere Flüge nach Prag, der letzte würde um 22.30 Uhr landen.

Vanda war in einer katholischen Familie aufgewachsen, ihr Opa war Bauer gewesen, der den Kommunisten nicht erlaubt hatte, sein Land zu beschlagnahmen. Dafür war er ins Gefängnis gekommen. Für Gott hatte Vanda sich in jungen Jahren nicht interessiert und sie hatte damals auch kein Interesse daran, sich mit dem Glauben auseinanderzusetzen. Mit zwanzig Jahren begann sie dann, in einem Krankenhaus zu arbeiten, in der selben Abteilung wie ich.

Eines Tages deponierte ich im Pausenraum unserer Abteilung meine Bibel. So konnte ich immer lesen, wenn ich Zeit hatte. Nach ein paar Wochen erhärtete sich mein Verdacht, dass ich nicht der Einzige war, der in dieser Bibel las. Eines Tages beanstandete dann ein Vorgesetzter die Bibel und ich durfte sie dort nicht mehr liegen lassen. Da sprach Vanda mich an und fragte, ob ich ihr eine eigene Bibel besorgen könnte.

Als im November 1989 die Mauern des Kommunismus zu bröckeln begannen und die Samtene Revolution die Tschechoslowakei innerhalb weniger Wochen gewaltfrei in ein demokratisches Land verwandelte, da wackelten auch die Mauern, die Vandas Herz umschlossen hatten. Nach und nach öffnete sie sich für den Glauben an Jesus. Ich selbst hatte mich mit fünfzehn Jahren auf einem Zeltlager in der DDR entschieden, Jesus nachzufolgen. Dazu gehörte auch mein Entschluss, niemals unter einem kommunistischen System zu heiraten und Kinder großzuziehen. Das änderte sich schlagartig, als meine Faszination für diese mutige und schöne junge Frau wuchs, die voller Begeisterung den christlichen Glauben entdeckte.

Die Freundschaft zwischen uns vertiefte sich und bald sprachen wir täglich stundenlang über das Evangelium und unsere Leidenschaft für Jesus. So entwickelte sich zwischen uns eine Liebesbeziehung und am 6. April 1990 gaben wir uns das Eheversprechen. Wie es in unserem Land üblich ist, bekam Vanda nicht nur meinen Familiennamen, sondern noch eine Nachsilbe dazu, die im Tschechischen für die Zugehörigkeit steht: Jašková – die zu Jašek gehört.

Vanda hatte sich mir anvertraut und gemeinsam vertrauten wir Jesus unsere Zukunft an – egal, was uns das kosten würde.

卌

Während ich den Tag in der Zentrale des sudanesischen Geheimdienstes verbrachte und immer wieder verhört wurde, schrieb unsere Tochter Váva ihre Abschlussprüfung in Innerer Medizin und feierte abends mit ihren Freunden. Aber kurz nach 22.30 Uhr erhielt sie eine besorgte Nachricht ihrer Mutter. *Kein Lebenszeichen von Vater!* Váva fuhr sofort nach Hause.

Zusammen mit ihrem Bruder versuchte sie, die Mutter zu beruhigen. „Vielleicht gab es keine Internetverbindung oder er hatte keine Zeit, sich zu melden“, überlegten sie. Ein Plan, was in welcher Reihenfolge zu tun war, wenn ich verschwinden würde, existierte nicht. Ich hatte Vanda lediglich meine Hoteladresse und meine Flugdaten hinterlegt, das tat ich bei jeder Reise. Als Erstes rief meine Frau unseren Pastor an und der löste die Gebetskette der Gemeinde aus. Die Mitglieder der Gemeinde trugen sich in eine bestimmte Liste ein und von da an wurde rund um die Uhr für mich gebetet. Der nächste Anruf ging zur *Hilfsaktion Märtyrerkirche*. Meine Familie informierte die Mitarbeiter dort, dass ich nicht aus dem Sudan zurückgekehrt war. Danach rief meine Tochter die tschechische Polizei an. „Mein Vater war auf der Rückreise aus dem Sudan“, meldete Váva, „aber er kam nicht am Prager Flughafen an. Wir wissen nicht, was passiert ist.“

Váva und Vanda mussten zur Polizeiwache und einen Bericht einreichen. Der Polizeibeamte stellte Fragen zu unseren Finanzen, meinen Kontakten, unserer Familiengeschichte, Verwandten und vielem anderen, das vielleicht einen Anhaltspunkt für meinen Aufenthaltsort geben konnte. Dann meldete mich die Polizei bei Interpol als vermisste Person.

Die ganze folgende Nacht recherchierte meine Familie im Internet und versuchte herauszufinden, was man in so einem Fall tun muss. Weil Váva von den dreien am besten Englisch konnte, war es jetzt ihre Aufgabe, telefonisch nach mir zu forschen. Am nächsten Morgen rief sie bei der sudanesischen Botschaft in Wien an, konnte dort aber nichts erreichen. Also versuchte sie es bei der tschechischen Botschaft in Kairo, die auch für die Belange tschechischer Bürger im Sudan zuständig ist. Aber niemand ging ans Telefon – der Freitag gilt in der islamischen Welt als Ruhetag. Váva konnte lediglich eine Sprachnachricht hinterlassen. Als Nächstes rief sie das Außenministerium in Prag an – es hatte geöffnet. „Unser Vater wird vermisst“, erklärte sie, „wir brauchen Ihre Hilfe.“

Am Nachmittag rief überraschenderweise doch schon die tschechische Botschafterin aus Kairo zurück, der Váva aufs Band gesprochen hatte. Intensiv fragte sie nach den Umständen der Reise.

„Warum war Ihr Vater im Sudan?“, wollte die Botschafterin wissen. Váva erklärte, ich sei als Tourist dort gewesen.

„Wissen Sie von Konflikten, die möglicherweise zu seiner Verhaftung geführt haben könnten?“, fragte sie weiter. „Wir sind Christen“, gab Váva zu und teilte der Botschafterin den Namen unserer Gemeinde in Prag mit. Sie versprach, alles dafür zu tun, etwas über meinen Verbleib zu erfahren.

In darauf folgenden Gesprächen mit verschiedensten Leuten gab Váva es auf, mich als Tourist im Sudan auszugeben. Wer reist schon aus touristischen Gründen dorthin? Und dann auch noch Anfang Dezember, in der Schulzeit und ohne Frau und Kinder? Das war nicht wirklich glaubwürdig.

Zwischen den Telefongesprächen beteten Váva, mein Sohn Petr und meine Frau immer wieder. Der stellvertretende Leiter der *Hilfsaktion Märtyrerkirche* kam persönlich vorbei und telefonierte mit Váva zusammen von unserer Wohnung aus mit vielen Stellen, die vielleicht helfen konnten.

Auch im Paradise Hotel riefen sie an und erfuhren, dass ich kurz nach 2.00 Uhr morgens mit dem Shuttlebus zum Flughafen gefahren war. Als Nächstes sprachen sie mit dem Busfahrer, aber der konnte nur Arabisch und so war von ihm nichts zu erfahren. Ein Mitarbeiter der Kenia Airline sagte, ich wäre am Schalter gewesen und hätte für den Flug zwar eingecheckt, wäre aber nicht zum Boarding erschienen, sodass der Flieger ohne mich gestartet sei.

Meine Familie wusste also nun, dass ich am Flughafen von Khartum zuletzt gesehen worden war. Sie konnten davon ausgehen, dass ich nicht entführt worden war. Doch nun befürchteten sie etwas anderes, etwas nicht weniger Gefährliches: Möglicherweise war ich in den Händen der sudanesischen Regierung!

Sieben

11. Dezember 2015
Gefängnis des sudanesischen Nachrichten- und Geheimdienstes NISS

Es war kurz nach Mitternacht und ich war auf dem braunen Sofa eingeschlafen, als ein Geheimdienstmitarbeiter mich aufschreckte und wieder in den Vernehmungsraum führte. Ich hatte etwas Mühe, schnell wieder so hellwach zu sein, wie es für das nächste Verhör nötig sein würde. Ein Mann mit einem Ordner in der Hand betrat den Raum. Er rief drei Aufseher dazu, zeigte ihnen den Inhalt der Mappe und unterschrieb dann etwas. Damit schloss er den Ordner wieder und reichte ihn an einen der Männer weiter. Mir war klar, was nun passieren würde.

Ich komme ins Gefängnis! Die Mappe war gefüllt mit Formularen und Fotos der Personen, die ich in den letzten Tagen in Khartum getroffen hatte. Bis auf Weiteres brauchte ich wohl nicht mehr an einen Rückflug zu denken. Hier ging es längst nicht mehr um eine Befragung und einen verpassten Flug. Die Leute vom Geheimdienst hatten sich zu viel Mühe gegeben, belastendes Material gegen mich zu sammeln. Ich war verhaftet, ich würde ins Gefängnis kommen – und es würde wahrscheinlich kein kurzer Aufenthalt werden.

Ich erhielt den kleinen Koffer mit meiner Kleidung zurück, aber meine Reisepässe, sonstige Ausweise, Führerschein und die Laptop-Tasche samt Inhalt behielten sie.

Zwei schwer bewaffnete Männer bugsierten mich auf den Rücksitz eines kleinen weißen Kia. Einer von ihnen setzte sich auf den Beifahrersitz neben den Fahrer, der andere war neben mir, die Maschinenpistole in der Hand.

So fuhren wir etwa zwanzig Minuten, bis wir vor einem ziemlich kleinen, unscheinbaren, vierstöckigen Gebäude anhielten. Es war das Gefängnis für politische Gefangene des sudanesischen Nachrichten- und Geheimdienstes NISS. Meine Begleiter übergaben dem Gefängnisleiter die Mappe mit meinen Unterlagen. Und der begann mit dem umständlichen und langwierigen Prozess, mich als Gefangenen in seiner Institution aufzunehmen.

„Wann haben Sie die Grundschule besucht?“, fragte er mich. Eine seltsame Frage, aber sie überraschte mich nicht. Der sudanesische Geheimdienstler würde jetzt versuchen, so viel wie möglich über mich, meine Familie und meine Kontakte herauszufinden. Ich kannte dieses System der Befragung aus der kommunistischen Zeit der Tschechoslowakei. Wenn man damals verhaftet wurde, lief das ganz ähnlich ab. Ich atmete tief durch und versuchte, mich aus der Anspannung zu befreien, die mich im Griff hatte.

Ich wollte diesem Mann nichts über mich verraten, was er später gegen mich verwenden konnte, also schwieg ich. Daraufhin verfiel auch er in Schweigen und starrte mich an. Es war schon die zweite Nacht, in der man mich nicht schlafen ließ, und ich war ziemlich erschöpft. Doch der Gefängnischef schien entschlossen, so lange zu warten, bis ich seine Fragen beantwortete. Also sagte ich irgendetwas, das er sofort notierte.

„Wie lautet der Mädchenname Ihrer Mutter?“, fragte er weiter.

„Meine Mutter starb vor achtzehn Jahren“, erwiderte ich. Er wollte trotzdem ihren Mädchennamen wissen. Mit dieser Information würde er mich kaum belasten können, dachte ich seufzend und antwortete.

Dann studierte der Mann seine Unterlagen und fand die nächste Frage. „Nennen Sie mir die Eltern von drei Ihrer Verwandten.“

So ging es weiter. Widerwillig und ungenau gab ich meine Antworten, um den quälenden Prozess zu beschleunigen. Meine Armbanduhr war beschlagnahmt worden und ich wusste nicht genau, wie spät es war. Vermutlich ungefähr ein Uhr morgens.

Irgendwann hatten wir alle Fragen erledigt und ich wurde an den Gefängnisfotografen übergeben. Nun wurden Fotos von mir gemacht, von vorn und von beiden Seiten. Alles sah danach aus, dass es sich hier nicht nur um den Aufenthalt von einer Nacht handeln würde.

Dann musste ich meinen Koffer abgeben, durfte vorher aber noch ein paar Kleidungsstücke entnehmen: eine Ersatzhose, zwei Ersatz-T-Shirts, Unterwäsche und ein Paar Socken. Auch meine Seife, Zahnbürste und Zahnpasta durfte ich mitnehmen, aber keinen Gürtel und keine Jacke.

Meistens, wenn ich in Afrika unterwegs war, hatte ich noch ein Handtuch im Gepäck. Aber weil ich dieses Mal meinen ganzen Aufenthalt im Paradise Hotel gebucht hatte, dachte ich zu Hause beim Packen, dass ein Handtuch unnötig wäre. Eine bedauerliche Entscheidung.

Wärter führten mich und einen anderen neuen Häftling zu einem Fahrstuhl, der uns zum dritten Stock brachte. Dort war es ganz ruhig, der Flur lag ziemlich im Dunkeln. Ein schneller Blick zur Decke zeigte, dass fast alle Glühbirnen kaputt waren. Auf dem Fußboden hoben sich helle Rechtecke aus Licht ab, die durch kleine Fenster im oberen Teil der Zellentüren in den Flur fielen. Wir schritten an den Türen entlang, über die Lichtflecken, und ich verstand das System. Die Flure waren dunkel, die Zellen hell erleuchtet, so konnten die Wärter immer sehen, was in den Zellen vor sich ging, während die Gefangenen nicht erkennen konnten, ob ein Wärter in ihre Zelle schaute.

Dann blieben die Wärter stehen, schlossen eine Tür auf und schoben den anderen Gefangenen in den hoffnungslos überfüllten Raum. Ich wollte hinter ihm her, wurde aber gestoppt.

Mit mir gingen sie noch ein Stück weiter den Flur entlang bis zu einer anderen Zelle. Einer der Wärter schloss auf und bedeutete mir hineinzugehen. Grelles Licht erfüllte den Raum, in dem fünf Männer auf dem Boden lagen. Ein sechster Mann lag ausgestreckt auf dem einzigen metallenen Bett, das es gab. Alle kamen in Bewegung, als ich den Raum betrat. Diese Zelle war eigentlich nur für eine Person gedacht – der Architekt des Gebäudes war sicher nicht davon ausgegangen, dass einmal sieben Männer auf solch engem Raum zusammenleben würden.

Während ich zusah, wie die Wärter die Zelle verließen, fiel mein Blick auf einige dreckige Flecken beiger Farbe auf der Innenseite der schweren Stahltür. Der Wärter zog die Tür hinter sich zu und mit einem metallischen Geräusch rastete das automatische Schloss ein.

Ich kannte das Geräusch! Ich kannte auch diese Zelle. Hier war ich schon einmal gewesen – nachts in meinen Träumen.

Doch dieses Mal war es kein Traum.

Acht

11. Dezember 2015

Gefängnis für politische Gefangene des sudanesischen Nachrichten- und Geheimdienstes NISS

Ich betrachtete meine neue Umgebung und fragte mich, wie sieben Personen in einer Zelle leben sollten, die höchstens zweieinhalb Meter breit und vier Meter lang war. Die Wände waren schmutzig und es wimmelte von

Insekten, Ameisen, Fliegen und Stechmücken. Hinter einer hölzernen Schwingtür gab es eine Toilette und Dusche, in deren Nähe es deutlich nach Schimmel roch. Die Dusche funktionierte nicht und die eiserne Sitztoilette war vollkommen verrostet. Aus der Wand kam ein Schlauch, aber ich fand schnell heraus, dass es nur ein- oder zweimal am Tag Wasser gab, und manchmal waren wir auch eine ganze Woche lang ohne Wasser. Ich lernte, dass man Flaschen aufbewahren musste, um sich Wasser abzufüllen, sobald es floss.

Das einzige Bett im Raum nahm mit seinem rostigen Metallrahmen viel zu viel Platz ein, genau wie der Schreibtisch mit dem dazugehörigen Stuhl. Die Körperausdünstungen der Männer waren intensiv. Mir war elend zumute. *Hier sollte ich bleiben? Für wie lange?*

Die Häftlinge lagen auf Matten und Decken und drückten sich noch ein bisschen enger aneinander, damit ich mich auch hinlegen konnte. Allerdings war der Platz, den sie mir freimachten, direkt vor dem Eingang zur Toilette. Ich hatte keine Matte und der schmutzige Steinboden ließ mich in meinem dünnen T-Shirt vor Kälte zittern. So nahm ich meine beiden zusätzlichen T-Shirts, mit einem bedeckte ich meinen Oberkörper, das andere wickelte ich mir um die Beine. Doch gegen die winterlichen Temperaturen halfen sie kaum. Wie lange es wohl gehen würde, ehe ich krank würde? Ich schloss die Augen, um mich vor dem grellen Licht der Deckenlampe zu schützen. *Meine Frau und meine Kinder – sicher machten sie sich wahnsinnige Sorgen um mich.* Schwer wie ein Stein drückte die Angst auf meinen Magen.

Dann rollte ich mich auf dem eisig kalten Boden in dieser überfüllten Zelle zusammen und versuchte, ein paar Stunden zu schlafen.

卌

Bereits um 4.30 Uhr schreckte ich von einem plötzlichen Lärm wieder hoch. Der *Azaan* erscholl, der laute Gesang des morgendlichen Gebetsrufes, noch vor dem ersten Sonnenstrahl. Irgendwo im Gefängnis fing das Geräusch an und breitete sich dann von Zelle zu Zelle aus, um jeden Muslim aus dem Schlaf zu holen. Ich war in höchster Alarmbereitschaft.

Die Männer um mich herum erhoben sich, um sich rituell zu waschen. Alle hatten lange Backenbärte, aber nur kurze Haarstoppeln auf der Oberlippe. Ich kannte diesen Stil von islamischen Extremisten aus verschiedenen Ländern. Die meisten trugen *Dschallabijas*, knöchellange Gewänder, wie sie unter Arabern üblich sind. Ich machte ihnen den Weg zum Badezimmer frei, wo eine große Plastikflasche den sonst üblichen Tonkrug ersetzte. *Ibrig* sagten sie dazu, das arabische Wort für Wasserkrug. Sauber sah das Ding nicht aus. Aber ich wusste, dass meine islamischen Zellengenossen ohne dieses rituelle Waschen ihre Gebete nicht verrichten durften.

„Wenn wir beten“, sprach mich einer der Männer auf Englisch an, „dann musst du dich hier hinstellen.“ Er zeigte auf die hinterste Ecke des Raumes. „Es geht nicht, dass wir uns beim Gebet dir zuwenden.“

Gut, ich stellte mich in die mir zugewiesene Ecke hinter die Männer und sah ihnen zu. Sie hatten eine halb volle Flasche Wasser vor sich auf dem Boden stehen und es sah aus, als würden sie sich vor der Flasche verbeugen. Doch die Flasche zeigte ihnen nur an, wo Mekka lag, sodass sie ihre Gebete in die korrekte Richtung verrichten konnten. Mehr als zehn Mal neigten sie ihre Oberkörper zur Erde und ihre gesungenen Gebete erfüllten den Raum.

Als sie fertig waren, hockte sich jeder wieder auf seine Matte. Bewegen konnte sich in dieser Zelle keiner, dazu war es zu eng. Aber nun begannen einige, die Englisch konnten, mir Fragen zu stellen.

„Aus welchem Land kommst du? Warum bist du hier?"

„Ich komme aus Tschechien", erklärte ich. „Ich war vier Tage im Sudan und wollte gestern wieder zurückfliegen, aber am Flughafen hat mich der Sicherheitsdienst festgenommen und meinen Laptop, meine Kamera und mein Telefon beschlagnahmt."

„Was hat dich in den Sudan geführt?"

Ich war ein Weißer aus Europa, natürlich gingen sie davon aus, dass ich Christ war. Aber niemand musste wissen, dass ich in den Sudan gekommen war, um Pastoren zu treffen. Also erzählte ich ihnen etwas von meiner privaten Beratungsfirma im Bereich der Gesundheitsverwaltung und erklärte, dass ich als einfacher Tourist in den Sudan gekommen sei.

„Wir haben hier keine Zeitungen", sagte einer. „Was ist denn so los in der Welt?"

Das Erste, was mir einfiel, waren die Terroranschläge vom 13. November in Paris. Sie waren erst einen Monat her. „Durch koordinierte Anschläge an verschiedenen Stellen in der Stadt starben 129 Menschen." Ich fügte hinzu, dass der Islamische Staat die Verantwortung für die Schießereien und Selbstmordattentate übernommen habe.

Es war mucksmäuschenstill. Und plötzlich brach ein Geschrei los: *„Allahu Akbar!"*

Ich schnappte erschrocken nach Luft. Mit vor Entsetzen geweiteten Augen beobachtete ich, wie die Männer aufsprangen, sich gegenseitig voller Freude umarmten, triumphierend die Arme in die Luft reckten und in unserer winzigen Zelle herumtanzten. Sie schlugen einander auf den Rücken und strahlten. Ich wich zurück zur Wand neben der Toilette und spürte, wie meine Handflächen feucht wurden. Angstschweiß stand in dicken Perlen auf meiner Stirn – ich versuchte, mein Zittern zu unterdrücken.

Minutenlang feierten meine Zellenkollegen die terroristischen Anschläge in Frankreich. Ich kannte solche muslimischen Freudenausbrüche aus dem Fernsehen, aber es war Furcht einflößend, sie live und aus so unmittelbarer Nähe zu erleben.

In diesen angstvollen Momenten wurde mir klar, dass ich mit islamistischen Extremisten in einer Zelle eingesperrt war! Dass meine Mithäftlinge tatsächlich Angehörige des Islamischen Staates waren, bekam ich in den folgenden Tagen deutlich zu spüren …

Neun

DEZEMBER 2015
NISS-GEFÄNGNIS

Einer meiner Zellengenossen war studierter Apotheker und sprach sehr gutes Englisch. Er sei in der Türkei verhaftet worden beim Grenzübertritt nach Syrien, erzählte er mir. Er hatte das „Kalifat" mit seinen medizinischen Kenntnissen unterstützen wollen. Bald fand ich heraus, dass er nicht der Einzige in meiner Zelle war, der so dachte. Auch einige der anderen Männer waren nach Syrien gegangen, um an dem radikalen Kampf der Dschihadisten teilzunehmen. Andere hätten gerne mitgekämpft, hatten es aber nicht bis in die entsprechenden Regionen geschafft. Nun saßen sie hier im Gefängnis des sudanesischen Geheimdienstes unter dem Vorwurf der Unterstützung einer terroristischen Vereinigung und verschiedener anderer Verbrechen ein: illegaler Geldwechsel, Waffenhandel, Goldschmuggel oder auch nur, weil sie ohne Erlaubnis Benzin verkauft hatten. Wenn die Männer über den Islamischen Staat sprachen, verwendeten sie das arabische Akronym *„Daesch"*, das für *Islamischer Staat im Irak und in Großsyrien* steht, und Bewunderung klang in ihren Stimmen mit.

Eigentlich war die sudanesische Regierung al-Baschirs selbst auch islamistisch und sunnitisch, trotzdem kämpfte sie gegen eine Ausbreitung des sunnitischen IS in ihrem Land. Al-Baschir fürchtete vermutlich, dass der IS, wenn er zu mächtig werden würde, zu einer Konkurrenz für die Regierung werden könnte. Außerdem war dem Sudan auch an einer Verbesserung seiner Beziehungen zu den westlichen Industrienationen gelegen und an der Anerkennung als ein im „Kampf gegen den Terror“ mit dem Westen verbündeter Staat.

Fünfmal täglich stand ich nun in einer Ecke unseres Raumes und sah zu, wie meine muslimischen Zellengenossen, die wahrscheinlich zum IS gehörten oder ihm zumindest nahestanden, sich im Gebet beugten. Die Extremisten waren die Ersten, die morgens aufsprangen und den anderen, gemäßigteren Muslimen die Decken wegzogen. „*Salah. Salah!*“, riefen sie mit ohrenbetäubender Lautstärke und weckten damit alle auf. Beim Beten standen sie hinter den anderen und korrigierten deren Haltung und sagten ihnen, wie sie ihre Füße stellen und wie sie sich richtig verbeugen sollten. Ich beobachtete sie und ahnte, dass es ihnen nicht nur darum ging, wie man den Koran genau befolgt. Hier wurden neue IS-Gefolgsleute rekrutiert und radikalisiert. Einerseits taten sie mir in ihrem fehlgeleiteten Eifer leid, andererseits erschreckte mich der Hass sehr, der sogar hier in unserer verschlossenen Zelle geschürt wurde.

Es gab drei oder vier Exemplare des Koran in unserer Zelle, also bat ich die Wärter immer wieder auch um eine Bibel. Meistens lachten sie einfach nur über diese Frage.

Wenn es an die Mahlzeiten ging, gab es leider nie genug für alle zu essen, um satt zu werden. Wir aßen gemeinsam – mit den Händen – aus einer Schüssel. Mir verging der Appetit, da die meisten Sudanesen kein Toilettenpapier benutzten und meine Zellengenossen, nachdem sie auf der Toilette waren, nur selten die Hände mit Seife wuschen – zumal wir ohnehin lediglich ein- oder zweimal am Tag Wasser hatten. Gleichzeitig wollte ich sie aber nicht beleidigen und musste deshalb ein bisschen mitessen. Von Tag zu Tag merkte ich jedoch, wie ich dünner und schwächer wurde. Um Infektionen vorzubeugen, nutzte ich für meine Körperpflege regelmäßig zwei Liter Wasser und die rote Karbolseife, die uns vom Gefängnis zur Verfügung gestellt wurde. Meine Hände wusch ich so oft wie möglich. Der Geruch der Seife erinnerte mich an das Desinfektionsmittel, das in den Sechzigerjahren in den Krankenhäusern der Tschechoslowakei verwendet worden war.

Schien draußen die Sonne, kehrten Hoffnung und Zuversicht zurück. Dann fanden ein paar tröstliche Lichtstrahlen ihren Weg durch die trübe Glasscheibe eines Fensters, das sich ganz oben in der Außenmauer befand. Zwar konnten wir durch das Fenster nicht in den Hof gucken, aber trotzdem war es eine Öffnung nach draußen. Bei klarem Wetter konnte ich morgens etwa fünfzehn Minuten lang die Sonne sehen, was meiner Seele neue Kraft gab. Wanderte die Sonne weiter, kehrten die Schatten in unsere Zelle zurück. Doch egal, ob mit oder ohne Sonne – ich fror die ganze Zeit!

Am zweiten oder dritten Tag, als ich durch das kleine Fenster in der Tür auf den Flur schaute, sah ich einen Wärter vorbeikommen. Ich rüttelte an der Tür, um seine Aufmerksamkeit auf mich zu ziehen und fragte dann: „Bitte, kann ich eine Decke haben?“

Der Mann blieb stehen, sah mich an und grinste. „Du kommst doch aus Tschechien“, hörte ich ihn sagen, „du bist kalte Winter gewöhnt. Du brauchst keine Decke!“

Also blieb mir nur eine Hoffnung: Wenn ein Mithäftling entlassen wurde, konnte ich vielleicht seine schmutzige, übel riechende Decke bekommen.

Eine Woche war seit meiner Verhaftung vergangen, als der Mann auf mich zukam, der auf unserem einzigen Bett schlief. Seine Angehörigen hatten ihm gerade eine zusätzliche, nagelneue Decke gebracht – flauschig weich, mit gelben und orangefarbenen Blumen – und er hatte beschlossen, sie mir zu geben.

„Die Decke ist für dich“, sagte er und Tränen glitzerten in seinen Augen.

Was für ein Geschenk! Ich schaute ihn sprachlos an und spürte, wie auch meine Augen feucht wurden. Seit ich hier war, hatte ich ununterbrochen gefroren. Das würde nun vorbei sein. Ich war überwältigt von der Freundlichkeit dieses Mannes. Auch wenn meine Situation schrecklich war, dieses Geschenk erinnerte mich wieder daran, dass mein Gott sich fürsorglich um mich kümmerte. Er hatte mein Gebet erhört!

„Ich habe nichts, was ich dir dafür geben könnte“, antwortete ich. „Wie kann ich dir danken?“

Seine Antwort überraschte mich noch mehr als sein Geschenk: „Bete für mich“, bat er.

Ich nickte und fragte dann vorsichtig: „Darf ich für dich beten, dass du den richtigen Weg zu Gott finden kannst?“

„Ja“, stimmte er zu, „bitte bete für mich, dass ich den richtigen Weg zu Gott finde.“

Vier Tage später wurde er aus dem Gefängnis entlassen. Wir sahen uns nie wieder.

卌

Das vierstöckige Gefängnis, in dem man mich untergebracht hatte, war 2012 im Auftrag von Salah Abdallah Gosh gebaut worden, dem Direktor des sudanesischen Geheimdienstes. Es war quadratisch und relativ modern, aber sah bereits sehr heruntergekommen aus, als ich hier ankam. In den beiden oberen Stockwerken befanden sich ungefähr vierzig Zellen. Darunter war eine Etage mit Büros und das Erdgeschoss beherbergte Verhör- und Folterräume. Im November 2012, kurz nach der Fertigstellung des Gebäudes, wurde Gosh beschuldigt, einen Putsch gegen Präsident Omar al-Baschir geplant zu haben. So verbrachte er selbst sechs Monate in der Einrichtung, die er hatte bauen lassen.

Dieses NISS-Gefängnis war nach britischem Vorbild errichtet worden und man erzählte mir, dass alle Einrichtungsgegenstände aus Metall wie Betten, Tische, Toiletten und ähnliches Zubehör aus England importiert worden waren. Trotzdem war das Gebäude insgesamt in keinem guten Zustand. Die Isolierung war so schlecht, dass die Mauern ständig feucht waren. Es gab eine Klimaanlage, die aber laut meinen Zellengenossen im Sommer überfordert war. Was es an Wasser gab, sammelten sich die Muslime für die Waschung vor ihren Gebeten – zum Duschen reichte es fast nie.

Nach den britischen Plänen sollte in jeder Zelle ein Gefangener untergebracht sein. Die Sudanesen sperrten stattdessen sieben Mann in eine Zelle. Und als in den Nuba-Bergen und in Darfur viele Menschen verhaftet wurden, kamen sogar bis zu fünfzehn Mann in eine Zelle. Erst kürzlich sei wieder ein Haufen neuer Gefangene hierhergebracht worden, erzählten mir meine Mithäftlinge. Das veränderte meine Perspektive und ich war froh, dass wir „nur" zu siebt waren.

Auf Reisen nahm ich normalerweise immer eine Packung Kopfschmerztabletten mit – eine Kombination aus Aspirin, Paracetamol und Koffein. Die Wärter hatten die Schachtel offensichtlich in meinem Koffer gefunden und angenommen, dass es ein Medikament wäre, das ich regelmäßig einnehmen sollte. Jeden Tag brachten sie mir eine Tablette. Es passte so gar nicht ins übrige Bild unserer Unterbringung und Versorgung hier und amüsierte mich daher umso mehr. Wahrscheinlich schadete es mir mehr, als es nützte, aber dennoch nahm ich die Tablette brav jeden Morgen ein. Immerhin wachte ich auch wirklich jeden Morgen mit Kopfschmerzen auf – wahrscheinlich, weil es zu wenig zu trinken gab. Nur das Immodium und Malarone, meine Notfallmedikamente gegen Durchfall und Malaria, die die Wärter auch gefunden hatten, hortete ich für den Fall, dass ich sie irgendwann wirklich einmal brauchen würde.

Nach sudanesischem Gesetz hatte der Geheimdienst das Recht, Gefangene für eine bestimmte Zeit ohne Gerichtsverhandlung festzuhalten. Illegale Geldwechsler und Goldschmuggler konnten vier Monate festgesetzt werden, IS-Sympathisanten wie meine Mithäftlinge bis zu einem Jahr.

Tag für Tag hörte ich mir ihre Geschichten an und suchte nach Möglichkeiten, ihnen die Liebe Gottes sichtbar zu machen. Eines Nachmittags erzählten sie stolz von amerikanischen Pastoren, die von Muslimen überzeugt worden und zum Islam übergetreten waren. Die daraus resultierende seltsame Mischung aus christlichem und muslimischem Glauben, die manchmal auch „Chrislam" genannt wird, kannte ich aus verschiedenen europäischen Ländern und auch aus dem Nahen Osten. „Das ist die wahre Religion", schwärmten meine IS-Zellengenossen.

Es stimmte, es gab Christen – meist aber eher formale Namenschristen, keine hingegebenen Nachfolger Jesu –, die sich dazu entschieden hatten, den Lehren des Islam zu folgen. Aber ich wusste auch, dass es sehr viel mehr Menschen weltweit gab – Hunderttausende in vielen verschiedenen Ländern der Welt –, die sich vom Islam abgewandt hatten, weil sie zum Glauben an Jesus gekommen waren. Ich wollte keinen Streit vom Zaun brechen, aber einen kleinen Samen wollte ich doch gerne in ihre Herzen legen, um sie ein bisschen nachdenklich zu machen.

„Ich habe auch andere Leute kennengelernt", sagte ich deshalb, „zum Beispiel sehr mutige Christen in Nigeria." Während ich das sagte, erinnerte ich mich besonders an Monica, eine junge Nigerianerin.

Im Juli 2009 waren Monica und ihr Mann auf dem Motorrad in der Stadt Maiduguri im Norden Nigerias unterwegs gewesen. Es war Donnerstag und sie waren auf dem Weg zu ihrer Gemeinde gewesen, wo sie eine

Bibelgruppe besuchen wollten. Doch eine Gruppe von Islamisten hatte sich ihnen in den Weg gestellt und die Straße blockiert. Die Männer waren maskiert und trugen Militäruniformen in Tarnfarben, dazu lange, scharfe Macheten und Maschinenpistolen. Monica und ihr Mann wussten, dass sie Boko-Haram-Kämpfern in die Hände gefallen waren, einer terroristischen Dschihadgruppe, die in Nordnigeria Angst und Schrecken verbreitete.

„Welcher Religion folgt ihr?", fragte einer der Männer und trat, die Machete in der Hand, drohend auf sie zu.

„Wir sind Christen", antworteten Monica und ihr Mann mutig.

„Wenn ihr Muslime werdet, lassen wir euch am Leben", erklärte der Uniformierte. „Sagt die *Schahāda*", befahl er und meinte damit das islamische Glaubensbekenntnis. Monica und ihr Mann weigerten sich.

„Wir sind Christen", erwiderten sie, „und das bleiben wir auch."

Der Boko-Haram-Kämpfer hob die Machete und mit drei schnellen Bewegungen hatte er Monicas Mann enthauptet. Er war tot und sie konnte nichts mehr für ihn tun – mit diesem Gedanken rannte Monica los. Doch ihre Verfolger holten sie schnell ein und die langen Messer schlitzten ihr den Rücken auf. Dann griff eine Hand nach ihrer Schulter.

Sie war erwischt worden!

Der wütende Kämpfer schleuderte sie herum und schnitt ihr mit der Machete in die Kehle. Monica fiel zu Boden, Blut schoss aus ihrem Hals und sie wurde bewusstlos. In der Annahme, sie sei tot, warfen die Männer ihren Körper in einen Abwasserkanal. Zweieinhalb Stunden lag sie dort. In dieser Zeit, während sie bewusstlos war, sah sie himmlische, weiß gekleidete Wesen, die sie umgaben.

Dann kam die Stadtpolizei, um die Opfer dieses Boko-Haram-Angriffes zu identifizieren und die Toten zu begraben. Die Polizisten fanden Monica, hoben sie aus dem Graben und stellten überrascht fest, dass sie sich bewegte. Mit Zeichensprache bat Monica um Wasser. Einer der Polizisten gab ihr etwas zu trinken, doch die Flüssigkeit rann direkt wieder aus ihrer durchtrennten Kehle.

Sofort brachte man Monica ins nächste Krankenhaus, wo sie mehrmals operiert wurde. Die Ärzte implantierten eine Röhre in ihre Kehle, durch die sie heute einigermaßen normal atmen kann. Sie lernte sogar wieder flüsternd zu sprechen.

Ich erinnerte mich genau an meine erste Begegnung mit Monica. Zusammen mit einem Mitarbeiter der Mayo-Klinik in den USA war ich im Auftrag der *Hilfsaktion Märtyrerkirche* zu Monica gereist, um herauszufinden, welche medizinische Hilfe sie brauchte. Sie erzählte uns von dem Mord an ihrem Mann und dem brutalen Angriff auf sie, nachdem sie sich beide klar und mutig zu Jesus bekannt hatten. Mein Kollege sah sich ihre Arztbriefe an, während ich mir Fragen zurechtlegte. Wir wollten ein Interview führen und ihre Verletzung mit meiner Kamera dokumentieren. Ich hatte Mühe, die richtigen Worte zu finden. Schließlich begann ich mit einer einfachen Frage: „Monica“, fragte ich vorsichtig, „wie geht es dir im

Glauben? Wie hat sich deine Beziehung zu Jesus durch diese furchtbare Erfahrung verändert?"

Nie werde ich vergessen, was sie mir daraufhin sagte. Um reden zu können, musste sie tief Luft holen und dann ihren Zeigefinger auf eine Öffnung in dem Röhrchen legen. So konnte die Luft an ihren Stimmbändern entlangströmen. Mit rauer Stimme, durch das Gerät im Hals verfremdet, flüsterte sie: „Ich richte meinen Blick auf die Ewigkeit."

Sie hob ihren Finger von dem Loch, holte erneut Luft und fuhr fort: „Ich richte meinen Blick auf Jesus."

Von mühsamen Atemzügen unterbrochen, erzählte sie mit ihrer Flüsterstimme, dass sie und ihr Mann sich vor diesem Angriff für „gute" Christen gehalten hätten. Aber ihre größte Freude war es damals gewesen, sich neue Kleider zu kaufen. Beide hatten für ein schönes Auto und ein Haus gearbeitet und gespart. Doch seit ihr Mann tot war und sie wie durch ein Wunder überlebt hatte, wollte sie ihr ganzes Leben Jesus zur Verfügung stellen. Tatsächlich fing Monica schon bald nach ihrer letzten Operation an, anderen Witwen zu helfen, die ebenfalls durch Boko-Haram-Kämpfer ihre Männer verloren hatten. Es war keine ungefährliche Aufgabe, doch Monica hatte keine Angst. Dabei war ihr Leben wiederholt in Gefahr, sodass sie mit Unterstützung der *Hilfsaktion Märtyrerkirche* zweimal untertauchen und an einem anderen Ort ein neues Leben anfangen musste.

Ich dachte, es sei eine gute Idee, den Männern in meiner Zelle die Geschichte von Monica zu erzählen. Denn sie zeigt, wie stark der Glaube an Jesus sein kann. Aber als ich zu der Stelle kam, wo Monicas Mann enthauptet wurde, da unterbrachen mich meine IS-Zuhörer. Der Apotheker – ein studierter Mann und Vater einer kleinen Tochter – fing an zu lachen. Es war ein furchterregendes, böses Lachen, das ich niemals nachmachen könnte oder wollte. Nie wieder würde ich diesen IS-Männern etwas über Christenverfolgung erzählen! Ich hatte erwartet, dass sie doch zumindest ein wenig Sympathie für die junge Frau empfanden, die ihren Mann so grausam verloren hatte und selbst so schwer verletzt worden war. Doch diese gebildeten jungen Männer lachten bloß und kommentierten meine Geschichte mit „*Allahu Akbar*", Allah ist am größten.

Spätabends hörte ich, wie meine Zellengenossen für die *Mudschahedin*-Guerillakämpfer in Libyen, Syrien und im Irak beteten. Sie sprachen Arabisch, aber ich verstand genug Worte und Sätze, um mir den Inhalt so ungefähr zusammenreimen zu können. Es ging um Erfolg und Allahs Gunst. Doch diese Gebete unterschieden sich sehr von den vorformulierten Gebeten, die ich den Tag über hörte. Nachts stiegen persönliche Gebete in eigenen Worten auf.

Einmal wurde ich durch das laute Niesen des Apothekers geweckt. Er konnte nicht schlafen, weil seine Nase entzündet und verstopft war, also betete er. Der Mann kniete auf dem Boden, hatte beide Arme erhoben und

Tränen strömten über sein Gesicht. Leise flehte er darum, wieder freizukommen und zu seiner Familie zurückkehren zu können. Auch andere Männer beobachtete ich nachts beim Beten, aus tiefstem Herzen brachten sie Allah ihre persönlichen Bitten und Gebete.

Es berührte mich, diese Weichheit in den Herzen meiner Mitgefangenen zu sehen, und ich wünschte ihnen sehr, den lebendigen Gott kennenzulernen. In anderen Ländern, zum Beispiel in Ägypten, hatte ich Christen kennengelernt, die früher islamische Extremisten gewesen waren. Voller Hoffnung schaute ich auf die verletzliche, menschliche Seite dieser Männer und beschloss, vermehrt für sie zu beten, dass Jesus sich ihnen als Herr, als Retter und als Gott offenbarte.

So verging ein qualvoller Tag nach dem anderen und ich fragte mich, ob Jesus die Herzen der IS-Männer berühren würde oder ob ich auch noch unter ihnen zu leiden haben würde, während wir auf so engem Raum zusammenlebten.

Zehn

Weihnachten 2015
Gefängnis des sudanesischen Nachrichten- und Geheimdienstes NISS

Eineinhalb Wochen nach meiner Verhaftung hatte man mir immer noch nicht ermöglicht, die tschechische Botschaft in Kairo oder meine Familie zu Hause in Tschechien anzurufen. Mir blieb nichts übrig, als zu warten und zu beten. Überhaupt – warten schien Teil der Verhörstrategie des NISS-Geheimdienstes zu sein. Wahrscheinlich gingen sie davon aus, damit ihre Gefangenen mürbe machen zu können. Für einen Gefängnis-Neuling wie mich war das Warten auch wirklich eine Qual. Zehn Tage erschienen mir wie eine düstere Ewigkeit. Meine Gedanken drehten sich in jeder wachen Minute um Vanda. Sie musste sich furchtbare Sorgen machen, nachdem sie so lange nichts von mir gehört hatte. *Ob sie überhaupt wusste, wo ich war?* Ich bemühte mich, meine Gedanken auf Gott auszurichten, betete und freute mich auf meine Heimkehr.

Endlich wurde ich wieder zum Verhör geholt. Es war der 20. Dezember. Die Wärter brachten mich ins Erdgeschoss, wo mich ein Mann erwartete, den ich bereits kannte. Es war der hochrangige sudanesische Geheimdienstmitarbeiter vom Flughafen, der Englisch sprach und damals gerufen worden war, um die endgültige Entscheidung über meine Verhaftung zu treffen. Ich erwartete, dass er mich nun über Pastor Hassan, Bruder

Monim und den verletzten Studenten befragen würde, der vom Islam zum Christentum übergetreten war, aber anscheinend wusste er schon genug. Die viertägige Überwachung in Kombination mit meinen ganzen Fotos und Videos hatten wohl keine Fragen mehr offengelassen.

Stattdessen reichte er mir ein Blatt Papier. Überrascht starrte ich auf den kurzen, englischen Text. Ich überflog die Zeilen und traute meinen Augen kaum. Sie erlaubten mir tatsächlich, meine Familie anzurufen! Seit ich im Flughafen aus der Warteschlange gezogen worden war, hatte ich immer wieder darum gebeten. Ich wollte meiner Frau und meinen Kindern zumindest sagen, dass ich noch am Leben war. Mein Herzschlag beschleunigte sich und die Hand, die das Papier hielt, fing an zu zittern. Freude und Erleichterung durchströmten mich.

Der Mann gab mir ein Telefon und ich wählte die einzige Nummer, die ich auswendig kannte: die Handynummer meiner Frau. Nun würde ich dreißig Sekunden Zeit haben, um genau das zu sagen, was auf dem Blatt stand. Nichts weiter, nur das.

„Nur Englisch“, betonte der Sudanese, „nur Englisch!“

Der Anruf wurde durchgestellt und ich hörte, wie am anderen Ende das Telefon klingelte. „Es ist die Nummer meiner Frau“, erklärte ich, „sie versteht kein Englisch. Sie wird unserer Tochter das Telefon geben müssen.“

Die Verbindung kam zustande und ich hörte die Stimme meiner Frau. „Ich bin es“, sagte ich eilig in Tschechisch, „aber ich muss Englisch sprechen.“

„Petr, bist du das?“ Sie weinte und gab das Telefon direkt an Váva weiter. Nun las ich meinen Text vor.

„Es geht mir gut", begann meine Botschaft. Ich gab mir Mühe, das Zittern in meiner Stimme zu unterdrücken. „Hier gab es ein kleines Missverständnis und ich wurde verhaftet, aber ich werde versuchen, bald wieder mit euch Kontakt aufzunehmen."

„Wir haben die tschechische Botschaft in Kairo eingeschaltet", sagte meine Tochter, „und in der Gemeinde beten alle für dich."

„Es geht mir gut", fing ich mit meinem Text wieder von vorne an, „ich werde versuchen, bald wieder mit euch Kontakt aufzunehmen."

Die dreißig Sekunden waren fast abgelaufen, als ich mich über das Manuskript hinwegsetzte: „Ich habe euch lieb", schob ich noch hinterher. Nun weinte auch Váva und mir brach das Herz. Der Geheimdienstchef gab mir ein Zeichen. Widerstrebend beendete ich die Verbindung. Dieser Anruf hatte die Sehnsucht nach meiner Familie nicht stillen können, aber zumindest wussten sie nun, dass ich noch am Leben war. Auf dem Weg zurück in meine Zelle liefen mir die Tränen übers Gesicht und mein Herz war schwer.

Am nächsten Tag, es war der 21. Dezember, kam ein Wärter in unsere Zelle und teilte mir mit, dass ich Besuch hätte. *Besuch? Wie war das möglich?*

Man wollte meinem Besucher nicht erlauben, mich hier im Gefängnis zu treffen, und so musste ich zu ihm gebracht werden. Ich war aufgeregt und voller Vorfreude, als mir schwere Ketten um die Handgelenke und Fußknöchel gelegt wurden und man mich aus dem Gebäude zu einem Minibus brachte. Unbeholfen kletterte ich hinein, zusammen mit sechs bewaffneten Wärtern. Zwei hatten Kalaschnikows dabei, die vier anderen Männer kleinere Schusswaffen. Wir waren eine Dreiviertelstunde unterwegs, bis wir vor einem Gebäude hielten, das „National Club" hieß. Es war ein Anwesen, das von einer parkähnlichen, wunderschönen Gartenanlage umgeben war und ebenfalls dem sudanesischen Nachrichten- und Geheimdienst NISS gehörte. *Ich muss für die Sudanesen ein sehr wichtiger Gefangener sein, wenn sie mich extra an diesen Ort bringen*, dachte ich, während das Metall der Handschellen schmerzhaft in meine Handgelenke schnitt.

Einer der Wärter begleitete mich in das Gebäude und nahm sie mir ab, doch an meinen Handgelenken verblieben schmerzhafte Druckstellen.

Anscheinend wussten die NISS-Leute gestern schon, dass ich heute einem Mitarbeiter der tschechischen Botschaft begegnen würde – denn das war der geheimnisvolle Besucher –, und deshalb hatten sie mich mit meiner Familie telefonieren lassen. Nun konnten sie dem Botschaftsmitarbeiter berichten, dass sie mir den Kontakt zu meinen Angehörigen ermöglicht hatten.

Der Mann, der mich erwartete, hatte helle Haut und trug Anzug und Krawatte. Er stellte sich als Štěpán Sláma vor, ein Mitarbeiter des tschechischen Außenministeriums, der im Auftrag unseres Landes in Kairo lebte, um sich der Belange tschechischer Bürger in der Region anzunehmen. Er war meinetwegen von Ägypten angereist. Als ich verstand, mit wem ich es zu tun hatte, hätte ich am liebsten vor Erleichterung geweint. Nachdem ich dann noch erfuhr, dass wir in Tschechisch miteinander reden durften, war ich überglücklich.

„Ihre Familie weiß, dass Sie in Haft sind“, begann Štěpán Sláma unser Gespräch mit beruhigendem Tonfall, „und ich darf Ihnen ausrichten, dass es allen gut geht.“

Ich seufzte tief auf und erzählte ihm dann, dass es dem sudanesischen Geheimdienst gelungen war, die Fotos und Videos auf meiner externen Festplatte wiederherzustellen. Dabei erwähnte ich besonders auch das Video aus den Nuba-Bergen, das man mir gezeigt hatte. Ich fragte ihn, wie sehr das meine Lage verschlechtern würde und sprach dabei den Begriff Nuba nicht aus, sondern buchstabierte das Wort im tschechischen Alphabet. Er sagte mir, der NISS-Geheimdienst würde meinen Fall im Laufe von etwa einem Monat an ein Gericht übergeben. Allerdings sei der Hauptvorwurf, der gegen mich erhoben würde, der Schmuggel von Tigerfellen.

Ich lachte ungläubig. Was für eine absurde Anklage. *Gab es im Sudan überhaupt Tiger?*

Štěpán Sláma erzählte mir, dass der Sudan vor Kurzem Anklage gegen einen Schweizer Missionar, einige Amerikaner und einen koreanischen Pastor erhoben hatte. Alle waren wegen unterschiedlich ausgeprägten christlichen Aktivitäten im Sudan verhaftet worden. In der Regel, so versicherte mir Sláma, waren solche Verfahren in drei bis vier Monaten abgeschlossen. Darüber war ich einerseits froh, andererseits musste ich damit aber die Hoffnung aufgeben, Weihnachten mit meiner Familie feiern zu können.

Als ich den „National Club“ wieder verließ, war ich durch die Begegnung mit dem Vertreter der Botschaft meines Landes ausgesprochen ermutigt. Er war mir gegenüber warmherzig und freundlich gewesen, hatte sich alle Mühe gegeben, mich zu beruhigen, hatte dabei aber gleichzeitig auch ganz ehrlich mit mir gesprochen und mir keine falschen Hoffnungen gemacht. Ich war unendlich erleichtert, dass dieser Mann sich um meinen Fall kümmern wollte. Wie gut, dass ich nicht nur auf mich gestellt war. *Die tschechische Regierung weiß von meiner Situation. Sie setzt sich für mich ein.*

Als ich am Ende dieses Tages wieder in meine Zelle kam, fühlte ich mich seit meiner Verhaftung zum ersten Mal seelisch und körperlich entspannt. In den zehn Tagen, seit ich in das NISS-Gefängnis gekommen war, hatte sich mein Bauch ständig wie ein einziger schmerzhafter Knoten angefühlt. Das war nun vorbei, mein Bauch kam zur Ruhe.

Štěpán Sláma hatte mich darauf vorbereitet, dass ich wohl drei Monate im Gefängnis verbringen müsste, aber mit Blick auf den Jahreswechsel gab es plötzlich Gerüchte, dass anlässlich des bevorstehenden sechzigsten Jahrestages der Unabhängigkeit des Sudans Häftlinge entlassen werden würden. Die Männer erzählten einander, dass Ausländer zuerst entlassen würden, gefolgt von Gefangenen, die sich nur Kleinigkeiten hatten zuschulden kommen lassen.

Am Abend des 23. Dezembers trat plötzlich ein Wärter an unsere Zelle. Ich hörte, wie er die Tür aufschloss. Dass mein ganzer Körper sofort von Freude und Hoffnung durchströmt wurde, konnte und wollte ich nicht verhindern.

Jetzt? Ich? Kann ich gehen?

Als die Tür aufschwang, war meine Enttäuschung groß! Hier ging es nicht um meine Entlassung, sondern ein neuer Häftling stand im Korridor. Der sah sich im Raum um, ließ seinen Blick auf mir ruhen und ich spürte sofort, dass sich ab heute die Verhältnisse in unserer Zelle ändern würden.

Abd al Bari war kaum mehr als 1,50 m groß und sah aus, als würde er mindestens 180 Kilo wiegen. Sein Blick war kalt, er hatte dunkles Haar, einen Bart und er sprach hervorragendes britisches Englisch. Bald, nachdem er in unsere Zelle eingezogen war, erfuhr ich mehr von seiner Geschichte. In Saudi-Arabien aufgewachsen, hatte er an einer Universität in England studiert. Nun war er Waffenschmuggler und Waffenhändler. Man hatte ihn in Khartum verhaftet unter der Annahme, dass er der Chef eines Waffenhändler-Ringes sei. Tatsächlich prahlte er damit, IS-Kämpfer in ganz Europa mit Waffen auszustatten. In Südsudan bekam er eine Maschinenpistole für zweihundert US-Dollar, in England konnte er die für fünftausend Pfund verkaufen. Weil er damit so viel verdienen konnte, hatte er seine Stelle bei einer erfolgreichen britischen IT-Firma gekündigt und sich ganz darauf verlegt, Waffen für den IS nach Europa zu schmuggeln.

Vordergründig freundlich fragte er mich nach meinem Namen und den Umständen meiner Verhaftung. Aber seine Augen verrieten nichts Gutes. Unter der Freundlichkeit und seinem durchaus höflichen Verhalten deuteten sich ganz andere, finstere Züge an.

Dann erfuhr ich etwas Beunruhigendes von einem Zellengenossen: Abd al Bari hatte explizit um Erlaubnis gebeten, mit mir in eine Zelle verlegt zu werden!

Am Morgen des 24. Dezembers wurde ich um 3.00 Uhr morgens wach und spürte, dass meine Hand in einer Wasserlache lag. Meine Decke und meine Kleidung waren ebenfalls nass. Da wir kein fließendes Wasser in der Zelle hatten, musste wohl in der Nacht irgendwo ein Rohr geplatzt sein. Ich sah mich um und stellte fest, dass der ganze Raum unter Wasser stand.

Diese ganze Situation zusammen mit meiner zerstörten Hoffnung, vielleicht doch noch vor Weihnachten entlassen zu werden, trieben mir die Tränen in die Augen. Meine Familie war unerreichbar weit weg und in Gedanken begann ich, mich bei Gott zu beschweren.

Genau in dem Moment sah ich ganz deutlich und unvergesslich vor meinem inneren Auge das Gesicht eines Jungen: Danjuma.

Am 28. Januar 2015 war das kleine christliche Dorf Nunkwo im Norden Nigerias von radikalen Islamisten überfallen worden. Diesem Landstrich hatte der Krieg schon viel Leid gebracht. Der dreizehnjährige Danjuma Shakara lebte wie viele nigerianische Kinder bei seiner verwitweten Mutter, angelte gern und spielte mit seinen Freunden.

Danjuma war zu Hause, als der Angriff begann – an einem Mittwoch um 6 Uhr morgens. Es war der Tag, der sein Leben für immer verändern sollte. Die Dorfbewohner wurden vom Lärm der Gewehrschüsse geweckt. Mehr als tausend bewaffnete Extremisten, die sich als Hirten verkleidet hatten und mit der Unterstützung von Boko Haram agierten, stürmten das Dorf, zündeten Häuser an und töteten die Christen. Danjuma rannte um sein Leben, aber er konnte den Kämpfern und ihren Macheten nicht entkommen. Sie zerschnitten sein Gesicht, rissen sein rechtes Auge aus, hackten seinen linken Arm ab und verstümmelten seine Genitalien.

Als der brutale Angriff vorbei war, gab es in dem Dorf dreiundzwanzig Tote und achtunddreißig Verletzte. Die Dorfbewohner dachten, Danjuma wäre tot und begannen schon, ein Grab für ihn auszuheben. Aber irgendwie hatte Danjuma es geschafft, am Leben zu bleiben. Er kam wieder zu sich und begann zu weinen und zu schreien. Eilig wurde er in die nächste Stadt gebracht – etwa fünfundzwanzig Kilometer entfernt –, wo er ärztlich behandelt wurde.

Schon nach drei Monaten lächelte Danjuma wieder, obwohl er durch den brutalen Angriff erblinded und verstümmelt zurückgeblieben war. Ein Strahlen lag auf dem Gesicht des jungen Christen und er empfand keinen Hass für die Männer, die ihn so bestialisch misshandelt hatten. „Ich vergebe ihnen", sagte er, „sie wissen ja eigentlich gar nicht, was sie da tun."

Mit Unterstützung der *Hilfsaktion Märtyrerkirche* wurde er mehrmals operiert, dann kehrte er in das Haus seiner Mutter zurück. Seine Zukunft sah nun ganz anders aus als vor diesem schicksalhaften Tag. Aus seinem Bauch ragte ein Dauerkatheter, den er sein Leben lang brauchen würde. Aber er hatte den Angriff überlebt und konnte anderen von Jesus erzählen. Sein Grab war immer noch leer, genau wie das Grab seines Erlösers.

So stand ich in meiner überschwemmten Zelle und sah Danjuma mit seinem unglaublichen Lächeln vor mir und ich konnte das Licht und die Freude spüren, die sein Herz erfüllten. Während ich an ihn dachte und an die Gräueltaten, die er erlebt hatte, schämte ich mich für die Gedanken, die ich gerade noch an meinen Gott gerichtet hatte. Ich würde früher oder später entlassen werden, nach Hause gehen und mein angenehmes Leben weiterführen, während Danjuma wahrscheinlich erst im jenseitigen Leben wieder sehen können würde. Von da an betete ich täglich für ihn.

Aufgrund des Rohrbruchs verbrachten meine Mitgefangenen und ich Heiligabend damit, unsere Zelle zu putzen und – so gut es ging – unsere Sachen zu trocknen. Mir war diese Abwechslung willkommen, denn es war besser, als immer nur an meine Familie zu Hause in Tschechien zu denken. Sie feierten heute die Geburt Jesu – für Christen einer der schönsten Tage des Jahres. Aber sie feierten ohne mich und ich fühlte mich hilflos und allein. Es war das erste Mal überhaupt, dass ich Weihnachten getrennt von meiner Frau und meinen Kindern verbrachte. Während wir unsere Zelle säuberten, fielen mir Weihnachtslieder ein, die mein Vater mir als Junge beigebracht hatte.

Eine Zeit lang hatte ich Freude an den Melodien in meiner Erinnerung, aber irgendwann wurde es mir zu viel. Wehmut übermannte mich und ich war erneut den Tränen nahe. Es wurde Zeit, an etwas anderes zu denken.

Elf

Dezember 2015 / Januar 2016
Tschechische Republik / NISS-Gefängnis

Zu Hause in Tschechien mussten sich meine Frau und meine Kinder der Frage stellen, wie es für sie finanziell ohne mich weitergehen sollte. Während sie zusammen am Esstisch saßen und darüber sprachen, fiel Váva etwas Beunruhigendes auf. Váva hatte ihren Skype-Account auf dem Laptop geöffnet und bemerkte plötzlich, dass ich online war.

„Bist du das?“, tippte sie schnell. Niemand antwortete, aber ihre Nachricht wurde als „gelesen“ angezeigt.

„Kann ich mit meinem Vater sprechen?“, fragte sie. Immer noch keine Antwort.

„Er ist mein Vater. Bitte lassen Sie mich mit ihm sprechen“, wiederholte sie ihre Bitte.

Váva nahm an, dass sich jemand in meinen Skype-Account eingeloggt hatte und sehen konnte, was sie gerade schrieb. Kalte Schauer jagten ihr über den Rücken. Wenn Fremde sich in den Skype-Account gehackt hatten, zu welchen *anderen* Daten hatten sie dann sonst noch Zugang? Sie sprang auf und holte mein iPad, mit dem sie automatischen Zugriff auf meinen Skype-Account und den E-Mail-Account hatte. Eilig versuchte sie, mein Passwort zu ändern. *Würde es gelingen?* Durch das Anklicken einer Mail musste bestätigt werden, dass ich mein Passwort vergessen hatte und ein neues speichern wollte. Meine Tochter und meine Frau standen nun beide vor meinem Gerät und warteten angespannt. Da erschien die Meldung, dass eine andere Person ebenfalls versucht hatte, das Passwort zu ändern. Diese Mitteilung jedoch war auf Arabisch!

In unserem NISS-Gefängnis hatten die meisten Wärter Angst vor den IS-Häftlingen und gewährten ihnen besondere Privilegien, zum Beispiel den gegenseitigen Besuch in den verschiedenen Zellen. Aufgrund der angekündigten Begnadigung einiger Häftlinge durch Präsident al-Baschir war die Stimmung unter uns an Silvester entsprechend positiv. Alle träumten davon, bald wieder frei zu sein. Abd al Bari erzählte mir, dass er wegen dieser positiven Stimmung in unsere Zelle verlegt worden sei, aber ich hatte meine Zweifel, dass das wirklich der einzige Beweggrund gewesen war.

Inzwischen hatte er nämlich angefangen, mich regelmäßig zu schikanieren – und es wurde von Tag zu Tag schlimmer. Morgens fing es damit an, dass er mir von dem Tee, der uns gebracht wurde, nur etwa einen Fingerbreit in meine schmutzige Plastiktasse goss. Im Laufe des Tages schränkte er immer wieder meinen Bewegungsraum in der Zelle ein, indem er sich breitmachte und mich in die Ecke drängte. Es war, als wollte er mich allein mit seinem Körperumfang einschüchtern. Mit zunehmender Aggression kommandierte er mich herum. „Wenn wir beten", sagte er zum Beispiel, „dann kannst du nicht hier stehen. Geh da rüber."

Es reichte ihm auch nicht mehr, dass ich während der Gebetszeiten in einer Ecke stand – er bestand darauf, dass ich mich dabei überhaupt nicht bewegte und auch nicht aus dem kleinen Fenster in der Zellentür sah! Schließlich passte ihm auch das nicht mehr und er verlangte: „Geh ins Bad, wenn wir beten." Für meine Mithäftlinge war Abd al Bari der Chef und alle achteten darauf, dass ich genau tat, was er wollte. Ich fühlte mich schutzlos und von allen im Stich gelassen und machte mir Sorgen, wie sich meine Lage weiter entwickeln würde.

Drei wichtige Alltagsgegenstände aus dem Gefängnisleben. Meine erste Tasse, die ich im Gefängnis bekommen habe. Als ich sie bekam, war sie unaussprechlich schmutzig. Aber weil das Wasser rationiert war, konnte ich sie kaum sauber bekommen. Das ging dann besser mit dem Sand im Al-Huda-Gefängnis. Weil Bart und Kopfhaare wild wuchsen, war ich dankbar, als ich später von der tschechischen Botschaft einen Kamm bekam. Die Bibel ist bei Psalm 103 geöffnet, den ich ganz bewusst auswendig gelernt habe für den Fall, dass mir die Bibel abgenommen werden würde.

Ich hatte ihm nie von meinen eigentlichen Beweggründen erzählt, warum ich in den Sudan gekommen war. Auch nicht, als er noch nett zu mir gewesen war. Ich hatte nur davon berichtet, vor Kurzem ein paar Freunde in Äthiopien besucht zu haben. Außerdem erzählte ich ihm, dass mir der Sicherheitsdienst am Flughafen in Khartum das Handy, den Laptop und die Kamera weggenommen hatte.

Bald darauf bemerkte ich, dass er alles, was ich sagte, an den Verhörleiter weitergab. Damit war mir klar, warum er wirklich in unsere Zelle gekommen war: um Informationen über mich zu sammeln und mich zu quälen.

卌

Vanda und ich hatten meinen Vater zuletzt vor einem Monat besucht, kurz bevor ich nach Khartum geflogen war. Er hatte zu dieser Zeit in einem Krankenhaus in Jindřichův Hradec gelegen, einer Stadt an der österreichischen Grenze im Süden Tschechiens. Er hatte sich ein Bein gebrochen und war operiert worden. Mein Vater war zwar körperlich schwach, aber geistig noch sehr fit für seine neunundachtzig Jahre.

Ich hatte ihm erzählt, dass ich bald in den Sudan fliegen wollte. „Aber ich bleibe dieses Mal in Khartum, ich werde nicht in die südlichen Landesteile reisen, wo Bürgerkrieg herrscht."

„Ich werde für dich beten", erwiderte er schwer atmend.

In der ersten Januarwoche schlief ich unruhig und träumte nachts von dem Haus, in dem mein Vater lebte. Meine Schwester stand in der Küche und war sehr beschäftigt, denn sie bereitete Essen für die vielen Verwandten zu, die sich im Haus versammelt hatten. *Sprach Gott durch diesen Traum zu mir?*

Zwei Dinge gingen mir durch den Kopf: Mein Vater war in dem Traum nicht vorgekommen, obwohl wir alle in seinem Haus waren. Und das letzte Mal, als so viele Verwandte zusammengekommen waren, war anlässlich einer Beerdigung gewesen.

Zwölf

Januar 2016
Gefängnis des sudanesischen Nachrichten- und Geheimdienstes NISS

Es war Anfang Januar und ich fragte mich, ob der Geheimdienst meinen Fall inzwischen an ein Gericht übergeben hatte. Gespannt sah ich dem 10. Januar entgegen, dem Tag, an dem ich einen Monat in Haft sein würde. Man hatte mir versichert, dass ich entlassen werden würde, wenn bis dahin kein Gerichtsverfahren begonnen hätte. Ob Štěpán Sláma bald kommen und mir meine Freilassung mitteilen würde?

Die erste Januarwoche verstrich und ich ahnte, dass der NISS-Verhörleiter mich vielleicht absichtlich belogen hatte – eine Strategie, die ich aus den kommunistischen Zeiten in der Tschechoslowakei noch kannte. Enttäuschung erfasste mich und ich fühlte mich so machtlos. Unwillkürlich hoffte ich auf den 9. Januar, aber Štěpán Sláma kam nicht, um mir die ersehnte Nachricht zu überbringen. Ich wurde immer unruhiger. „Bitte lassen Sie mich mit meiner Botschaft telefonieren“, bat ich die Wärter. „Und meine Familie will ich auch anrufen.“

Aber niemand beachtete mich. Also beschloss ich, mein Schicksal selbst in die Hand zu nehmen und begann einen Hungerstreik.

Ich erinnerte mich an einen australischen Mitarbeiter, der in Nordkorea verhaftet worden war und sich mit einem Hungerstreik zur Wehr gesetzt hatte. Er war ein älterer Mann gewesen und durch das Hungern hatte er körperlich schnell abgebaut. Tatsächlich hatte Nordkorea ihn bald darauf freigelassen. *Wenn das bei ihm funktioniert hat, könnte es bei mir auch etwas bringen. Falls ich es schaffe, lange genug durchzuhalten, werden mich die Sudanesen vielleicht auch gehen lassen.*

Im Sudan wurde ein Hungerstreik als Straftat eingestuft, das wusste ich und mir war klar, dass meine Entscheidung gravierende Folgen haben könnte. Nach sudanesischem Recht wurde ein hungernder Gefangener im Gefängnishof an einen Mast gebunden. Dann stellte man eine Schale mit Essen und einen Becher mit Wasser neben ihn. Weigerte er sich, sein Fasten zu brechen, kam der Fall meistens vor Gericht und er wurde wegen Körperverletzung des eigenen Körpers angeklagt. Trotzdem war ich entschlossen, das Wagnis einzugehen und dachte dabei auch an meinen Vater, der vor Jahren einmal vierzig Tage gefastet hatte – in seinem Fall aber aus religiösen Gründen. Er hatte damals nur Wasser getrunken und geschadet hatte es ihm nicht – also würde ich das auch können, dachte ich mir.

Acht Tage lang hielt ich durch und Gott sei Dank unternahmen die Wärter nichts gegen mich. Wenn sie morgens Brot und Tee brachten, lehnte ich ab. Auch das sudanesische Bohnengericht *Fuhl* (gekochte Saubohnen), das um elf Uhr gereicht wurde, verschmähte ich, ebenso wie den Eintopf aus gekochten Kartoffeln und Kürbisse am Nachmittag, der *Gara* genannt wurde. Abends war es am einfachsten, da gab es *Sheria*, eine Schale süßer Nudeln, die oft verschimmelt waren. Stattdessen trank ich nur Wasser und nahm die Kopfschmerztablette, die mir jeden Morgen gebracht wurde. Ich fragte mich, ob ich von dem Medikament auf leeren Magen irgendwann ein Magengeschwür bekommen würde. Meine Mitgefangenen waren beeindruckt und verglichen meinen Streik mit ihrem Fasten am Ramadan, auch wenn sie nur von Sonnenaufgang bis Sonnenuntergang fasteten und abends umso mehr aßen.

Nach vier Tagen, am 13. Januar, fühlte ich mich entsetzlich. Meine Hose, die vorher schon nicht eng gesessen hatte, hielt nur noch mithilfe eines Gürtels, den ich aus Plastik-Brottüten gebastelt hatte. Körper und Geist waren total kraftlos, ich lag reglos auf dem Boden. Die Lieder, die ich auswendig konnte, verschwanden aus meiner Erinnerung. Nur kleine Bruchstücke fielen mir noch ein, aber diese kleinen Fetzen sang ich in meinem Herzen zu Gott, als kleine Gabe eines Mannes, der dem Zusammenbruch nahe war.

Die Wärter schafften mich ins NISS-Krankenhaus, wo einige Untersuchungen vorgenommen wurden. Ich war erst seit einem Monat im Gefängnis, hatte aber schon fünfzehn Kilo abgenommen. Der sehr freundliche Arzt sprach mich auf meine Blutwerte an. Ich war schockiert darüber, wie niedrig meine Hämoglobinkonzentration war. Ich hatte Anämie und war mir nicht sicher, ob der Eisenmangel durch Unterernährung oder innere Blutungen verursacht wurde. Ich hatte zwanzig Jahre lang in diesem Bereich gearbeitet – in der klinischen Biochemie, Hämatologie und Bluttransfusion – und wusste daher, wie alarmierend meine Werte waren. Gegen meinen Willen bekam ich eine Glukose-Infusion, um meinen Blutzuckerspiegel zu erhöhen. Zum Bedauern des Arztes war aber eine unerwünschte Nebenwirkung, dass ich nun wieder genug Energie hatte, um den Hungerstreik noch vier weitere Tage fortzusetzen.

Ich wurde zurück ins Gefängnis gebracht, dachte von da an aber viel über meinen niedrigen Hämoglobinwert nach. Da mein Blut unter diesen Bedingungen nur wenig Sauerstoff transportieren konnte, waren alle Organe schlecht versorgt, auch das Gehirn. Dazu passte meine Beobachtung, dass ich mich zuletzt extrem schlecht konzentrieren konnte.

Ich war in dieser wahnsinnig engen Zelle eingesperrt und ständig den Gebeten der Muslime und dem Zitieren der arabischen Korantexte ausgesetzt. Inzwischen hatte ich schon so viel davon gelernt, dass ich als Muezzin oder Imam hätte aushelfen können. Obwohl mir ständig schwindelig wurde und mir das Denken schwerfiel, war mein Kopf voller arabischer Begriffe. Gleichzeitig dachte ich viel an meine Familie und machte mir auch Sorgen über ihre finanzielle Situation. Mein eigenes Beten wurde immer mühsamer. Ich musste aufpassen, sonst würde ich noch den Verstand verlieren.

Meine gesundheitlichen Bedenken wurden immer größer, sodass ich schließlich am 17. Januar den Hungerstreik beendete. Ich traf eine Entscheidung: Statt selbst nach einer Lösung für meine Situation zu suchen, gab ich mein ganzes Leben – einschließlich der Frage, wie lange ich im Gefängnis bleiben würde – ganz in Gottes Hand. Acht Tage lang hatte ich nichts gegessen. Um mich langsam wieder aufzupäppeln, brachten mir die Wärter von nun an zu jedem Frühstück zwei zusätzliche Naturjoghurts und zwei gekochte Eier.

Allahu Akbar war in unserer Zelle fast ununterbrochen zu hören. Dieser Ausdruck war nicht nur ein Triumphruf, sondern damit wurden die Muslime auch zum Gebet aufgefordert. Er kam unendlich oft in ihren Gebetszeiten vor und die Männer riefen ihn auch sonst den ganzen Tag über bei jeder Gelegenheit aus. Ich sah meinen Zellengenossen zu, wie sie sich über den Koran beugten, laut die Texte lasen und immer wieder ihre Gebete sprachen. Wie lange würde ich das mental durchhalten?

Ich sehnte mich danach, an irgendetwas anderes denken zu können, ohne das arabische Gemurmel hören zu müssen.

Es wurde Ende Januar und meine Mitgefangenen beteten und beteten. Da begann Jesus, mir Lieder zu schenken. Als ich wieder einmal zusah, wie die Männer ihre Knie beugten, war plötzlich dieses Lied in mir, das mein

Vater mir als Kind beigebracht hatte: ... *jedes Knie muss sich beugen* ... Als meine Eltern noch die Untergrund-Jüngerschafts-Schule in der Tschechoslowakei abhielten, sangen wir dieses Lied gerne, oft auch ganz spontan. Jetzt erfüllten die Worte plötzlich wieder meine Gedanken. Von nun an sang ich das Lied in meinem Herzen, während die Muslime beteten. Ich sang es unendlich oft und es half mir, Jesus anzubeten. Fünfmal am Tag stand ich im Bad, mit dem Gesicht zur Toilette, und sang in meinem Herzen: ... *jedes Knie muss sich beugen, jede Zunge muss bekennen, dass Jesus ist der Herr!* Ich dachte darüber nach, dass alle Menschen eines Tages vor Jesus knien würden. Sein Sieg war auch mein Sieg, diese ewige Wahrheit erfüllte mein Denken zunehmend und half mir, auch mental gesund zu bleiben. Und hatte ich doch hin und wieder schwache Momente, in denen ich fürchtete, durchzudrehen, so erinnerte mich der Heilige Geist an Philipper 4,7: „Dann wird der Frieden Gottes, der weit über alles Verstehen hinausreicht, über euren Gedanken wachen und euch in eurem Innersten bewahren – euch, die ihr mit Jesus Christus verbunden seid."

Er trug nicht nur Sorge für mein Herz, sondern auch für meinen Verstand.

Wenn der Ruf zum Gebet erscholl und meine Mithäftlinge sich mit Wasser aus dem *Ibrig* reinigten, machte ich es mir zur Gewohnheit, den Bibelvers aus Offenbarung 4,8 zu beten: „Tag und Nacht rufen diese Wesen immer wieder aufs Neue: ‚Heilig, heilig, heilig ist Gott, der Herr, der allmächtige Herrscher, er, der war, der ist und der kommt.'"

Wenn diese Wesen bei Tag und Nacht in alle Ewigkeit immer wieder „Heilig, heilig, heilig“ rufen konnten, dann musste ich das doch auch für eine Minute, fünf Minuten, vielleicht sogar für sechzig Minuten schaffen. Ich wiederholte den Bibelvers in meinen Gedanken immer wieder: „Heilig, heilig, heilig ist Gott, der Herr, der allmächtige Herrscher.“

Dieser Satz half mir, über Gottes Eigenschaften nachzudenken – seine Heiligkeit, seine Reinheit, seine heilende Kraft. „Heilig, heilig, heilig ist Gott, der Herr, der da heilt.“

Ich begann, um Heilung für die vor Kurzem in Nigeria entführten christlichen Schülerinnen zu beten. „Heilig, heilig, heilig ist Gott, der Herr, der die Gefangenen befreit.“

Damit betete ich auch für die Christen in Eritrea, von denen manche schon über zehn Jahre in Haft waren. „Heilig, heilig, heilig ist Gott, der Herr, der allmächtige Herrscher“, wiederholte ich immer wieder.

Natürlich konnte ich nicht laut beten oder die Bibelverse laut aussprechen, aber in meinem Herzen und in meinen Gedanken sprach ich Gottes ewige Wahrheiten aus.

Während ich allerdings zunehmend über die Macht und Heiligkeit Gottes und weniger über die Ausweglosigkeit meiner Lage nachdachte, verschlechterte sich die Situation in meiner Zelle rasant. Meine Zellengenossen konnten zwar nicht wissen, dass ich angefangen hatte, Gott in meinen Gedanken anzubeten, aber Anfang Februar wurde ihr Verhalten mir gegenüber dennoch deutlich grober. Da ich der einzige Weiße im ganzen Gefängnis war, machten sie sich zunehmend über meine weiße Haut lustig. „Schau mal, wie dreckig deine Füße sind", spotteten sie und zeigten auf meine nackten Fußsohlen, „also unsere Füße sind ganz sauber."

Sie wurden mir gegenüber immer feindseliger. Bald genügte es ihnen nicht mehr, dass ich mich kaum in der Zelle bewegen durfte. Sobald ich ein paar Schritte gehen wollte, musste ich stehen bleiben und allen anderen den Vortritt lassen. Sie zwangen mich, stundenlang im Schneidersitz auf meinem Platz zu sitzen, eine Position, an die Muslime gewohnt sind, die für mich auf Dauer aber sehr schmerzhaft war.

Dann nahmen die Demütigungen und Erniedrigungen zu. Sie verlangten von mir, ihre Unterwäsche zu waschen und die Toilette zu reinigen – mit bloßen Händen. Auch am gemeinsamen Essen ließen sie mich nicht mehr teilnehmen. „Du bist ein *Infidel*, ein Ungläubiger!", hieß es verächtlich und ich musste aus einer anderen Schüssel essen als alle anderen. Meine Schüssel wurde neben der Toilette aufbewahrt und war ständig von Urin bespritzt.

Wenn sie mich ansprachen, verwendeten sie nur noch sehr abfällige Bezeichnungen, „dreckiges Schwein" oder „widerliche Ratte". Reagierte ich dann nicht sofort, schraubten sie den Holzgriff des Besens ab und schlugen mir mit dem Stock auf den Kopf. Bald war mein Körper mit Blutergüssen übersät und morgens wachte ich mit quälenden Kopfschmerzen auf.

Mit Gottes Hilfe gelang es mir, mich nicht zu wehren, wenn sie mich misshandelten. Schlugen sie mich auf meine rechte Wange, bot ich ihnen die andere dar. Allerdings blieb mir auch nichts anderes übrig, immerhin hatte ich sechs Männer gegen mich. Wie hätte ich sie alle gleichzeitig in Schach halten können? Wenn ich lebend aus dieser Zelle kommen wollte, dann musste ich mich fügen und auf jeden Namen reagieren, den sie sich für mich einfallen ließen.

Doch Jesus schenkte mir viel Gnade und half mir, diesen Islamisten nicht nur von meinem Gott zu erzählen, sondern meinen Glauben auch praktisch zu leben. Das passte eigentlich nicht zu meiner Persönlichkeit – es war Gott in mir, der mich dazu fähig machte, da war ich mir sicher! Doch während ich ihre Übergriffe einfach nur über mich ergehen ließ, schien der Hass meiner Zellengenossen zuzunehmen. Sie wurden immer aggressiver. Was mein Gott in der Situation von mir erwartete, war klar:

> *Liebt eure Feinde; tut denen Gutes, die euch hassen; segnet die, die euch verfluchen; betet für die, die euch Böses tun.* *Lukas 6,27 (NGÜ)*

Keine andere Religion ermutigt zu so einem Verhalten.

Bei meiner Inhaftierung hatte ich meinen Ehering behalten dürfen – seit der Hochzeit hatte ich so viel Gewicht zugelegt, dass der Ring sich nicht mehr über den Finger streifen ließ. Aber nun waren meine Finger durch die starke Gewichtsabnahme dünn geworden und die gierigen Blicke meiner Zellengenossen ruhten auf mir.

„Gib uns den Ring“, verlangten sie schließlich, „sonst bringen wir dich um.“ Ich hatte sie schon mal dabei beobachtet, wie sie mit dem Rand des metallenen Essgeschirrs einen Flügel des Ventilators so bearbeitet hatten, dass er scharf wie eine Messerklinge geworden war.

Einer der Häftlinge kam aus Libyen und behauptete, früher der persönliche Leibwächter von Osama bin Laden gewesen zu sein. Einmal entblößte er seine Beine und zeigte uns die Narben zahlreicher Schussverletzungen. Von ihm bekamen wir auch gezeigt, wie man einen Mann von hinten mithilfe einer Angelschnur töten konnte. „Wenn man das richtig macht", erklärte er und zog eine Angelschnur aus seiner Hosentasche, die er ins Gefängnis geschmuggelt hatte, „ist der andere innerhalb von Sekunden tot."

Später prahlte er damit, dass er einer der IS-Kämpfer sei, die im Februar 2015 an der libyschen Küste einundzwanzig ägyptische Christen enthauptet hatten. Das Video der Gräueltat war damals um die Welt gegangen. „Ich kann jeden von euch innerhalb von Sekunden töten", behauptete er und spielte scheinbar gedankenlos mit der Angelschnur. Er sagte mir „Wenn du ein Russe oder ein Amerikaner wärst, würde ich dich sofort töten."

Meine IS-Zellengenossen feierten ihn als Helden. Er war einer derjenigen, die es besonders auf meinen Ehering abgesehen hatten. Kein schönes Gefühl! Ich war seiner Willkür hilflos ausgeliefert. Wenn er wollte, konnte er mir den Ring jederzeit abnehmen – samt dem Finger, das war mir klar. Also ballte ich die Hand zur Faust und versuchte, das goldene Band, das meine einzige Verbindung zu meiner wunderbaren Frau zu Hause war, vor ihm zu schützen.

Anderntags vollführten die Männer eine Art Verhör

mit mir. Ich musste im Schneidersitz auf dem Boden sitzen, während sie mich umringten und fragten, was ich als Christ im Sudan getan hätte. Gefiel ihnen eine meiner Antworten nicht, bekam ich ihre Fäuste zu spüren. „Wer bist du wirklich?“, schrien sie. „Gib endlich zu, dass du ein dreckiges Schwein bist!“

Die Aggression nahm zu, meine Angst auch. Abd al Bari befahl mir, mich hinzuknien – dann verprügelte er mich mit einem Besenstiel. Es war der einzige Gegenstand, den die Wärter uns in der Zelle erlaubten. Mit jedem Schlag durchfuhr ein weiterer heftiger Schmerz meinen Körper und ich biss mit aller Kraft die Zähne zusammen.

„Wer sind die anderen Christen, die mit dir zusammen verhaftet wurden?“ Abd al Bari hielt einen Moment inne, um mich antworten zu lassen. Ich hatte das Kinn gegen meine Brust gepresst und spürte, wie mein Herz kurz aussetzte. *Was meinte er? Andere Christen verhaftet?* Ich schwieg ratlos. Da landete schon der nächste Schlag auf meinem Rücken, der Schmerz war schier unerträglich. Mein Peiniger wurde konkret: „Woher kennst du Hassan und Monim?“

Ich war zutiefst bestürzt. *Hatte man sie auch verhaftet?* Mein Körper tat weh und meine Gedanken rasten, während ich versuchte, das Gehörte zu verarbeiten. Ich spürte, wie das Blut in den Prellungen auf meinem Rücken pochte, doch der seelische Schmerz übertraf die körperlichen Qualen bei Weitem: *Waren Hassan und Monim meinetwegen verhaftet worden?*

Ich verweigerte jede Aussage in Bezug auf Pastor Hassan und die Männer droschen mit dem hölzernen Stock auf meine Finger ein. Dann wollten sie die Namen der anderen Pastoren wissen, die an der Konferenz in Addis Abeba teilgenommen hatten. Als ich weiterhin schwieg, klemmten sie meinen Ellbogen an der Tür zum Bad ein und schlugen die Tür zu. Ein Schrei kam über meine Lippen, der nicht mehr menschlich klang, während mein Gehirn bemüht war, den Schmerz zu verarbeiten.

Diese Folter war kein Einzelfall. An manchen Tagen wurde ich so erbarmungslos geschlagen, dass ich um mein Leben fürchten musste. Bei dem nächsten „Verhör“ trat Abd al Bari mir mit seinem Schuh derart brutal in den Rücken, dass ich das Gefühl hatte, einige Rippen seien gebrochen. Es verging nun kein Tag mehr, an dem ich nicht von meinen IS-Mitgefangenen gegriffen und gequält wurde.

Doch mitten in all der Gewalt geschah etwas Erstaunliches: Mein Inneres wurde immer ruhiger! Die Sorge um meine Familie verblasste, auch die Gedanken an meine sudanesischen Brüder, die anscheinend ebenfalls in Haft waren, quälten mich nicht mehr. Tatsächlich dachte ich in dieser Zeit, in der ich körperlich viel zu ertragen hatte, überhaupt nicht mehr an meine Angehörigen und Freunde. Stattdessen befahl ich sie der Fürsorge Gottes an und war voller Vertrauen, dass er sich gut um sie kümmern würde.

Es war eine schreckliche Zeit, aber ich bemerkte auch, wie in mir eine neue Verbindung mit Jesus entstand. Wenn ich geschlagen, getreten oder verspottet wurde, dann dachte ich an ihn, wie er die Folter und den Spott durch die Römer über sich ergehen ließ, ohne sich zu wehren.

Wenn mein Herr bereit war, an meiner Stelle geschlagen zu werden, dann wollte ich als sein Nachfolger auch willig sein, um seines Namens willen zu leiden.

> *Ja, ich möchte Christus immer besser kennenlernen; ich möchte die Kraft, mit der Gott ihn von den Toten auferweckt hat, an mir selbst erfahren und möchte an seinem Leiden teilhaben, sodass ich ihm bis in sein Sterben hinein ähnlich werde.*
>
> *Philipper 3,10 (NGÜ)*

卌

Abend für Abend führten meine Zellengenossen diese Befragungen mit mir durch. Abd al Bari wollte unbedingt Informationen über die christliche Arbeit im Sudan bekommen, aber meine Antworten stellten ihn nicht zufrieden. So kam immer wieder der hölzerne Stiel unseres Zellenbesens zum Einsatz. Sie droschen auf meinen Kopf ein, schlugen mir auf die Finger und rammten mir das Holz in den Bauch. Mein Körper krümmte sich vor Schmerzen, aber zu meiner größten Überraschung spürte ich einen tiefen Frieden in mir. Während ich geschlagen wurde, konnte ich still für meine Familie beten.

Einmal sah ich für den Bruchteil einer Sekunde Jesus vor mir, wie er geschlagen wurde.[1]

„Herr“, betete ich, „du bist diesen Weg vor mir gegangen, du wurdest geschlagen, gekreuzigt, und du wurdest wegen meiner Sünden umgebracht.“

In dem Moment fiel mir auf, dass die IS-Männer zwar nicht aufgehört hatten, brutal auf mich einzuschlagen, aber ich spürte die Schmerzen auf einmal nicht mehr! Keine Frage – Jesus war mit mir in dieser Zelle!

Später erfuhr ich, dass Gott eine ganze Armee von Leuten mobilisiert hatte, die für mich gebetet hatten – genau zu diesem Zeitpunkt. Aber damals ahnte ich davon noch nichts.

卌

Einige Tage später saß ich in meiner Zelle und hörte meine Mitgefangenen darüber reden, dass die Tschechische Republik der amerikanischen CIA erlaubt hatte, die Al-Kaida-Terroristen mit Waterboarding zu foltern. Sie verwechselten dabei allerdings Tschechien mit Polen und ich erklärte ihnen, dass es die polnische Regierung war, die dies zugelassen hatte, um die amerikanischen Gesetze – nach denen Waterboarding verboten war – zu umgehen. Mein Land hatte damit nichts zu tun gehabt!

Sie ließen sich jedoch nicht davon abbringen, dass es Tschechien gewesen wäre. „Weißt du überhaupt, was Waterboarding ist?“, fragten sie mich.

„Ja“, antwortete ich, „das weiß ich.“

„Gut, aber du weißt bestimmt nicht, wie sich das anfühlt. Wir lassen es dich einfach mal spüren!“

Ich blieb zunächst entspannt, immerhin lebten wir in einem Raum, der so gut wie nie fließendes Wasser hatte. Es waren also nur leere Drohungen.

Bald erkannte ich aber, wie ernst sie es tatsächlich meinten. Abd al Bari überzeugte die Wärter davon, dass wir in eine ganz bestimmte, größere Zelle umziehen sollten. Unter den Gefangenen wurde sie als die „Nasszelle" bezeichnet, weil sie der einzige Raum auf dem ganzen Stockwerk war, der immer genug Wasserdruck hatte.

Am Vormittag des 6. Februars wurden wir alle zusammen in diese Zelle gebracht. Zuerst verlangten die anderen von mir, ihre Unterwäsche in der Ecke neben der verschmutzten Toilette zu waschen. Ich tat es und stand dabei mit dem Rücken zum Raum, konnte aber trotzdem verstehen, worüber die sechs Männer auf Arabisch sprachen. Nun bekam ich wirklich Angst: Osama Ramadan, den ich vor einigen Wochen nachts beim Beten beobachtet hatte, sollte das Waterboarding durchführen. Er hatte von einer *Dschallabija*, einem knöchellangen Gewand, Streifen abgeschnitten, die er nun sorgfältig faltete. „Vielleicht solltest du den Verhörleiter über unsere Pläne informieren", spotteten die Männer. Selbst im Gefängnis waren diese Männer immer noch im Krieg gegen die „Ungläubigen".

Meine körperliche Verfassung war nicht die beste und ich befürchtete ein echtes Waterboarding nicht zu überleben. Ich hatte von den wiederholten Schlägen viele Verletzungen und die Anämie samt Sauerstoffmangel waren wohl auch noch nicht überwunden. Als die sechs Männer mir entgegentraten, beruhigte sich mein aufgeregtes Herz und bereitete mich gedanklich auf das vor, was nun geschehen würde.

Dreizehn

Februar 2016
Gefängnis des sudanesischen Nachrichten- und Geheimdienstes NISS

Während am Nachmittag dieses 6. Februars die IS-Sympathisanten in meiner Zelle alles für meine Folter vorbereiteten, stand ein Wärter vor unserer Zellentür. Die Häftlinge hatten ihm den Namen „böser Wärter" gegeben, weil er meistens nicht tat, was sie von ihm wollten. Während seine Hände mit dem Schlüsselbund spielten, hörte er von draußen den aufgeregten Stimmen in unserer Zelle zu und ahnte, was da geplant wurde. Wütend stürmte er zu meinem Schutz in den Raum – obwohl er mir bis dahin noch nie freundlich begegnet war.

Eine zornige Flut arabischer Worte ergoss sich über die IS-Männer, dann wies er mich an, meine Sachen zu packen. Ich ließ die noch nicht gewaschene Unterwäsche nur zu gerne auf dem Boden zurück und folgte dem „bösen Wärter". Im Hinausgehen drehte ich mich noch einmal um und sah den Schreck und die Enttäuschung in den Gesichtern meiner Zellengenossen. So ähnlich musste sich Daniel gefühlt haben, als er aus der Löwengrube gerettet wurde.

Die folgende Nacht verbrachte ich mit zwei Muslimen in einer Zelle – Geschäftsleute, die nicht besonders religiös waren. Der Raum war kleiner und sehr viel schmutziger als meine vorherigen Zellen. So verbrachte ich den ersten Tag mit Putzen. Dankbar gaben mir die beiden Männer dafür etwas von ihrem Essen ab. Als sie die blauen Flecken überall auf meinem Körper sahen – am Kopf und Nacken, Rücken und den Ellbogen –, waren sie entsetzt und ich erzählte ihnen, was die IS-Männer mir angetan hatten.

Am nächsten Abend wurde ich zu einer Vernehmung ins Erdgeschoss gebracht. Die Klimaanlage blies mir kalt entgegen, als ich eintrat. Mitten im Raum stand ein Tisch, dahinter saßen zwei Männer – ich kannte das Konzept! Einer übernahm die Rolle des einfühlsamen Beamten, der andere würde versuchen, mich einzuschüchtern. Der Verhörleiter war gut gekleidet, mit Anzug und Krawatte, und eine Wolke von Parfum umgab ihn. Daran hatte ich mich längst gewöhnt, die Männer im Sudan gingen mit Duft sehr großzügig um – ganz anders, als man das in Europa oder in Amerika tun würde. Ich setzte mich auf den mir zugewiesenen Stuhl und betrachtete das Aktenordnungssystem, das sich mit seinen vielen kleinen Schubladen wie ein Turm von der Tischplatte erhob. *Warum sie mich wohl herbestellt hatten?*

Dann erfuhr ich den schlimmen Grund: Mein Vater war gestorben – bereits vor über einem Monat! Gott hatte mich darauf zwar mit einem Traum vorbereitet, aber trotzdem traf mich die Nachricht wie ein Schlag in die Magengrube. Wie war meine Familie wohl mit Vaters Tod fertiggeworden? Emotionen und Erinnerungen rissen mich mit sich fort nach Hause in die Tschechische Republik, zu meinen Lieben. Wie gerne wäre ich in dieser Zeit der Trauer bei ihnen gewesen, hätte sie getröstet und ihnen geholfen. Doch dann tauchte in meiner Erinnerung unvermittelt eine Szene auf, die mir Mut und Entschlossenheit gab – nicht nur für die laufende Vernehmung, sondern auch für die weitere Zeit in Haft, egal, wie lange diese noch dauern sollte.

Es war in dem Jahr, als ich auf die weiterführende Schule gekommen war: Im Haus meiner Eltern fand ein größeres Treffen der Jüngerschaftsschule statt. Über mehrere Tage wohnten rund fünfzig Jugendliche bei uns im Haus, verteilt auf unsere vier Schlafzimmer, nach Jungs und Mädchen getrennt.

Als nach diesen Tagen alle Gäste wieder wohlbehalten zu Hause waren, atmeten wir als Familie erleichtert auf. Die Polizei hatte nichts bemerkt und das Treffen war nicht aufgeflogen. Wir dankten Gott für den reibungslosen Ablauf!

Meine Schule lag nur etwa fünfhundert Meter von unserem Haus entfernt, sodass ich zu Fuß zur Schule gehen konnte. Als ich etwa zwei Wochen nach dem Jugendtreffen von der Schule nach Hause kam, war das Haus wie ausgestorben. Das kam manchmal vor – meine drei Geschwister waren älter als ich und zum Studium oder für ihre Arbeit weggezogen und meine Mutter war Vorschullehrerin. Da bei uns am Ort jeder wusste, dass wir Christen waren, wollte niemand meine Mutter beschäftigen und sie musste an einem weiter entfernten Kindergarten arbeiten, zu der sie eine halbe Stunde mit dem Zug fuhr. Für eine Anstellung im Ort hätte meine Mutter schriftlich versichern müssen, dass sie die Kinder im Sinne der großen Ideale der Kommunistischen Partei unterweisen würde. Das wollte sie nicht, und deshalb nahm sie lieber den weiteren Weg auf sich. So holte ich sie nachmittags oft am Bahnhof ab und wir gingen zusammen nach Hause.

Doch an diesem Tag kam sie nicht zur gewohnten Zeit zurück. Zunächst wartete ich noch, doch dann begann ich mir Sorgen zu machen. War meinen Eltern etwas passiert? Hatte die Polizei doch noch von dem Jugendtreffen in unserem Haus erfahren? Waren meine Eltern vielleicht verhaftet worden? Sollte ich die anderen Leiter und Teilnehmer der Jüngerschaftsschule warnen? Meine Angst wuchs von Stunde zu Stunde.

Als mein Vater schließlich spätabends nach Hause kam, war ich voller Angst. Kurz darauf kam auch meine Mutter zurück. Ich rannte ihnen entgegen, umarmte sie fest und war unendlich erleichtert.

Dann saßen wir gemeinsam beim Abendbrot und meine Eltern tauschten ihre Erfahrungen aus. Mein Vater war von zwei Uniformierten angesprochen und zur Polizeistation „eingeladen" worden.

Bei meiner Mutter war es unangenehmer abgelaufen. Vier Männer waren mitten in ihren Unterricht geplatzt – zwei davon in Uniform, die beiden anderen von der Geheimpolizei – und hatten sie abgeführt. Vor den Augen der Kinder! Meine Mutter hatte es noch geschafft, meinen Vater anzurufen. „Sie haben mich abgeholt", hatte sie geflüstert. „Mich auch", hatte mein Vater geantwortet. Dann war der Anruf unterbrochen worden.

Meine Eltern hatten immer mit dieser Möglichkeit gerechnet, das gehörte dazu, wenn man Jesus in einem kommunistischen Land nachfolgen wollte. Von Anfang an hatten sie sich überlegt, was der Glaube sie kosten konnte und ob sie bereit waren, diesen Preis zu bezahlen. Doch nie vergaß ich dieses Gespräch beim Abendessen, als meine Eltern sich gegenseitig von den Verhören erzählten. Sie verglichen die Fragen, die man ihnen gestellt hatte, und die Antworten, die sie gegeben hatten. Es waren auch Fangfragen darunter gewesen und meine Eltern besprachen nun, was die besten Antworten fürs nächste Mal waren. Für mich war das damals ziemlich belastend. Wer hatte schon Eltern, die am Esstisch besprachen, wie sie der Geheimpolizei beim nächsten Verhör antworten wollten?

Nie hätte ich geahnt, dass ich für diesen Abend einmal sehr dankbar sein würde. Nun konnte ich in meinem Verhör nämlich genau das umsetzen, was ich damals von meinen Eltern gehört hatte.

Später an jenem Abend hatte mein Vater mir ein Buch gegeben, das für mich zum zweitwichtigsten Buch nach der Bibel geworden ist. Es hieß *In Gottes Untergrund,* Autor war der rumänisch-deutsche, jüdische Pfarrer Richard Wurmbrand, der um seines Glaubens willen vierzehn Jahre im Gefängnis verbracht hatte. Ein Kollege meines Vaters hatte damals eine deutsche Ausgabe des Buches von Christen aus Deutschland erhalten. Ich kann mich lebhaft an den Moment erinnern, als mein Vater mir dieses Buch gab und sagte: „Das musst du lesen!“

Ich hatte in der Schule Deutsch gelernt und las es in einem Zug von der ersten bis zur letzten Seite durch. Die Geschichte dieses Mannes war extrem spannend und bewegte mich tief.

Seither waren viele Jahre vergangen. Nun saß ich diesen Geheimdienstlern gegenüber, die mir mitteilten, dass mein Vater tot war, und ich dachte an die unsäglichen Qualen, die Richard Wurmbrand hatte ertragen müssen. Beim Gedanken an ihn war meine Lage gar nicht mehr so schlimm. Da fragte mich der Verhörleiter, wie es mir im Gefängnis bis jetzt ergangen sei.

„Momentan geht es mir besser", antwortete ich, „weil ich jetzt in einer anderen Zelle bin."

„Warum wurden Sie in eine andere Zelle verlegt?"

Meine Stimme zitterte, als ich von den Schlägen, der Folter und dem beabsichtigten Waterboarding erzählte – zu viele Emotionen hatten sich bei mir angestaut … Wütend griff der Mann nach seinem Handy und rief jemanden an. Es folgte ein langes Gespräch in arabischer Sprache, doch ich verstand, worum es ging: Der Gefäng-

Ich war 15, als ich zum ersten Mal bewusst erlebte, dass der Geheimdienst meine Eltern vorlud. Mein Vater gab mir daraufhin die deutsche Ausgabe der Richard-Wurmbrand-Autobiografie „In Gottes Untergrund". Das Buch hat mich für mein Leben geprägt.

nisleiter sollte erklären, wie so etwas hatte passieren können.

Nach dem Anruf fragte der Verhörleiter mich verschiedene Dinge zu meiner Person – meine Initialen, meinen vollständigen Namen, zahlreiche Details, die für mich alle in eine Richtung deuteten: Der NISS hatte seine Ermittlungen abgeschlossen und meine Freilassung stand unmittelbar bevor, dachte ich.

Das Verhör ging bis spät in die Nacht. Dann wurde ich zum vierten Stock in meine neue Zelle zurückgebracht, wo meine beiden Zellengenossen schon schliefen. Ich nahm mir also meine Decke und suchte mir einen freien Platz auf dem Boden.

Die Gedanken an meinen Vater ließen mich allerdings nicht zur Ruhe kommen und so wälzte ich mich rastlos hin und her. *Sollte ich vielleicht einfach wieder aufstehen und ein bisschen auf und ab gehen?*

Viele Kindheitserinnerungen stürmten auf mich ein und ich dankte Gott für das Leben meines Vaters. Mir kamen die Tränen, aber es waren keine Tränen der Trauer, sondern der Freude und der Dankbarkeit. Welch ein Vorrecht, dass ich in dieser christlichen Familie hatte aufwachsen dürfen, mit einem Vater, der auch mitten in der Verfolgung ein vorbildliches Leben geführt und Gott und seinem Glauben immer die Treue gehalten hatte.

Eines Tages würde ich meinen Vater wiedersehen, dachte ich und spürte Gottes Gegenwart ganz deutlich in meiner Gefängniszelle.

Da kam plötzlich ein Wärter herein. „Betr“, sagte er und gab sich alle Mühe, das „P“ in meinem Vornamen richtig auszusprechen, was allen arabischen Wärtern schwerfiel. Er zeigte auf meine kleine Plastiktüte mit den Ersatzkleidern. „Nimm deine Sachen und komm mit."

„Die Decke auch?", fragte ich.

„Nein, die kannst du hierlassen."

Würde ich doch freigelassen werden? War es endlich so weit? Wenn ich die Decke nicht mehr brauchte, würde ich wahrscheinlich schon bald wieder bei meinen Lieben in Tschechien sein! Den ganzen Tag lang würde ich ihnen erzählen, wie Gott mir geholfen hatte, zwei lange Monate im sudanesischen Gefängnis zu überstehen, und dann würde ich neben meiner Frau in meinem warmen Bett einschlafen.

Ich nahm meine Tüte und trat aus der Zelle. Der Wärter ging mit mir den Flur entlang Richtung Fahrstuhl, aber plötzlich blieben wir vor einer anderen Zellentür stehen. *Warum denn das? Hatte ich mich wieder getäuscht?* Die Tür öffnete sich zu einem Raum, der unter den Gefangenen berüchtigt war – jeder hatte Angst davor! Mehrmals war ich an dieser Tür vorbeigegangen, wenn ich zu Verhören gebracht worden war, und erstarrte nun vor Schreck.

Wir standen vor dem „Kühlschrank"!

Vierzehn

Februar 2016
Gefängnis des sudanesischen Nachrichten- und Geheimdienstes NISS

Bereits beim Eintreten in den leeren Raum registrierte ich das laute Geräusch der Klimaanlage, aus der eiskalte Luft strömte. Das eiserne Bett hatte keine Matratze und war stattdessen übersät von getrockneten Blutflecken. Die Toilette war widerlich, fließendes Wasser gab es nicht. *Hätte ich doch nur meine warme Decke!* Nun stand mir eine kalte Nacht bei geschätzten zehn Grad Raumtemperatur bevor.

Ich ahnte, dass mein Umzug in den „Kühlschrank" etwas mit meinen Aussagen beim Verhör zu tun gehabt hatte. Immerhin hatte der Gefängnisleiter meinetwegen einen unangenehmen Anruf erhalten. Nun wurde ich dafür bestraft und die Wärter machten mir klar, dass sie am längeren Hebel saßen.

Seit meiner Verhaftung waren auf meinem sonst immer kahl geschorenen Kopf graue Haare gewachsen, aber bei Weitem nicht genug, um mich zu wärmen. Also wickelte ich mir ein T-Shirt als Mützenersatz um den Kopf. Meine bloßen Arme bedeckte ich mit meinem zweiten Paar Hosen, eine Jacke hatte ich leider nicht.

Dann ging ich die ganze Nacht hin und her. Sobald ich stehen blieb, war die Kälte unerträglich. Einmal setzte ich mich kurz auf einen Stuhl, der auch in der Zelle stand, aber er war aus Metall und viel zu kalt auf meiner Haut.

Doch mitten in dieser äußerst ungemütlichen Lage erkannte ich den Vorteil der Einzelhaft: eine Freiheit, die ich die ganze Zeit vermisst hatte – ich war allein und konnte so laut beten, wie ich wollte! So begann ich, Gott für meinen Vater zu danken, und überlegte, ob jetzt in meiner Zelle wohl auch Gottes Engel waren, so wie Richard Wurmbrand das in seinem Buch beschrieben hatte. Ich dachte an diesen Mann und seine vierzehn Jahre Haft – und plötzlich passierte etwas Erstaunliches: Es fühlte sich an, als würde jemand hinter mir stehen und mir einen warmen Mantel umlegen, groß genug, um meinen ganzen Körper einzuhüllen. „Mein Herr und mein Gott“, kam spontan über meine Lippen. Jesus selbst wärmte mich! Eigentlich war die Unterbringung in Einzelhaft eine Strafe, aber ich fühlte mich zum ersten Mal, seit ich innerhalb von Gefängnismauern leben musste, richtig frei. Endlich, nach zwei Monaten konnte ich wieder laut beten!

Mit fünfzehn hatte ich mal ein Lied auswendig gelernt, das von Georg Friedrich Händel vertont worden war: „Tochter Zion“. Bereits als ich noch mit den IS-Männern in einer Zelle war, hatte ich versucht, dieses Lied leise in meinem Herzen zu singen, aber mehr als die ersten paar Worte waren mir nicht eingefallen. Doch jetzt in der Einzelzelle erlebte ich dankbar, wie meine Erinnerung wiederhergestellt wurde. Der Heilige Geist schenkte mir den vollständigen Text der ersten beiden Strophen dieses Liedes, von dem so viel Kraft ausging. Ich fühlte mich wie ein Dichter, der in einem Augenblick der Inspiration Worte zu Papier brachte und innerhalb von Minuten ein wunderschönes, vollständiges Gedicht niederschrieb. Ich sang laut und voller Glauben, und während ich sang, kam Wort für Wort in meine Erinnerung zurück. Einen Teil der Nacht verbrachte ich damit, alle christlichen Lieder zu singen, die mir einfielen. Die Wärter samt allen Häftlingen fragten sich wahrscheinlich, ob ich schon in der ersten Nacht im „Kühlschrank" verrückt geworden war.

Am nächsten Morgen wurde die Klimaanlage endlich ausgeschaltet und die Wärter brachten mir meine Decke zurück. Ich konnte riechen, dass ein anderer die Decke in der Nacht benutzt hatte, aber das war mir egal. Zu glücklich war ich, meine Decke wiederzuhaben.

Das Ende meines Hungerstreiks lag inzwischen drei Wochen zurück. In meiner Tüte hatte ich noch einen Joghurtbecher, den ich damals von den Wärtern zusätzlich zu meinem normalen Frühstück bekommen hatte. Er leistete mir jetzt gute Dienste, denn ich hatte an diesem ersten Morgen in der neuen Zelle großen Durst. Aus dem Wasserhahn kam aber nur hin und wieder ein Wassertropfen. Also aß ich den Joghurt und nutzte dann den leeren Becher, um Wassertropfen zu sammeln. Nach ungefähr einer Viertelstunde war der Becher voll.

Schritt für Schritt zeigte Gott mir anschließend, wie ich meine Situation verbessern konnte. Es begann damit, dass ich überlegte, warum diese Zelle kein Wasser hatte. Der Heilige Geist leitete mich in eine dunkle Ecke hinter der Toilette, wo ich das Hauptventil der Wasserleitung zu meiner Zelle fand. Es war zugedreht und der Griff fehlte, doch auf dem Boden lag einiges an Müll, das ich nach etwas Werkzeugähnlichem durchsuchen konnte. Und tatsächlich: Ich fand ein Stück Metall, mit dem ich in die Ecke hinter der Toilette kroch. Nach einiger Zeit gelang es mir, dass Wasser wieder zum Fließen zu bringen. Schon bald füllte es ungehindert mein Waschbecken und den Spülkasten der Toilette. Bei meiner Suche im Dreck auf dem Boden fand ich auch noch einen Fetzen Stoff. Mit dem Wasser, das nun reichlich floss, und der Seife, die man vom Gefängnis bekam, begann ich, meinen Körper zu reinigen.

Als ich mich endlich sauber fühlte, richtete ich meine Aufmerksamkeit auf den Raum. Einen ganzen Tag lang beschäftigte ich mich damit, das Blut vom Bett zu putzen, bis es mir sauber genug erschien, um meine Decke daraufzulegen.

Für mich war das Leben im „Kühlschrank" ein Stück Freiheit inmitten meiner Haft. Von den IS-Männern hatte ich oft gehört, wie sehr sie sich vor der Einzelhaft fürchteten. Wer länger als eine Woche allein war, verlor den Verstand – so erzählte man sich. Deshalb mussten die IS-Anhänger auch nie länger als zwei oder drei Tage im „Kühlschrank" verbringen. Die Wärter hatten viel zu viel Angst vor den Gefangenen, um sich mit ihnen anzulegen.

Ich allerdings durfte in dieser Zeit erleben, wie mein Gedächtnis sich erholte. Die Lieder, die wir während der Verfolgung durch die Kommunisten gesungen hatten, tauchten wieder in meiner Erinnerung auf. Genauso die Bibelverse, die ich als Jugendlicher auswendig gelernt hatte. Stück für Stück kamen mir immer zur rechten Zeit neue Dinge in den Sinn. An meinem dritten Tag in Einzelhaft schenkte der Heilige Geist mir die Erinnerung an die dritte Strophe des Liedes „Tochter Zion". Bis mir alle Strophen eines Liedes einfielen, dauerte es meistens ein oder zwei Wochen. So verfügte ich nach und nach über eine Vielzahl von Liedern, deren Texte ich von Anfang bis Ende singen konnte.

Glücklicherweise blieb die eisig kalte Luft aus der Klimaanlage des „Kühlschranks" ausgeschaltet.

Um wieder zu Kräften zu kommen, ging ich den ganzen Tag lang auf und ab – von 6 Uhr morgens bis 21 Uhr abends, manchmal auch länger. Nach meinen Hochrechnungen legte ich auf diese Weise täglich fast fünfundzwanzig Kilometer zurück. Dabei betete ich die ganze Zeit.

Ich war selbst überrascht von dem, was ich während dieser Zeit intensiver Gemeinschaft mit Gott erlebte. Diese unmittelbare Nähe Gottes und seine heilende Kraft, die spürbar den Raum erfüllte, kannte ich bisher nur aus den Berichten von Richard Wurmbrand. Wie schön, das nun auch selbst erleben zu dürfen. Eineinhalb Monate lang, vom 7. Februar bis zum 29. März, teilte ich mir die Zelle nur mit Gott allein.

Natürlich ging es mir nicht immer gut. Manchmal erwachte ich auch morgens unter einer Wolke von Traurigkeit, die Körper und Seele niederdrücken wollte. Dann blieb ich tagsüber einfach liegen und versuchte zu schlafen. Aber dadurch wurde die Schwere, die auf mir lastete, nur noch größer. So stand ich bald wieder auf und wanderte durch meine Zelle. Nicht immer konnte ich fühlen, was ich bekannte, aber ich sagte es umso entschlossener: „Jesus ist mein Friede! Jesus ist meine Freude!"

Minutenlang wiederholte ich mein Bekenntnis und ging dabei auf und ab, bis aus dem Proklamieren wieder meine fühlbare Realität wurde.

卌

Am Morgen des 22. Februars 2016 holte mich ein Wärter aus meiner Zelle und brachte mich die Treppe hinunter ins Erdgeschoss. Zu meiner Überraschung erwartete mich dort der NISS-Vernehmungsbeamte.

„Sie sollten sich rasieren", begrüßte er mich mit gerunzelter Stirn, als er meinen ungepflegten Bartwuchs sah.

„Gar nicht so einfach hier", gab ich zurück. Als Nächstes musterte er meine nackten Füße in den Plastik-Flipflops und holte meine Schuhe aus dem Koffer, den man in einem Lagerraum des Gefängnisses verwahrte.

„Ziehen Sie sich was Besseres an."

Ich weigerte mich – einerseits, weil alle Kleidungsstücke in meiner Zelle sowieso ähnlich aussahen, aber auch, weil ich die, die ich trug, frisch gewaschen hatte.

Bisher hatte sich doch auch niemand um meine Erscheinung gekümmert. Warum jetzt? Ob ein Mitglied der tschechischen Regierung in den Sudan gekommen war? Warum sonst könnte mein Aussehen eine Rolle spielen? Dann kam mir ein Gedanke – fast zu gut, um wahr zu sein: *Würde ich etwa entlassen werden?*

Ein Wärter legte mir um die Handgelenke schwere Eisenketten, die mir ziemlich wehtaten. Dann ging es hinaus zu einem wartenden Kleinbus. Wieder stiegen sechs schwer bewaffnete Männer mit mir zusammen ein. Alles erinnerte mich an damals, als ich zum National Club gebracht wurde, um Štěpán Sláma zu treffen. Doch eine Sache war dieses Mal anders: Damit ich nicht sehen konnte, wohin es ging, wurde mir ein schwerer, dunkler Sack über den Kopf gestülpt. Ich konnte darunter kaum atmen und kämpfte gegen eine aufsteigende Panik an.

Endlich wurde der Bus wieder langsamer und der Wärter, der neben mir saß, nahm mir den Sack ab. Tatsächlich – wir standen wieder vor dem National Club. Während ein schwarzer Mercedes auf den Parkplatz fuhr, blieben wir noch in unserem Fahrzeug sitzen. Vier Männer stiegen aus dem Mercedes aus – zwei sudanesische Wachmänner und zwei Weiße, die vom Aussehen her auch Tschechen hätten sein können.

„Kennst du die?", fragte mich einer meiner Wärter.

„Nein."

Nachdem die vier Herren im National Club verschwunden waren, stiegen auch wir aus und ich wurde in einen Raum gebracht, in dem die vier mich bereits erwarteten. Ohne ihre Namen zu nennen, stellten sie mir eine Reihe seltsamer Fragen.

„Unterhalten Sie Verbindungen zu ausländischen Geheimdiensten?"

„Nein, keine", antwortete ich.

„Haben Sie Verbindungen zum militärischen Nachrichtendienst?"

„Ich habe ein Jahr lang Wehrdienst geleistet, als die Tschechoslowakei noch kommunistisch war, seither hatte ich mit dem Militär nichts mehr zu tun."

Nach ein paar ähnlichen Fragen war unser Treffen auch schon wieder zu Ende. Man teilte mir mit, dass die sudanesische Regierung mich noch nicht freiließe, weil mein Fall erst vor den lokalen Gerichten im Sudan verhandelt werden müsste. Ich war wieder einmal zutiefst enttäuscht! Mit hängenden Schultern, mutlos und mit

Mit meinem Vater während der Militärzeit. Weil ich mich bei einer Gelegenheit schämte, den eigentlichen Beruf meines Vaters anzugeben – evangelischer Pastor –, bat ich Gott um die Gelegenheit, während der Militärzeit meinen Glauben bekennen zu dürfen. Die Gelegenheit kam während eines Manövers. Ein Offizier fragte die angetretene Truppe: „Gibt es hier etwa irgendwen, der an Gott glaubt?"

Unter den dreihundert Soldaten hob ich als Einziger die Hand. Seit dieser Zeit versuchte ich in all solchen Situationen, meinen christlichen Glauben zu bekennen.

dem Gefühl, von allen Seiten verlassen zu sein, verließ ich den National Club. Nun verstand ich auch, warum mein Aussehen solch eine wichtige Rolle gespielt hatte: Der NISS-Verhörleiter wollte mir klarmachen, dass nur Angehörige des Geheimdienstes für sie als Gesprächspartner relevant waren. Weder Diplomaten noch Botschaftsmitarbeiter wurden als ernst zu nehmende Verhandlungspartner akzeptiert.

Irgendwann Mitte Februar erfuhr die Presse von meiner Verhaftung. Mein Foto erschien inzwischen auch auf der Internetseite von Interpol, wo ich als in Khartum verschwundene Person geführt wurde. Am 27. Februar 2016, als ich in meiner Zelle auf und ab ging, fuhr meine Frau am Stadtrand von Prag zu einer Tankstelle. Zwischen meiner Familie und mir gab es zu diesem Zeitpunkt immer noch keinen Kontakt. Als meine Frau den Laden der Tankstelle betreten wollte, fiel ihr Blick auf einen Zeitungsstapel neben der Eingangstür. Es war die druckfrische Wochenendausgabe der *DNES*, einer tschechischen Tageszeitung.

Dort stand in großen Lettern: „Im Sudan festgehaltenem Tschechen droht Todesstrafe“.

Vanda kaufte unter Tränen die Zeitung, hastete zu ihrem Auto zurück und raste nach Hause, um den Kindern diese Schreckensnachricht zu berichten.

Fünfzehn

März 2016

Gefängnis des sudanesischen Nachrichten- und Geheimdienstes NISS

Ungefähr zu der Zeit, als mein Foto bei Interpol veröffentlicht wurde, kam Štěpán Sláma von der tschechischen Botschaft in Kairo erneut nach Khartum. Mit bebender Stimme und Tränen in den Augen erzählte ich ihm von den Qualen, die ich anfangs durch die Hände der IS-Mitgefangenen und dann in meiner sehr heruntergekühlten Zelle hatte erleben müssen, wo ich nun schon seit eineinhalb Wochen in Einzelhaft war.

„Aber bitte sagen Sie das meiner Familie nicht“, bat ich ihn eindringlich. „Meine Frau und meine Kinder würden sich zu viele Sorgen machen.“

Sláma schien das zu verstehen und nickte zustimmend.

Als ich nach unserem Treffen zurück in meine Zelle kam, brummte die Klimaanlage schon und mein „Kühlschrank“ war wieder eiskalt. Keine Frage – das war die Reaktion darauf, dass ich Štěpán Sláma erzählt hatte, wie man hier im Gefängnis mit mir umsprang!

Am 10. März 2016 kam Štěpán Sláma wieder und brachte kostbare Geschenke von zu Hause mit: zwei Briefe und ein Medikament gegen Anämie. Mein Herz begann wie wild zu schlagen und mit zitternden Händen riss ich die Umschläge auf. Es war unendlich lange her, seit ich etwas von meiner Familie gehört hatte! Ich sehnte mich unbeschreiblich danach, zu erfahren, wie es ihnen ging.

Nach den NISS-Vorschriften mussten alle Briefe in Englisch verfasst sein, deshalb war Váva für das Schreiben zuständig gewesen. Meine Augen füllten sich mit Tränen, während ich den ersten Brief las, den sie am 1. Februar geschrieben hatte. „Wir hoffen, dass du gesund bist, während du diesen Brief liest“, schrieb meine Tochter, „und dass man sich gut um dich kümmert. Du kannst dir sicher vorstellen, dass wir dich sehr vermissen und es kaum erwarten können, dass du wieder nach Hause kommst.“

Den Kindern ging es gesundheitlich gut. Meine Frau hatte Grippe gehabt, konnte nun aber wieder arbeiten gehen. Wie schön es sich anfühlte, als ich las: „Mama vermisst dich sehr und denkt viel an dich.“

Dann las ich lächelnd, was Váva von den Prüfungen berichtete, die sie und ihr Bruder Petr gerade an der Uni ablegen mussten. Ich war stolz auf meine Kinder. Wie gerne hätte ich sie bald wiedergesehen. Beim nächsten Absatz wurde dann mein Herz wieder schwer.

Váva berichtete von meinem Vater, der am 4. Januar gestorben war. Wieder traf mich der Schmerz. Es machte mich so wütend, dass mein Vater schon wochenlang tot gewesen war, ehe die NISS-Leute mir endlich davon berichtet hatten.

Im nächsten Abschnitt erzählte Váva, wie es den Angehörigen nach Vaters Tod gegangen war und was alles auf welche Weise geregelt worden war. Es klang so, als kämen sie alle gut zurecht.

Ich ließ die Informationen kurz sacken, ehe ich weiterlas. Nun ging es darum, dass meine Familie Kontakt zu dem tschechischen Außenminister und Štěpán Sláma hatte. Und plötzlich war ich schon am Ende des Briefes angekommen. „Wir vermissen dich sehr und alle Verwandten und Freunde sind mit ihren Gedanken bei dir. In Liebe, Vanda, Váva und Petr."

Ich griff sofort nach dem zweiten Brief. Er war auf den 16. Februar datiert und damit also zwei Wochen später geschrieben worden. Váva hatte ihn in Vandas Auftrag verfasst. „Lieber Petr", begann er. Meine Hände zitterten. „Wir haben dir vor zwei Wochen schon einen Brief geschrieben und hoffen, dass er dich erreicht hat. Hoffentlich bist du gesund und es geht dir körperlich und seelisch gut. Wir vermissen dich sehr und denken ständig an dich. Mutter ist ziemlich traurig, weil du nicht bei uns bist, aber wir rechnen fest damit, dass wir bald wieder Kontakt haben werden."

Es folgte ein detaillierter Bericht, in dem es um den Tod meines Vaters, die Gesundheit meiner Frau und ihrer Mutter und die Prüfungen der Kinder ging. Und wieder erfuhr ich am Ende des Briefes, dass meine Lieben in Kontakt mit dem Außenministerium und der tschechischen Botschaft in Kairo standen. Die letzte Zeile tat mir besonders gut: „Alle, die dich kennen, denken intensiv an dich."

Im Beisein von Štěpán Sláma konnte ich schließlich zum ersten Mal, seit ich im Gefängnis war, auch selbst einen Brief an meine Lieben schreiben. Davon hatte ich lange geträumt und in Gedanken schon unzählige Briefe verfasst. Endlich – ich konnte es kaum glauben –, endlich konnte ich ihnen wirklich schreiben! Ich hatte ihnen so vieles zu sagen, monatelang hatte ich Themen gesammelt, die ich ihnen mitteilen wollte. Gedanken, Gebete, Gefühle, Ermutigungen und Trost, dazu die Schilderung meiner Erlebnisse hier. Aber nun saß der Botschaftsmitarbeiter auf der einen Seite von mir, der NISS-Verhörer auf der anderen, mir wurden nur wenige Augenblicke Zeit gegeben und ich musste in Englisch schreiben. Meine Gedanken rasten und ich überlegte fieberhaft, wo ich anfangen sollte, zumal ich meine Worte sorgfältig wählen musste. In eiligen Großbuchstaben kritzelte ich ein paar Zeilen für Vanda:

Meine Liebe,
hier nur ein kurzer Gruß aus dem Sudan, um euch wissen zu lassen, dass es mir gut geht. Vielen Dank für eure beiden Briefe, die ich im Beisein eines Vertreters der Tschechischen Republik las. Es geht mir gut und ich bete für euch alle. Ich bin mir sicher, meine Angelegenheit ist in Gottes Hand. Ich freue mich zu hören, dass es euch gut geht und freue mich darauf, bald wieder nach Hause zu kommen.
Gott segne euch alle!
Petr

Der NISS-Mann machte für die Akte ein Foto von meinem Brief und händigte ihn dann Herrn Sláma aus. Zusammengefaltet schob der ihn in seine Brieftasche. „Ich werde am 8. April wieder hier sein“, sagte er zum Abschied.

Schon ein oder zwei Tage im „Kühlschrank“ reichen für gewöhnlich aus, um einen Gefangenen in den Wahnsinn zu treiben. Aber zur großen Überraschung der Wärter war ich auch nach Wochen in Einzelhaft und zwei Phasen nahezu unerträglicher Kälte immer noch mental gesund. Ganz unerwartet besuchte mich eines Tages der „böse Wärter“ in meiner Zelle. Ich freute mich aufrichtig, ihn zu sehen, immerhin hatte er mich kurz vor einem möglichen Waterboarding aus der Löwengrube befreit. Endlich konnte ich ihm danken, dass er mir das Leben gerettet hatte, und ich tat es mit Tränen in den Augen. Leise verriet ich ihm meine E-Mail-Adresse und lud ihn herzlich ein, bei uns zu wohnen, falls er jemals nach Europa kommen sollte. Es war ein bewegender Moment und auch seine Augen blieben nicht trocken.

In den folgenden Wochen wurden wir gute Freunde. Wann immer dieser Wärter Dienst hatte, kam er bei mir vorbei und brachte mir heißen Tee oder eine Extraportion vom Abendessen. Eine volle Tasse Tee hatte für mich eine ganz neue Bedeutung, seit die IS-Gefangenen mir immer nur einen Fingerbreit in meinen schmutzigen Becher eingegossen hatten. Ich hielt die heiße Tasse in meinen Händen und dachte an die Worte Jesu:

Wer euch auch nur einen Becher Wasser zu trinken gibt, weil ihr Christus angehört, der wird – das versichere ich euch – ganz gewiss nicht ohne Lohn bleiben. *Markus 9,41 (NGÜ)*

Voller Dankbarkeit dachte ich darüber nach, dass Gott mir inmitten einer Zeit der Einzelhaft die Freundschaft dieses „bösen Wärters" geschenkt hatte. Was für eine Gnade!

卌

Am 29. März, zweieinhalb Wochen nachdem ich meiner Frau diesen kleinen Brief hatte schreiben können, kam ein NISS-Mitarbeiter in meine Zelle. „Hier ist es aber sauber", stellte er anerkennend fest und klang dabei erstaunlich freundlich. Tatsächlich hatte ich die ganze Zelle einschließlich Bad und WC so gründlich gereinigt, dass ich überall barfuß gehen konnte, ohne schmutzige Füße zu bekommen. „Petr, pack alle deine Sachen zusammen und kommt mit", befahl er. *Wurde ich endlich freigelassen?!*

Eilig stopfte ich die wenigen Habseligkeiten in meine Tüte. *Sollte ich die Decke mitnehmen?* Ich würde sie nicht mehr brauchen, aber sie war doch eine ganz besondere Erinnerung. Als dieser freundliche Gefangene sie mir damals gegeben hatte, war das für mich einer der ersten Hinweise darauf, dass Gott auch hinter Gefängnismauern für mich sorgen würde.

Während ich den Flur entlangging, sah ich die Gesichter von Pastor Hassan und meinem Übersetzer Monim, die aus dem Fenster einer Zellentür schauten – gar nicht weit weg von dem Raum, in dem ich die letzten Wochen verbracht hatte. Ich hatte durch meine IS-Zellengenossen schon vor einiger Zeit von ihrer Verhaftung erfahren. Später hatte ich einmal durch das Fenster in meiner Zelle gesehen, wie Pastor Hassan zum Verhör abgeholt worden war, und ich hatte ihn mit meinen Gebeten begleitet.

Nun sah ich die beiden Gesichter hinter dem kleinen Fenster und fragte mich, ob wir uns jemals wiedersehen würden – und wenn ja, unter welchen Umständen. Stumm betete ich für meine sudanesischen Brüder, dass Gott sie ermutige, stärke und beschütze. Und ich bat Gott, auch ihnen bald die Freiheit zu schenken.

Ich wurde die Treppe hinunter und in den Lagerraum gebracht, wo ich meinen Koffer zurückbekam. Als ich ihn öffnete, war ich überrascht. Meine Familie hatte mir eine Menge Medikamente geschickt, die alle hier gelandet waren – auch Tabletten gegen die Anämie, die ich dringend gebraucht hätte. Die Wärter hatten mir bis auf die paar Medikamente am Anfang alles vorenthalten und in den Koffer gesteckt. Außerdem fand ich Toilettenpapier, Deo und Rasierwasser: Geschenke, die Štěpán Sláma zu unseren Treffen mitgebracht hatte und von denen ich nichts ausgehändigt bekommen hatte. Ich staunte nicht schlecht über den Inhalt meines Koffers.

Monatelang hatte ich ohne Handtuch, Shampoo oder eine Rasierklinge gelebt. Das Einzige, was mir zur Körperpflege zur Verfügung gestanden hatte, waren Karbolseife und Wasser gewesen. Der Wärter ließ mich nun in dem Lagerraum alleine und ich nutzte die Gelegenheit, um die Sachen anzuziehen, die ich seit fast vier Monaten nicht mehr gesehen hatte. Dazu noch ein bisschen Deo und Parfum – lächelnd dachte ich daran, dass ich in wenigen Stunden Vanda gegenüberstehen würde.

„So, dann kommen Sie mit", sagte der Wärter schließlich und ich nahm meinen Koffer. *Es war so weit!* Ohne Handschellen durfte ich das Gefängnis verlassen. Wir bestiegen einen Minibus und ich hoffte inständig, dass es direkt zum Flughafen gehen würde. Es war neun Uhr abends und ich wusste, dass immer um ein Uhr eine Maschine einer türkischen Fluggesellschaft startete.

In wenigen Stunden würde ich ein freier Mann sein. *Wie schön, es ging nach Hause!*

Ich schaute aus dem Fenster und sah schon startende und landende Flugzeuge. Wir fuhren wirklich zum Flughafen. Gleich mussten wir links abbiegen, um zum Terminal zu kommen. Aber der Minibus wurde nicht langsamer. Ich starrte den Fahrer fragend an, doch er blickte nur stur geradeaus. *Was ist denn jetzt los?* Voller Verzweiflung drehte ich mich zum Flughafen um, an dem wir mit voller Geschwindigkeit vorbeifuhren. Fassungslos musste ich zusehen, wie der Flughafen hinter uns immer kleiner wurde und schließlich völlig aus meinem Blickfeld verschwand. Ein Schlag in die Magengrube wäre weniger schmerzhaft gewesen als die Wucht dieser bitteren Enttäuschung. Mit jeder Sekunde, die wir uns weiter vom Flughafen entfernten, rückte die Hoffnung, meine Familie wiederzusehen, in weitere Ferne. Vor uns und hinter uns erstreckten sich die Straßen von Khartum.

Einige Minuten später hielten wir vor einem Gebäude, das die Aufschrift „Niyaba Mendola“ trug. Es war eine Polizeistation, die in einem sichtbar heruntergekommenen Zustand war. Das NISS-Gefängnis erschien mir im Vergleich dazu wie ein Palast.

Ich wurde in ein geschäftiges kleines Büro gebracht, in dem zahlreiche Polizisten und NISS-Beamte ein und aus gingen. Auf einem Tisch entdeckte ich meine Laptop-Tasche. Sofort kehrte die Hoffnung zurück. *Sie haben mich hierhergebracht, um mir meine Sachen zurückzugeben!* Einer der Männer ging zu dem Tisch und griff in die Tasche.

„Ist das Ihr Laptop?“ Er zog ihn aus der Tasche und legte ihn auf den Tisch.

„Ja“, antwortete ich eifrig.

Der Beamte kritzelte etwas auf ein Blatt Papier und holte dann nach und nach meine Kamera und die anderen Dinge heraus. Immer wieder stellte er mir die gleiche Frage – anscheinend hakte er eine Liste ab. *Es kann sich hier doch eigentlich nur um eine Ausreiseformalität handeln, oder?*

Doch seine nächste Bewegung zerstörte die aufkeimende Hoffnung sofort wieder. Anstatt alles in meine Tasche zurückzupacken, reichte er einem anderen Polizisten meine elektronischen Geräte. „Nun werden Sie herausfinden können, welches Gefängnis besser ist“, grinste er in meine Richtung.

Jetzt war es endgültig: Es war nie der Plan gewesen, mich zum Flughafen zu bringen! Stattdessen wurde ich nun in einen Vernehmungsraum geführt. Ein paar Minuten später kam ein Uniformierter und erklärte: „Sie wurden an uns überstellt, damit Ihr Fall sorgfältig bearbeitet werden kann, bevor er zum Gericht geht.“

Ein hochrangiger Sicherheitsbeamter betrat den Raum. Ich erkannte das gelb karierte Jackett: Wir waren uns bereits damals nach meiner ersten Verhaftung begegnet! Er musterte mich von oben bis unten und brach dann in schallendes Gelächter aus. Mein ratloser Gesichtsausdruck ließ ihn noch lauter lachen. Anscheinend hatte meine Kleidung ihm verraten, dass ich auf das Spiel der Wärter hereingefallen war: Ich hatte geglaubt, dass ich endlich freigelassen würde. Hilflos sah ich ihn an, während er die Situation sichtlich genoss. Mir blieb nichts anderes übrig, als einfach nur dazustehen und zu warten, bis er sich wieder beruhigt hatte.

Sechzehn

April 2016

Khartum, Gefängnis der Niyaba-Mendola-Polizeistation

Widerwillig zog ich meine sauberen Sachen aus und fragte mich, wann ich sie wohl jemals wiedersehen würde. Statt ihrer zog ich die abgetragenen Gefängniskleider an, die ich schon so hoffnungsvoll in den Koffer gepackt hatte. Auch die Decke würde ich nun wieder brauchen. Ich nahm noch ein paar zusätzliche Kleidungsstücke, Shampoo, Toilettenpapier und meine Brieftasche aus dem Koffer. Erstaunt stellte ich fest, dass meine sudanesischen Pfund nicht verschwunden waren. Auch die Medikamente – Eisenpräparate und Antibiotika – durfte ich herausnehmen; sie wurden im Depot der Polizei eingelagert. Dann folgte ich dem Aufseher zu einem sehr primitiven Raum.

Fünfzehn Männer saßen auf einem mit Flecken übersäten, faulig riechenden roten Teppich in einem Raum, der nur etwa 25 Quadratmeter groß war. Drei der Männer rauchten und der Qualm stand in der muffigen Luft. Es gab keinen Platz, um sich zu bewegen, also legte ich meine zusammengefaltete Decke auf den Boden und setzte mich im Schneidersitz zwischen die Männer. Besorgt dachte ich darüber nach, dass sich bei mir Blutgerinnsel bilden konnten, wenn ich zu lange so saß – eine Thrombose konnte letztlich lebensgefährlich sein.

Im Laufe des Abends wurden immer mehr Leute in unsere restlos überfüllte winzige Zelle gebracht, bis wir über zwanzig Männer waren. Ein Ventilator hielt die heiße Luft in Bewegung. Gut, dass die Tür nur aus Gitterstäben bestand und auch zur Luftzirkulation beitrug, sonst wären wir wohl alle erstickt. Die schweißnasse Haut der Männer, die neben mir hockten, drückte sich gegen mich, alles war schmutzig und klaustrophobisch eng.

Am nächsten Morgen wurde ich aus der Zelle geholt und durch die Polizeistation in das Büro des Oberstaatsanwaltes geführt. Er begrüßte mich mit einem Lächeln und lud mich ein, auf seinem Ledersofa Platz zu nehmen.

Der Raum war klimatisiert und ein Bediensteter servierte mir Hähnchen-Sandwich und Cola. Dann lieh der Staatsanwalt mir auch noch seinen Nagelknipser – was dringend nötig war. Er wollte ihn mir sogar schenken, doch ich bestand darauf, den Knipser zurückzugeben. „Ja", nickte er, „Sie haben recht. Wenn Sie das nächste Mal so etwas brauchen, werden Sie nicht mehr hier sein."

Im darauffolgenden Gespräch erfuhr ich, dass diese Polizeistation in gewisser Weise der verlängerte Arm des sudanesischen Geheimdienstes war, ohne ihm offiziell unterstellt zu sein, und deshalb ausschließlich Fälle aus dem NISS-Gefängnis übernahm.

„Ich bin mir sicher, dass Sie nur kurz hier sein werden", ermutigte mich der Staatsanwalt. „Bald wird alles diplomatisch gelöst sein und dann werden Sie freigelassen."

Vielleicht wird das hier doch nicht so schlimm, dachte ich und glaubte seinen Worten.

Ich erzählte ihm von meiner Anämie und bat ihn, eine Blutuntersuchung zu veranlassen. Und tatsächlich – schon am nächsten Tag wurde ich in ein Krankenhaus überstellt.

Diese Klinik unterstand dem Innenminister und war deutlich besser ausgestattet als das NISS-Krankenhaus. Sauberer war es dort auch. Es gab auch eine Waage, wodurch ich entsetzt feststellte, dass ich seit Dezember fünfundzwanzig Kilo abgenommen hatte.

Der Arzt prüfte verschiedene Blutwerte und ich erfuhr, dass der Hämoglobingehalt meiner roten Blutzellen noch weiter gefallen war. Ich hatte nun nur noch etwa halb so viel roten Blutfarbstoff wie ein gesunder Mensch.

Ob ich doch noch irgendwelche inneren Blutungen hatte? Die Prügelattacken in Verbindung mit der täglichen aspirinhaltigen Tablette, die gegen Blutgerinnung wirkte, sprachen dafür. Wenn in Tschechien jemand so schlechte Blutwerte hatte, bekam er eine Bluttransfusion. Aber hier im sudanesischen Gefängnis wurde das anders bewertet. Immerhin – der Arzt klärte mit der Gefängnisleitung ab, dass ich jeden Tag eine Eisentablette bekommen würde. Auf eigene Kosten, selbstverständlich! Dann wurde ich wieder in die Zelle zurückgebracht.

Im Verlauf der nächsten Tage wurden immer mehr Männer in unsere Zelle gepfercht, bis wir ungefähr fünfundzwanzig Leute waren. Eines Morgens war ich besonders niedergeschlagen und betete: „Herr, wie lange soll das denn noch dauern, bis ich endlich freigelassen werde?"

Ich war völlig in mein Beten versunken und hatte nicht bemerkt, dass mich ein Mann aus Eritrea wohl schon eine ganze Weile beobachtet hatte. Er sprach mich schließlich an und stellte sich vor. Seine Schwester besuche eine christliche eritreische Gemeinde in Khartum, erzählte er mir. Die Art, wie er das sagte, zeigte mir, dass er selbst kein Nachfolger Jesu war. Meine Vermutung bestätigte sich, als er zugab, ein Menschenhändler zu sein. Er saß im Gefängnis, weil er Flüchtlinge durch den Sudan geschleust hatte.

Also erzählte ich ihm von Jesus. Auch die anderen Männer, die vorübergehend in diese überfüllte Zelle eingesperrt worden waren, hörten zu. Plötzlich ahnte ich, dass Gott mir gerade die Antwort auf meine Gebete gegeben hatte. Ich war hier, um die Liebe Jesu zu diesen Männern zu bringen, denen ich sonst nie im Leben begegnet wäre.

Eines Morgens kam eine Gruppe von zwölf jungen Männern, zwei Frauen und zwei Kindern aus Eritrea in unser Gefängnis. Sie waren an der Grenze zu Libyen gefasst worden. Die Frauen und Kinder wurden in einer kleineren Zelle gegenüber von uns untergebracht, die Männer kamen alle zusammen zu uns. Damit waren wir jetzt dreiundvierzig Männer in unserer Zelle und die Bedingungen, unter denen wir dort hausten, wurden immer dramatischer.

Unter so beengten Verhältnissen zu schlafen war sehr schwer. In den Nächten wurde es empfindlich kalt, die Männer stießen und traten sich gegenseitig im Schlaf und versuchten, einander die Decken zu klauen.

Die neuen Häftlinge aus Eritrea waren zwischen vierzehn und vierundzwanzig Jahre alt, vermutete ich. Sie hatten sich in einer Ecke des Raumes zusammengedrängt, rauchten und kauten Tabak. Die Muslime hielten sich von ihnen fern und hockten im anderen Teil der Zelle.

Eines Tages, während ich auf meiner Decke saß und leise betete, spürte ich plötzlich, wie Gott zu mir sprach. Ich konnte seine Stimme nicht mit meinen Ohren hören, aber umso deutlicher in meinem Herzen. Der Heilige Geist sagte mir: „Geh rüber, setz dich zu diesen Leuten aus Eritrea und erzähle ihnen von Jesus.“

Ich entschied mich, dem Eindruck zu gehorchen, stand auf und ging quer durch den Raum. Kaum hatte ich mich dort hingesetzt, begannen zwei der Männer mir Fragen zu stellen. Sie sprachen Englisch und wollten wissen, aus welchem Land ich kam und warum ich im Gefängnis saß. Ohne Angst vor den Muslimen begann ich, ganz frei über Jesus zu reden. Ich erzählte ihnen von mir, von meinem Leben und meinem Glauben und lud sie ein, an Jesus als ihren Herrn und Erlöser zu glauben. Sie waren Mitglieder der orthodoxen Kirche, doch hier im Gefängnis fehlten ihnen die greifbaren Elemente ihrer Religion, die Ikonen, die sie küssen und verehren konnten.

Unser Gespräch wurde immer intensiver und ich spürte einen ganz wunderbaren Frieden in mir, der immer stärker wurde. *Endlich verstehe ich, warum du mich hier haben möchtest,* freute ich mich innerlich. Gottes Möglichkeiten, in dieser Zelle zu wirken, übertrafen alles, was ich mir je hätte vorstellen können. Der Mann, der am besten Englisch konnte, übersetzte für die ganze Gruppe, und im Verlauf des Nachmittags und Abends hörten immer mehr Häftlinge unserer Unterhaltung zu. Am Ende nahmen *alle zwölf eritreischen Männer* Jesus als Herrn ihres Lebens und als ihren Erlöser an.

Am nächsten Morgen wurde die Gruppe junger Männer weggebracht. Sie kamen in ein anderes Gefängnis und ich bin ihnen nie wieder begegnet. Aber ich war von ehrfürchtigem Staunen erfüllt. Gott hatte diese Männer gestern sehr berührt und er hatte mich dafür gebraucht. Für mich war von nun an klar, dass ich *aus diesem Grund* in einem sudanesischen Gefängnis war. Gott hatte meine Gebete *auf diese Weise* erhört. Damit veränderte sich meine Einstellung grundlegend. Mein Wohlergehen und meine Sicherheit waren mir gar nicht mehr so wichtig, denn Gott wollte mich hier haben. Durch mich konnten diese Männer sein Licht sehen und von seiner Vergebung hören. Meine Zukunft war in seiner Hand und deshalb wollte ich mich nun von Tag zu Tag nur auf die Dinge konzentrieren, die er für mich vorbereitet hatte. Sein Licht, das durch mich schien, war an diesem dunklen Ort besonders hell zu sehen.

So fing ich an, mit jedem, den Gott in meine Nähe brachte, über Jesus zu reden. Bei den Muslimen musste ich dabei allerdings etwas vorsichtig sein, denn einige von ihnen gehörten zum NISS. Sie waren Informanten der Geheimpolizei und leiteten alles weiter, was sie von mir hörten, damit es dann bei Gericht gegen mich verwendet werden konnte. Ich erkannte die Spione unter meinen Mitgefangenen aber oftmals schon an ihren Fragen.

„Ach, Sie sind Amerikaner?“, begannen sie oft das Gespräch, wenn sie mich Englisch sprechen hörten. Ich wusste, dass sie als Nächstes versuchen würden, an Informationen zu gelangen und mir Fallen zu stellen. Meist sagte ich dann nur etwas reserviert: „Nein, ich bin kein Amerikaner, sondern Tscheche.“

Wurden diese Männer nur wenige Tage später aus unserer Zelle geholt, war mein Verdacht wieder mal bestätigt.

Die Anzahl der Gefangenen in unserer Zelle umfasste mittlerweile rund vierzig Leute. Ich war sehr dankbar, dass der Raum wenigstens eine recht hohe Decke hatte, denn sonst wären wir wahrscheinlich alle kollabiert. Der

Platzmangel war aber auch so sehr belastend, besonders tagsüber, wenn die Temperatur anstieg. Nach meiner Schätzung hatten wir fast vierzig Grad in unserer Zelle. Es gab diesen einen Ventilator, der die Luft in Bewegung halten sollte, aber er setzte oft aus und brachte nicht viel. Kühlen konnte er uns nicht.

Wenn möglich, bewegte ich mich durch die schwitzenden Körper zum Fenster, um etwas frische Luft einatmen zu können. Auch in der Nähe der aus Gitterstäben bestehenden Tür war die Luft etwas besser. Zum Liegen war es inzwischen zu eng, ich hatte nur noch die Wahl zwischen Sitzen im Schneidersitz oder Stehen. Das Stehen tat weniger weh, also stand ich die meiste Zeit, Schulter an Schulter mit den anderen Gefangenen, die unter unserer Lage ebenso sehr litten wie ich.

Auch der Hunger war quälend, mein Magen hörte bei Tag und Nacht gar nicht mehr auf zu knurren. Zweimal am Tag bekamen wir gekochte Bohnen, doch im Gegensatz zu dem Bohnengericht *Fuhl*, das es im NISS-Gefängnis gab, schmeckte das hier nach gar nichts. Die Bohnen wurden uns in einer großen Schüssel gebracht, zusammen mit einem runden sudanesischen Brot, das in einer Plastiktüte steckte und nach Schimmel schmeckte. Das Brot brauchte man, um damit die Bohnen aus dem Topf zu löffeln, aber beim Aufteilen des Brotes reichte es nie für alle. Da die Sudanesen ihre linke Hand beim Toilettengang benutzten, aßen sie nur mit der rechten Hand. Ich achtete peinlich darauf, auch nur mit der rechten Hand aus der gemeinschaftlichen Schüssel zu essen, um den anderen nicht das Gefühl zu geben, ich hätte ihr Essen verunreinigt.

Manchmal bekamen wir die erste Mahlzeit gegen 11 Uhr, oft aber auch erst Stunden später. Die zweite Schüssel Bohnen wurde uns nicht vor Einbruch der Dunkelheit gebracht. Ich brauchte aber bereits morgens eine Kleinigkeit zu essen, um damit meine Eisentabletten einzunehmen. Also versuchte ich immer, abends ein Stückchen Brot für den nächsten Morgen aufzubewahren, für den Fall, dass das Essen wieder einmal sehr spät gebracht wurde. Hatte ich im NISS-Gefängnis noch gedacht, dass das Essen schrecklich war, so sehnte ich mich nun danach zurück.

Zweimal am Tag schlossen die Wärter unsere Zelle auf und ließen uns die zwei Toiletten benutzen, die sich außerhalb des Gebäudes befanden. Weil man mir meine Misshandlungen noch ansah, gab es zwei Wärter, die Mitleid mit mir hatten und mich manchmal als Ersten gehen ließen. Andere, weniger wohlgesonnene Wärter ließen mich warten, bis alle Gefangenen schon auf der Toilette gewesen waren. Oftmals gab es kein fließendes Wasser, dementsprechend widerlich waren die Bedingungen, wenn ich erst als Letzter zur Toilette gehen durfte – nachdem vierzig Männer vor mir dort gewesen waren, ohne spülen zu können. Es gab dort auch die Möglichkeit, sich die Hände zu waschen, aber das Seifenstück neigte dazu, weg auf den dreckigen Boden zu flutschen, wenn ich mir meine Hände nicht ganz bewusst langsam wusch.

Während meiner ersten drei Tage in diesem Gefängnis sagten mir die Wärter mehrfach, dass ich gerne eine Beschwerde schreiben und einen Antrag stellen könnte, falls ich wieder ins NISS-Gefängnis zurückgebracht werden wollte.

Tatsächlich klang das für mich ziemlich verlockend. Ich fragte meine Zellengenossen um Rat, aber sie warnten mich. „Mach das auf keinen Fall“, rieten sie mir eindringlich, „du wirst dich an das Leben hier gewöhnen.“

Nachdem ich eine Woche unter diesen Umständen verbracht hatte, kam ein Vertreter der Schweizer Botschaft, um nach mir zu sehen. Er redete lange mit dem Staatsanwalt und teilte mir dann mit, dass Štěpán Sláma nicht wie vereinbart am 8. April zu mir kommen konnte, aber dass sich stattdessen die Schweizer Botschaft um mich kümmern würde.

Als ich in die Niyaba-Mendola-Polizeistation gebracht worden war, hatte ich erwartet, dass man die Ermittlungen der sudanesischen Staatsanwaltschaft gegen mich fortsetzen würde. Aber es verging ein ganzer Monat, ohne dass irgendetwas geschah. „Morgen vielleicht“, sagte man mir immer wieder und ich wurde von Tag zu Tag unruhiger. Ich konnte den Gestank in der Zelle kaum noch ertragen und fragte mich verzweifelt, ob ich hier jemals wieder herauskommen würde.

Endlich wurden die Ermittlungen zu meinen „Verbrechen“ wieder aufgenommen. Am 20. April brachte man mich in einen Raum, in dem ein Staatsanwalt bereits wartete. Wir saßen uns an einem Tisch gegenüber und ich rechnete mit den immer wieder gleichen Fragen, denen ich auch im Dezember schon ausgewichen war.

Auf dem Tisch lag ein aufgeschlagener, dicker Ordner, bei dem ich zuoberst eine alphabetisch geordnete Namensliste erkennen konnte. Recht schnell entzifferte ich, dass es die Teilnehmer der Konferenz in Addis Abeba waren. Anscheinend waren die Spione der Regierung nicht nur zeitgleich mit uns im Hotel gewesen, sondern ein Teilnehmer der Konferenz musste auch ein Informant gewesen sein. Wie hätte die sudanesische Regierung sonst an diese Liste kommen können?

Der Staatsanwalt begann, mir Fragen zu dieser Namensliste zu stellen. „Kennen Sie John Martin?“, begann er.

Meine Antworten waren einsilbig und vage, denn jede Information würde gegen mich und die betreffende Person verwendet werden. „Kann sein, dass ich einen John kenne“, antwortete ich, „ich kann mich nicht erinnern. Vielleicht ein Amerikaner?“

Ich versuchte, den Anschein von Kooperationsbereitschaft zu erwecken, ohne dabei Informationen preiszugeben. Aber der Staatsanwalt wusste ohnehin schon alles, was er wissen wollte.

„Nahm auch ein Christ aus Korea teil?“

„Soweit ich mich erinnern kann“, antwortete ich, „war wahrscheinlich eine Person aus Asien dabei. Ich weiß es aber nicht genau.“

So ging es weiter, Frage um Frage.

Schließlich schlug der Mann seinen Ordner zu und

stand auf. Er hatte gemerkt, dass er auf diese Weise nicht viel aus mir herausbekommen würde. Also verließ er den Raum und ich wurde in meine Zelle zurückgebracht.

Siebzehn

April / Mai 2016

Khartum, Gefängnis der Niyaba-Mendola-Polizeistation

Schon bei seinem ersten Besuch hatte mich der Mitarbeiter der tschechischen Botschaft darauf vorbereitet, dass es drei Monate dauern könnte, bis mein Fall bearbeitet würde. Aber nun war es bereits Mitte April und ich war mehr als vier Monate in Haft.

Als ich schließlich vor Gericht stand, hörte ich selbst zum ersten Mal, was man mir überhaupt vorwarf. Es wurden eine Vielzahl von Anklagepunkten verlesen, aber zwei davon erschreckten mich besonders – auf sie stand die Todesstrafe! Auch wenn es eher unwahrscheinlich war, dass ein Ausländer hingerichtet werden würde, gingen meine Gedanken sofort zu meiner Familie. Wie würden sie die Nachricht verkraften, dass mir die Hinrichtung drohte? In Gedanken sah ich die Tränen meiner Frau, die Traurigkeit meiner Kinder und den Schmerz meiner Gemeinde.

Damit verbunden war natürlich auch die Gefahr einer lebenslangen Haft. Anders als die Hinrichtung war diese

Bedrohung ziemlich real. Als mein Anwalt mich ansah, erblickte er sicher das blanke Entsetzen auf meinem Gesicht. Was für ein Gedanke – mein restliches Leben in einem sudanesischen Gefängnis zu verbringen, ohne jemals wieder mit meiner Frau, meinen Kindern und den anderen Angehörigen zusammenkommen zu können! Auch wenn die reale Strafe dann von lebenslänglich auf zwanzig Jahre reduziert werden würde, blieb die Vorstellung unerträglich. Eigentlich hatte ich gehofft, dass man mir die Zeit, die ich bereits in Haft verbracht hatte, als Haftstrafe anrechnete und es dabei beließ. Dann wäre ich nach der Urteilsverkündung ein freier Mann gewesen. In vergleichbaren Fällen war oft so entschieden worden.

Dort im Gericht musste ich plötzlich an meinen Namensvetter, den Apostel Petrus, denken. Als Jesus nach seiner Auferstehung die Gruppe der Jünger wiedertraf, fragte er Petrus drei Mal: „Liebst du mich?"

Petras bejahte und die Worte, die Jesus dann zu ihm sagte, erfüllten plötzlich mein Herz. Mitten im Gerichtssaal redete der Heilige Geist zu mir:

> *Als du noch jung warst, hast du dir den Gürtel selbst umgebunden und bist gegangen, wohin du wolltest. Doch wenn du einmal alt bist, wirst du deine Hände ausstrecken, und ein anderer wird dir den Gürtel umbinden und dich dahin führen, wo du nicht hingehen willst.* Johannes 21,18 (NGÜ)

Das Gefängnis war in meinem Fall der Ort, an den ich nicht gehen wollte, aber wenn Jesus mich dorthin führte, dann hatte er seine Gründe dafür. Das machte mich ruhig, auch wenn ich nicht wusste, was mir noch bevorstehen würde.

卌

Als ich nach der Verhandlung wieder ins Gefängnis zurückkam, sah ich, dass die Wärter meine paar Habseligkeiten in eine andere Zelle gebracht hatten. Ich war erneut in Einzelhaft, in einem etwa acht Quadratmeter großen Raum. Aber im Gegensatz zu meiner ersten Einzelzelle, dem „Kühlschrank", war ich jetzt eher in einem glühend heißen Backofen. Hier war die Decke viel niedriger als in der vorherigen Zelle, ich konnte sie mit der Hand berühren. Die Wände des kleinen Raumes waren mit großen grauen Fliesen verkleidet und speicherten die drückende Hitze des Tages noch zusätzlich.

Anders als damals im NISS-Gefängnis war ich hier aber nicht wirklich allein. Auf der anderen Seite des Flurs gab es eine größere Zelle mit vielen Gefangenen, mit denen ich mich durch die Gitterstäbe hindurch unterhalten konnte, wenn ich nur laut genug sprach. Einige der Männer auf der anderen Seite erinnerten mich an Hassan und einen anderen Pastor, Kuwa Shamal, der auch auf der Konferenz in Addis Abeba gewesen war. Wieder betete ich ernstlich für meine sudanesischen Brüder.

Es war in dieser kleinen Zelle so heiß, dass mein Schweiß sofort wieder verdunstete. Bald hatte ich überall auf der Haut Salzkristalle. Von außen wurde der Staub in meine Zelle geweht und morgens musste ich mich oft mit dem kleinen Besen abfegen, der zu meiner Zelle gehörte.

Nachts versuchte ich, auf meiner Decke zu schlafen, aber morgens erwachte ich meistens mit dem Gesicht auf dem roten Teppich, der übersät war von Flecken, die von Schmutz, Urin und Kot herrührten. Doch trotz dieser Umstände fiel ich abends immer schnell in einen tiefen, festen Schlaf. Das war schon im NISS-Gefängnis so gewesen – wo ich auch war und trotz all der harten Umstände, ich fühlte mich immer in tiefen Frieden eingehüllt und konnte gut schlafen.

Meine Träume waren meist die Verarbeitung dessen, was ich am Tag erlebt hatte. Aber manchmal hatte ich auch das Gefühl, dass Gott im Traum zu mir sprach. Einmal sah ich, wie mir mein Reisepass zurückgegeben wurde. Er war abgenutzt und fiel fast auseinander. *Was hatte das zu bedeuten? Wollte Gott mir damit sagen, dass meine Zeit im Gefängnis länger dauern würde als angenommen?*

卌

Ende April besuchte mich Štěpán Sláma in der Polizeistation. Er erzählte, dass er Kairo in ein paar Monaten verlassen müsste, da er von der tschechischen Regierung an einen anderen Ort versetzt wurde. Ich war ihm so dankbar für seine Freundlichkeit und für den Kontakt, den er in den zurückliegenden Monaten zu meiner Familie gehalten hatte. Hoffentlich würde Gott mir später wieder eine Person wie ihn schicken!

Štěpán Sláma brachte mir zu diesem Besuch die beiden schönsten Geschenke mit, die ich mir überhaupt vorstellen konnte: den dritten Brief von meiner Familie und eine tschechische Bibel! Was für eine Freude! Ich traute meinen Augen kaum, als ich die Bibel erblickte. Ein tschechischer Botschaftsmitarbeiter hatte sie auf Wunsch meiner Familie für mich mitgebracht, erklärte mir Štěpán Sláma. Endlich besaß ich wieder das kostbare Wort Gottes und konnte mich von seinen wunderbaren Zusagen stärken lassen. Seit meiner Verhaftung im Dezember war ich nicht mehr so glücklich gewesen! Durch dieses Geschenk war ich Štěpán Sláma noch viel tiefer verbunden.

Anders als bisher durfte ich den Brief heute auch behalten und schob ihn in den Einband der Bibel. Nach dem Besuch von Štěpán Sláma, als ich wieder allein in meiner Zelle war, setzte ich mich auf meinen roten Teppich, um die Bibel zu lesen. Doch es ging nicht – mir fehlte meine Lesebrille! Ich konnte kein einziges Wort entziffern, obwohl ich wie verrückt die Augen zusammenkniff. Die Schrift war einfach zu klein.

Gott sei Dank konnte ich zwei Tage später an meinen Koffer im Lagerraum gelangen und meine Brille zusammen mit einem Kugelschreiber in meine Zelle schmuggeln. Auf dem Rand des Briefes notierte ich nun alles, was mir zu den Bibeltexten einfiel. Bald war der Brief übersät mit Hinweisen auf Parallelstellen, Gebeten und Gedanken, die Gott mir gab, während ich sein Wort studierte. Da ich nicht wissen konnte, wie lange man mir die Bibel lassen würde, machte ich mich mit großem Eifer daran, Texte auswendig zu lernen.

Von 8.00 Uhr morgens bis 16.30 oder 17.00 Uhr abends war es in meiner Zelle hell genug zum Lesen. Die Bibel gegen die Gitterstäbe des Fensters oder der Tür gelehnt, las ich so im Stehen so viel wie möglich. Noch nie im Leben hatte ich so ein Verlangen nach der Bibel gehabt. Ich fing ganz vorne im ersten Buch Mose an und war bereits drei Wochen später am Ende der Offenbarung, dem letzten Teil der Bibel, angelangt. Jeden Satz, der mich ansprach, versuchte ich mir einzuprägen. Die Psalmen taten mir besonders gut, aber auch andere Stellen passten perfekt:

> *Die Prüfungen, denen ihr bisher ausgesetzt wart, sind nicht über ein für uns Menschen erträgliches Maß hinausgegangen. Und Gott ist treu; er wird euch auch in Zukunft in keine Prüfung geraten lassen, die eure Kraft übersteigt. Wenn er euren Glauben auf die Probe stellt, wird er euch auch einen Weg zeigen, auf dem ihr die Probe bestehen könnt.* 1. Korinther 10,13 (NGÜ)

Mein Bibelleseplan war einfach. Ich begann bei den vier Evangelien und las pro Tag eines durch. Am fünften Tag kam die Apostelgeschichte dran, am sechsten Tag der Römerbrief. So kam ich schnell durchs Neue Testament. Durch dieses intensive Lesen bekam ich ein ganz neues Verständnis für die Bibel als Gesamtwerk.

Ich begann, die Bibel aus verschiedenen, neuen Perspektiven zu betrachten. Altbekannte Stellen erschienen mir in einem neuen Licht und Passagen, die mir immer

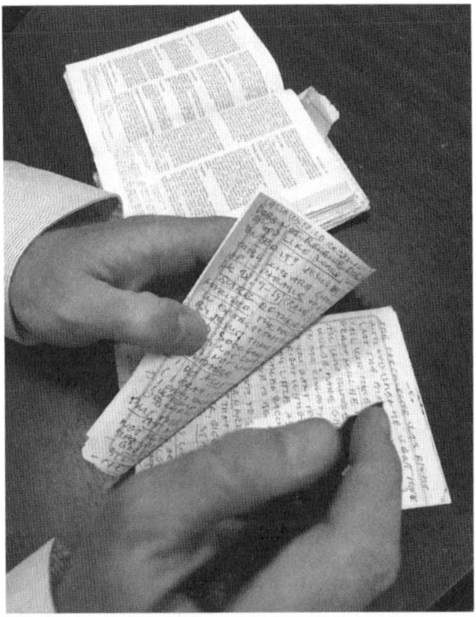

Während meines Bibellesens im Gefängnis konnte ich zahlreiche Notizen anfertigen. Von morgens um acht bis nachmittags um 5 Uhr stand ich in der Einzelzelle in der Niyaba-Mendola-Polizeistation unter dem kleinen Fenster. In der Zeit war es hell genug zum Lesen und Schreiben. Die Notizen sind mir heute noch wertvoll.

rätselhaft gewesen waren, wurden plötzlich klar. Jedes Mal, wenn ich die Bibel aufschlug, egal ob im Alten oder Neuen Testament, zeigte mir der Heilige Geist wieder neue Wahrheiten. Vor den Augen der Wärter verborgen schrieb ich meine vielen neuen Erkenntnisse auf und staunte jeden Tag aufs Neue, dass man mir erlaubte, so viel Zeit mit der Bibel zu verbringen. Was für ein Privileg! Von morgens bis abends, Tag für Tag, durfte ich lesen.

Kurz vor dem Ramadan wurden einige junge Männer, die an der Polizeiakademie studierten und gut Englisch sprachen, unserem Gefängnis zugeteilt. Sie sollten zu Ausbildungszwecken eine Zeit lang mit den älteren Wärtern zusammenarbeiten. Während die Wärter untätig im Eingangsbereich der Polizeistation herumsaßen, kamen einige dieser jungen Männer zu mir an meine Zelle. Sie waren sehr freundlich und ich konnte mit ihnen über Jesus sprechen.

„Was lesen Sie da?“, fragte mich einer der jungen Männer.

„Ich lese in der Bibel“, war meine Antwort.

„Was ist das?“

„Die Bibel ist *Injil*“, antwortete ich ihm und verwendete das arabische Wort für das Evangelium von Jesus.

Ein anderer Polizeianwärter mischte sich ein. „Was ist der Unterschied zwischen dem Koran und der Bibel?“, wollte er wissen. Es war die perfekte Frage, um ein Gespräch über Jesus zu beginnen. Ich erzählte ihnen, dass Jesus freiwillig in den Tod gegangen sei, weil er die Menschen liebte, und dass er der einzige Weg zu Gott sei. Die beiden jungen Männer hörten mit großer Offenheit zu und gaben am Ende unseres Gesprächs zu, dass sie gerne mehr darüber wissen wollten. Ich war überglücklich! Mitten im Gefängnis hatte Gott mich wieder auf so eine besondere Weise gebrauchen können.

Sechs Wochen später besuchte mich Štěpán Sláma ein letztes Mal. Wieder brachte er mir Post von zu Hause mit, dieses Mal einen persönlichen Brief meiner Frau, den meine Tochter ins Englische übersetzt hatte. Ich faltete den Brief auseinander, setzte meine Brille auf und begann zu lesen.

Lieber Petr,

letzte Woche haben wir erfahren, dass du unsere Briefe bekommen und gelesen hast. Also werden wir dir in Zukunft öfter schreiben.

Dein Brief ist für mich wie ein Schatz, ich lese ihn sehr oft und bin so glücklich darüber, etwas Handgeschriebenes von dir zu besitzen.

Beim Weiterlesen fiel mir auf, dass Vanda einige geheime Botschaften in ihrem Brief versteckt hatte. Auf Bemerkungen über den Frühling in Tschechien und die Gesundheit ihrer Eltern und unseres Hundes folgte der Satz: „*Unsere Englischlehrerin und ihr Mann besuchen uns regelmäßig.*"

Ich verstand, dass sie damit meinen Stellvertreter bei der *Hilfsaktion Märtyrerkirche* meinte, der jetzt für Afrika zuständig war. In der Vergangenheit hatte ich ihn eingearbeitet und seit ich im Gefängnis saß, hatte er die Verantwortung für meine Arbeit übernommen.

Weiter schrieb Vanda, dass „*uns der Onkel, der Váva in Hämatologie unterrichtet, wieder besuchen wird*". Damit meinte sie meinen Kollegen bei der *Hilfsaktion Märtyrerkirche* und guten Freund Keith, den ich schon aus der Zeit kannte, als ich noch im Krankenhaus gearbeitet hatte. Er kümmerte sich jetzt um meine Familie und unterstützte sie in den Dingen, die sonst meine Aufgaben waren. Ich war so erleichtert, als ich schließlich auch noch las: „*Seine Freunde im Norden haben berichtet, dass sie viel Schnee haben, alles ist weiß.*" Das war unser Code dafür, dass die Mitarbeiter der *Hilfsaktion*

Märtyrerkirche in Nordamerika alle Konten und Passwörter gelöscht hatten, die mich mit ihnen in Verbindung hätten bringen können.

Der nächste Absatz berührte mein Herz ganz besonders. Vanda schrieb, dass sie ständig für mich betete und mich vermisste. Sie wünschte mir Frieden und hoffte, dass ich bald nach Hause kommen würde. Dann erwähnte sie die vielen schönen Erfahrungen, die wir über die Jahre zusammen gemacht hatten. Abends beim Einschlafen dachte sie immer an mich und morgens, wenn sie wach wurde, schickte sie mir „mit den ersten Sonnenstrahlen" ihre Grüße.

Der Brief war nicht lang und Vanda erklärte, dass sie nicht so viele Worte machen wollte, weil sie hoffte, bald wieder persönlich mit mir reden zu können. Ihr nächster Satz erinnerte mich wieder daran, warum mir diese Frau damals im Krankenhaus aufgefallen war und warum ich mich in sie verliebt hatte: „Auch wenn die Situation nicht einfach ist, so sind wir doch nicht allein, sondern in Gottes Hand."

Dann endete der Brief mit „einer innigen Umarmung und vielen Küssen".

Im Beisein von Štěpán Sláma und dem Staatsanwalt durfte ich einen zweiten Brief an meine Familie schreiben, allerdings wieder nur in Englisch.

Meine Lieben,

vielen Dank für eure Briefe, sie haben mich sehr ermutigt! Ich bin froh, dass es euch gut geht, bei mir ist auch alles in Ordnung. Der Herr ist immer an meiner Seite und setzt mich hier für sein Reich ein. Ich hab eine tolle Zeit mit ihm und bete ständig für euch alle.

Diese Prüfung wird nicht über unsere Kraft gehen, unser Herr ist treu und gerecht und hat einen guten Ausgang für uns vorbereitet. Bitte bleibt stark in ihm und traut ihm zu, dass er alles gut machen wird. Die Schlüssel zu meiner Zelle sind in seiner Hand.

Vielen Dank für die Medikamente, die ihr mir im Februar geschickt habt. Ich habe noch genug davon. Gesundheitlich geht es mir gut, meine Hämoglobinwerte steigen auch wieder. Ich bin kräftig und laufe viel in meiner Zelle herum.

Ich bin sehr dankbar für eure Gebete und ich kann gar nicht in Worte fassen, wie sehr ich euch liebe und vermisse. Angesichts so vieler Gebete werde ich bestimmt bald entlassen werden!

Bitte grüßt alle Verwandten, Freunde, Geschwister und Mitarbeiter ganz herzlich von mir.

In Liebe, in Ihm
Petr

Ein paar Tage zuvor, am 5. Mai, waren Pastor Hassan und Monim aus dem NISS-Gefängnis in die Zelle direkt gegenüber von mir gebracht worden. Ich war begeistert! Sie dagegen zeigten sich äußerst überrascht, mich zu sehen. Wie ich dann erfuhr, hatten sie gedacht, dass ich freigelassen worden wäre, als die Wärter im NISS-Gefängnis mich am 29. März an ihrer Zelle vorbeigeführt hatten und ich nur wenig später mit meinem Koffer in der Hand ins Auto gestiegen war. Zehn Tage nach meiner vermeintlichen Freilassung hatte man Pastor Kuwa Shamal zu ihnen ins NISS-Gefängnis gebracht.

Mehr als ein Monat war vergangen, seit ich Pastor Hassan und Monim zuletzt gesehen hatte. Wie sehr sehnte ich mich jetzt nach ihrer Gemeinschaft! Dankbarerweise ließen es die Wärter tatsächlich manchmal zu, dass die beiden vor meiner Zellentür stehen und wir uns leise unterhalten konnten. So erfuhr ich, dass Pastor Hassan von seinen Verwandten ein Neues Testament bekommen hatte. Ich freute mich sehr für ihn, da ich genau wusste, wie wertvoll es war, das Wort Gottes bei sich zu haben, sich darauf stützen und daraus lernen zu können – gerade im Gefängnis!

Oft teilten wir trotz getrennter Zellen Bibelstellen miteinander, um uns gegenseitig zu ermutigen. Dazu mussten wir schreien, denn obwohl der Flur zwischen unseren Türen nur etwas mehr als vier Meter breit war, war es durch das Rauschen des Ventilators ohrenbetäubend laut. „Lies mal Römer 8,18[2]!“, rief ich so beispielsweise über den Flur hinüber in die andere Zelle.

Es war mir egal, dass mich auch alle anderen im Gefängnis hören konnten, denn mit diesem Vers hatte ich bereits meine Familie ermutigt und jetzt wollte ich damit meinen Freunden Mut machen.

Wann immer wir uns leise über die Bibel unterhalten konnten, war Bruder Monim dabei, allerdings rief er mir keine Bibelzitate quer über den Flur zu und las auch nicht in Hassans Neuem Testament, wenn andere ihn dabei beobachten konnten. Hassan, Kuwa und ihre Familien waren Christen, sie kamen aus den Nuba-Bergen. Monim dagegen war in einer muslimischen Familie aufgewachsen und war daher in den Augen anderer Muslime und vor dem islamistischen sudanesischen Gesetz immer noch ein Muslim. Würden sie feststellen, dass er vom Glauben abgefallen war, käme zu den Anklagepunkten gegen ihn auch noch der Vorwurf der Apostasie, der Lossagung vom Glauben dazu, auf die die Todesstrafe steht. Außerdem wäre er dann den Misshandlungen durch die Mitgefangenen ausgesetzt. Deshalb hielt er seinen christlichen Glauben im Gefängnis geheim. In einem anderen Gefängnis, in das wir später kamen, wurde er sogar aufgefordert, die Rolle des Imam zu übernehmen.

Später erklärten Kuwa und Hassan mir, dass sie neuen Christen aus muslimischem Hintergrund immer rieten, vorsichtig zu sein und sich gut zu überlegen, welchen Angehörigen sie wann und wie von ihrem Glauben an Jesus erzählten.

Zwei Wochen später brachte ein Wärter mir ein Päckchen, das der Schweizer Botschaftsangehörige geschickt hatte. Es enthielt zwei Flaschen Shampoo und eine tschechische Übersetzung des Buches von Paul Johnson, *Jesus: A Biography from a Believer* (Jesus: Seine Biografie aus Sicht eines Glaubenden). Im Einband steckte ein Brief meiner Familie.

„*Wir freuen uns sehr, dass deine Umstände sich verbessert haben und du auch besseres Essen bekommst*“, las ich.

Das stimmte nur leider nicht. Wahrscheinlich hatten sie das von der Schweizer Botschaft so erfahren, nachdem mich im April einer ihrer Mitarbeiter besucht und mit dem Staatsanwalt gesprochen hatte. Tatsächlich hatten sich meine Lebensbedingungen aber eher verschlechtert. Während ich im NISS-Gefängnis viermal am Tag etwas zu essen bekommen hatte, gab es hier nur zweimal etwas. Und nachts liefen die Ratten durch die Zellen. Doch auch wenn es nicht ganz der Realität entsprach, war es für mich beruhigend, dass meine Lieben zu Hause sich weniger Sorgen um mich machen mussten.

Ich las weiter und erfuhr, dass in der Gemeinde für mich gefastet wurde und die Geschwister dort jeden Tag um 20 Uhr für mich beteten. Ich überlegte kurz – *acht Uhr abends, das ist genau die Zeit, wenn ich mich im Gefängnis zum Schlafen niederlege*. Deshalb also konnte ich immer so schnell einschlafen und hatte so ruhige, erholsame Nächte!

Im Umschlag des Buches steckte noch ein zweiter Brief, er war von Váva. Während ich ihre Worte las, staunte ich, wie viel Verantwortung mein kleines Mädchen übernommen hatte, seit ich in Haft war. Inzwischen hatte sie auch ihre erste Stelle in einem Prager Krankenhaus angetreten.

Sie berichtete mir von Petr, der jetzt an seiner Bachelorarbeit schrieb und sich dafür einen guten Zeitplan gemacht hätte. Ich musste grinsen, als ich das las. Wie gerne wäre ich jetzt bei ihm gewesen, um ihm beim Schreiben Mut zu machen. Außerdem betonte sie, wie ermutigend meine Briefe für sie selbst und die ganze Familie gewesen waren. *„Dein Brief gibt Mama viel Kraft"*, schrieb sie. Das machte mich glücklich. Auch wenn ich so weit von meiner Familie entfernt im Gefängnis saß, konnte ich ihnen doch Trost und Kraft geben.

Vandas Geburtstag rückte näher. Das erste Mal, seit wir verheiratet waren, würde ich an diesem Tag nicht zu Hause sein. Der Gedanke machte mich traurig. Aber die Kinder hatten eine tolle Geschenkidee, wie Váva schrieb. Sie würden ihrer Mutter ein neues Handy schenken, da sie zuletzt sehr viel Zeit mit Telefonieren verbracht hatte. Ich lächelte, als ich mir vorstellte, wie die Kinder meiner Frau die Funktionen des neuen Gerätes erklärten.

Váva schrieb weiter: *„Manchmal versucht Mama, ihre Trauer vor mir und Petr zu verbergen, aber es gelingt ihr nicht wirklich."*

Ich konnte mir gut bildlich vorstellen, wie Einsamkeit und Traurigkeit sie übermannten und sich auch auf ihrem Gesicht ablesen ließen, während sie doch versuchte, sich vor den Kindern nichts anmerken zu lassen und den Kummer über meine Abwesenheit zu unterdrücken.

Dann berichtete Váva, dass sie ihre Mutter immer wieder beim Bibellesen sah, außerdem las Vanda die Briefe von Jan Hus, einem tschechischen Theologen und Kirchenreformer, der im fünfzehnten Jahrhundert in Prag gelebt hatte, rund hundert Jahre, bevor die Reformation in Deutschland begann. Er war in Konstanz ins Gefängnis gekommen, weil er gegen unbiblische Exzesse in Rom protestiert hatte. Im Jahr 1415 hatte man ihn dafür auf dem Scheiterhaufen verbrannt. Während er im Gefängnis auf seine Hinrichtung gewartet hatte, waren die „Briefe aus Konstanz“ entstanden, die meine Frau jetzt, sechshundert Jahre später, ermutigten, während ich im Gefängnis saß und auf mein Urteil wartete.

Auch zahlreiche andere Familienmitglieder und Freunde aus der Gemeinde standen meiner Frau bei, erfuhr ich aus dem Brief.

Dann beschrieb Váva ihre ersten Eindrücke von ihrer Arbeit im Krankenhaus und ich erinnerte mich an die Zeit, als ich selbst vor vielen Jahren in einer Klinik gearbeitet hatte.

Die *Hilfsaktion Märtyrerkirche* half meiner Familie finanziell und erkundigte sich täglich, wie es ihnen ginge, schrieb Váva dann. Schön, dass meine Tochter auch das erwähnte! Darüber hatte ich mir immer wieder Sorgen gemacht. Die Raten für unser Haus mussten weiter gezahlt werden und jemand musste sich um die Verwaltung der Finanzen kümmern. Entsprechend erleichtert war ich, als ich jetzt las, dass *„für alles gesorgt war“*, sowohl finanziell als auch organisatorisch. Ebenso entlastete mich das Wissen, dass *„Onkel Keith“* täglich mit ihnen in Verbindung stand. Es war eine Antwort auf meine Gebete.

Dann schrieb Váva noch über den aktuellen Gesundheitszustand eines guten Freundes, für den ich interessanterweise in letzter Zeit verstärkt gebetet hatte. Am Ende des Briefes versicherte sie mir, dass sie im engen Kontakt mit dem Außenministerium stünden, ebenso wie mit der Botschaft in Kairo, und dass man sich auch darum bemühe, mir einen anderen Anwalt zu besorgen. *„Mach* *dir um all diese Dinge keine Sorgen*", schrieb sie zum Schluss.

Vater, ich vermisse dich.
Deine Tochter Váva, zusammen mit Mama und Petr

Kaum hatte ich den Brief durchgelesen, rief ich nach einem Wärter und bat um ein Stück Papier. Er machte sich tatsächlich auf die Suche und fand ein Blatt für mich. Sofort begann ich, meiner Familie heimlich einen Brief zu schreiben, direkt aus der Zelle heraus. Dabei wusste ich nicht, ob und wann ich diesen Brief auf die Reise schicken konnte. Ich schrieb:

Eure Briefe haben mich sehr ermutigt, besonders als ich von dem täglichen Gebet der Gemeinde und der Fastenkette las. Bestimmt machen das die Freunde von Keith dort im Norden auch.

Ihr könnt euch gar nicht vorstellen, wie sehr ich mich gefreut habe, als ich von dem Botschaftsmitarbeiter die tschechische Bibel bekam. In den ersten beiden Wochen habe ich sie gleich zur Hälfte durchgelesen. Immerhin war ich fünf Monate ohne eine Bibel. Besonders die Psalmen tun mir gut.

Im Moment lerne ich, mich in Geduld zu üben (Römer 12,12). Wie ich euch auch schon in meinem vorigen Brief geschrieben habe: Gott gibt uns die Kraft, die wir brauchen, um gut durch diese Prüfung zu kommen (1. Korinther 10,13). Seit 20. April bin ich wieder allein in einer Zelle, so kann ich lesen, beten und laut singen.

Jeden Tag kann ich hier die Gegenwart Gottes genießen. Der Herr erinnert mich an viele Liedtexte, die ich früher auswendig gelernt hatte, als wir noch unter kommunistischer Herrschaft lebten.

Wenn ich jetzt die Bibel lese und auf eine Stelle stoße, an die der Heilige Geist mich in den letzten fünf Monaten erinnerte, als ich keine Bibel hatte, dann ist das so, als würde ich einen Schatz finden. Zum Beispiel diese Sätze im Petrusbrief haben mich sehr gestärkt (1.Petrus 4,12-14). Bestimmt werden sie euch auch ermutigen!

Ich bin Gott auch dankbar für all das Gute, das ich von Váva und Petr höre. Kinder, ich bin so stolz auf euch! Schön, dass eure Mama jetzt auch Englisch lernt und dazu so einen guten Lehrer hat. In Zukunft wirst du das noch brauchen, Vanda – nach meiner Freilassung kommst du mit auf meine Reisen, das ist doch besser, als zu Hause zu sein und dir Sorgen um mich zu machen. :)

Körperlich geht es mir gut und ich fühle mich stark, obwohl ich fünfundzwanzig Kilo abgenommen habe. Mein Blutdruck fühlt sich stabil an.

Alles geht hier sehr langsam, also müssen wir einfach noch Geduld haben und Gott vertrauen. Er hat die Schlüssel in seiner Hand.

Ich habe meine Hoffnung ganz auf ihn gesetzt, nicht auf Menschen. Er hat alle Macht, wir sind in seinen liebevollen Händen und der König selbst sorgt für uns!

Es fällt mir schwer, in Worte zu fassen, wie kostbar ihr mir seid! Ich vermisse euch sehr! Aber die Erwartung, euch bald wiederzusehen und mit euch zusammen zu Hause zu sein, macht mich froh. Jeden Tag bete ich flei-

ßig für euch, immer wenn ich beim Bibellesen eine Pause mache. Ich segne euch! (4. Mose 6,24-26).

In Liebe,

Petr

Dann nahm ich noch ein kleines Stückchen Papier und schrieb alles auf, was mir fehlte: verschiedene Toilettenartikel, ein Bimsstein zum Abschaben der abgestorbenen Haut von den Füßen, ein Mittel gegen Schimmel an den Wänden und eine antibiotische Salbe. Ich faltete beide Papiere ganz klein zusammen und hoffte auf einen nächsten Besuch des Schweizer Botschaftsmitarbeiters.

Fünf Tage später, am 24. Mai, kam er tatsächlich. Ich wurde aus meiner Zelle geholt, um ihm in einem anderen Raum zu begegnen. Die kleinen Zettel hielt ich unauffällig in meiner Hand. Als wir uns die Hände schüttelten, wechselten die Papierchen die Hände. Nach dem Treffen betete ich für meinen Brief und die kleine Liste, dass sie eine gute Reise nach Europa haben würden.

Achtzehn

MAI BIS AUGUST 2016
KHARTUM, GEFÄNGNIS DER NIYABA-MENDOLA-POLIZEISTATION

Im Mai und Juni stiegen die Tagestemperaturen auf weit über 40 Grad, die Raumtemperatur war auch nicht viel niedriger. Ich war dankbar für meine kleine Einzelzelle, in der ursprünglich einmal Frauen untergebracht worden waren, denn so konnte ich die Shorts anziehen, die ich im Koffer mitgebracht hatte. Wäre ich mit Muslimen zusammen in einer Zelle gewesen, hätte ich das nicht tun dürfen – sie hätten sich durch den Anblick meiner bloßen Knie belästigt gefühlt. Doch auch trotz Shorts war die Hitze eine große Qual.

Am 21. Mai erfuhr ich, dass auf unserer Polizeistation zwölf Mitglieder einer verbotenen Menschenrechtsorganisation eingetroffen waren, neun Männer und drei Frauen. Eine der Frauen hatte ein Baby, das noch gestillt wurde. Diese Frau und ihr Baby wurden noch am gleichen Tag wieder freigelassen. Die Männer wurden in die überfüllte Hauptzelle gepfercht. Da ich in der Frauenzelle saß, wurden die beiden anderen Frauen der Gruppe zunächst in einem Büro eingesperrt, später im Eingangsbereich der Polizeistation. Dort schliefen auch die Wärter, wenn sie nicht vor dem Fernseher saßen. Die neuen Häftlinge stammten aus unterschiedlichen Volksgruppen. Einige gehörten dem nordsudanesisch-arabischen Shaigiya-Stamm an, der die Regierung von al-Baschir stellte, dabei aber trotzdem nicht immer mit den Entscheidungen des Präsidenten übereinstimmte. Eine Frau kam aus Kamerun, sie hatte als Praktikantin im Büro der Menschenrechtsorganisation geholfen. Aber die meisten waren Sudanesen, intelligent und gebildet, mit einem großen Maß an internationaler Erfahrung.

Der Leiter der Gruppe war herzkrank und bekam in der überfüllten Zelle Atemnot. Er bestach die Wärter und durfte daraufhin zu mir in die Einzelzelle. Ich war glücklich, einen neuen Gesprächspartner zu haben, denn er sprach fließend Englisch. Als er dann auch noch Joghurts, Sandwiches, Teebeutel und Ähnliches mit mir teilte, was sein Anwalt ihm brachte, schwelgte ich drei Wochen lang im Luxus.

Zu dieser neuen Gruppe von Häftlingen gehörte auch ein Journalist, der für den Internationalen Strafgerichtshof arbeitete, was ein sehr gefährlicher Job war. Immerhin hatte genau diese Institution gegen Präsident al-Baschir wegen Kriegsverbrechen und Verbrechen gegen die Menschlichkeit einen Haftbefehl erlassen. Kein Wunder, dass jeder, der im Auftrag des Internationalen Strafgerichtshofs unterwegs war, im Sudan als Verräter galt. Der Reporter erzählte mir, dass er den Mann besucht hatte, mit dem ich mir jetzt die Zelle teilte. Sicherheitskräfte der sudanesischen Regierung hatten dessen Büro durchsucht und sie beide verhaftet.

Einem dritten Mann dieser Gruppe hatten die NISS-Beamten homosexuelle Pornografie auf den Laptop geladen und ihn dann dafür verhaftet. Die Regierung warf der Gruppe Kritik an Präsident al-Baschir sowie Einmischung in die Wahlen im Sudan als auch Aufwiegelung und Falschinformation der sudanesischen Bevölkerung über das Wahlrecht vor.

Während ich meine Bibel las, studierte mein Zellengenosse seinen Koran. Wie die anderen Gefangenen in Niyaba Mendola schien auch er ein gemäßigter Muslim zu sein, weit entfernt von der Radikalität der IS-Häftlinge im NISS-Gefängnis. Wenn er im Koran auf interessante Passagen stieß, fragte er mich, was die Bibel zu diesen Themen sagte. Jeden Tag betete ich darum, dass Jesus das Herz dieses Mannes öffnen und sich ihm als Retter, Herr und Gott offenbaren würde.

Eines Tages bemerkte jedoch einer der Wärter, wie viel Freude wir an unseren in Englisch geführten Unterhaltungen hatten. Wütend brachte er daraufhin meinen Zellengenossen weg. Ich trauerte sehr über diesen Verlust und verbrachte den restlichen Sommer allein in meiner Zelle.

卌

Am 12. Juni, während ich immer noch in der Polizeistation Niyaba Mendola inhaftiert war, erhielt ich wieder Besuch von dem Mitarbeiter der Schweizer Botschaft. Er brachte mir einen weiteren Brief von meiner Familie und ich las, dass mein Brief vom 19. Mai „ausgesprochen ermutigend" gewesen sei und alle geweint hatten, während sie meine Zeilen lasen. Sie hatten alle Bibelverse nachgeschlagen – *„wirklich starke Worte, die zu deiner*

Situation passen". Einer der Verse war Lukas 18,7 gewesen:

> *Wie viel mehr wird Gott seinen Auserwählten zum Recht verhelfen, die ihn Tag und Nacht darum bitten! Wird er sie etwa lange warten lassen?*
>
> *Lukas 18,7 (HFA)*

Sie freuten sich, dass ich endlich eine Bibel hatte, und sprachen von einem „*Wunder Gottes*", an dem viele verschiedene Leute beteiligt gewesen waren. Ich las, dass sie Gott und den jeweiligen Menschen dafür dankten. Auch ich selbst sprach Gott meinen Dank an jedem neuen Tag aus, für sein Wort, das mich tröstete und mir Kraft und Mut zum Leben schenkte. Unzählige Christen, die über die Jahrhunderte hinweg um ihres Glaubens willen im Gefängnis gewesen waren, hatten diese Erfahrung schon vor mir gemacht.

„*Wir vermissen dich sehr*", *las ich weiter,* „*und wir können es kaum erwarten, dich zu sehen. Wir würden alles darum geben, wenn du bei uns sein könntest. Alle senden dir Grüße, denken an dich und beten unermüdlich.*"

Dankbar las ich dann, dass meine Familie die Dinge, die mir fehlten, besorgt hatte und so schnell wie möglich schicken würde. Dann kam ich zu den letzten Sätzen meiner Frau: „*Wir wünschen uns wirklich sehr, alle zusammen zu Hause zu sein.*" Passend dazu hatte Vanda den Ausspruch Jesu über seine bevorstehenden Leiden angefügt.[3] Darüber dachte ich lange nach.

Mein lieber Freund und Assistent Keith hatte am Ende des Briefes noch eine eigene letzte Notiz hinzugefügt:

> *Wenn ein Teil des Körpers leidet, leiden alle anderen mit, und wenn ein Teil geehrt wird, ist das auch für alle anderen ein Anlass zur Freude.*
>
> *1. Korinther 12,26 (NGÜ)*

Diese Worte von Keith ermutigten mich sehr. Andere nahmen an meinem Leiden teil. Ich war nicht abgetrennt von der weltweiten Christenheit, dem Leib Jesu in dieser Welt. Nein, ich war immer noch Teil dieser Gemeinschaft, auch hier im Gefängnis im Sudan.

Ich war so glücklich über den Brief meiner Familie, dass ich sofort eine Antwort schrieb.

Meine Lieben,

euer Brief, den ich heute bekam, hat mich sehr ermutigt. Vielen Dank für alles, was ihr geschrieben habt, auch ganz besonders für die Bibelstellen. Ich habe innerhalb von drei Wochen die ganze Bibel durchgelesen und jetzt wieder von vorne angefangen. Das schenkt mir viel Freude (Psalm 63,8), Kraft (Psalm 86,16), Hoffnung (Psalm 62,6) und Trost (Psalm 94,19). Besonders die Psalmen tun mir gut. Ich bin Gott dankbar für seine Güte gegenüber mir und euch. Psalm 103,1-6 rührt mich oft zu Tränen und ich habe inzwischen fast den gesamten Psalm 103 auswendig gelernt. Bestimmt ermutigt euch dieser Psalm auch.

Die gegenwärtige Situation ist nichts im Vergleich zu der zukünftigen Herrlichkeit, die uns eines Tages erwar-

ten wird (Römer 8,18). Ich bete weiterhin für euch alle, besonders viel bete ich im Geist, sodass der Heilige Geist mit seinen Worten, nach Gottes Willen, für euch eintreten kann (Römer 8,26-28). Außerdem wollen wir nicht vergessen, dass denen, die Gott lieben, alle Dinge zum Besten dienen.

Ich zögerte. Ich wollte ihnen gerne erzählen, dass ich mit meinen Mitgefangenen über den christlichen Glauben sprechen konnte – aber wie? Die Wärter durften natürlich keinen Verdacht schöpfen, also musste ich es anders ausdrücken. Da fiel mir das Gleichnis Jesu vom Sämann ein: „… ein Teil der Saat fällt auf guten Boden …“

In den letzten drei Wochen war ich öfters in Epheser-6,15-Situationen[4] *und nun hoffe und bete ich, dass bald Matthäus 13,23*[5] *geschehen wird.*

卌

Den ganzen Sommer über, den ich im Gefängnis der Polizeistation verbrachte, bekam ich regelmäßig Besuch von dem Schweizer Botschaftsmitarbeiter und von Štěpán Sláma. Mit ihrer Hilfe gingen immer wieder Briefe zwischen meiner Familie und mir hin und her. Außerdem erhielt ich das Päckchen von meiner Familie, das alles enthielt, was ich mir gewünscht hatte. Dankbar beobachtete ich, wie Gott sich auf alle erdenkliche Weise um mich kümmerte.

Váva freute sich in diesem Sommer über den Abschluss ihres Medizinstudiums und Petr wurde der Bachelortitel verliehen. Natürlich war ich traurig, weil ich beides verpasste. Aber ich war mir auch sicher, dass mein Gefängnisaufenthalt von Gott so gewollt war und er meinen Lieben fröhliche Festtage schenken würde. Oft genug hatte ich in den letzten Monaten erlebt, wie treu Gott an meiner Seite gewesen war und seine Versprechen eingelöst hatte. Er würde uns auch in Zukunft nicht im Stich lassen, da war ich mir sicher!

Vor drei Jahren hatte ich in meinem aufwühlenden Traum nicht nur von einer Zellentür, sondern auch von Vávas Universitätsabschluss geträumt. Nun hatte sich der Traum vollständig erfüllt, ich hatte nicht nur diese Tür im NISS-Gefängnis gesehen, sondern auch Vávas besonderen Tag und das Fest meines Sohnes verpasst.

Als Štěpán Sláma wieder einmal zu mir kam, brachte er mir ein weiteres Päckchen von meiner Familie mit. Dieses Mal enthielt es unter anderem ein Gesangbuch. Ich war überglücklich. Was für ein kostbares Geschenk! *Nun besaß ich eine Bibel und ein Gesangbuch – wunderbar!* Wie immer musste ich in Gegenwart des Besuchers den Empfang der Geschenke quittieren, aber dann geschah etwas Unerwartetes: Ich durfte die empfangenen Dinge nicht behalten. Mit leeren Händen und tief enttäuscht kehrte ich in meine Zelle zurück.

Später an diesem Tag kam einer der jungen Polizisten, die an der Polizeiakademie ausgebildet wurden, und teilte mir mit, dass der Leitende Staatsanwalt mich sprechen wollte. Als ich sein Büro betrat, saß er über meinen Geschenken und untersuchte jedes Teil einzeln. „Was ist das?“, fragte er und hielt das Gesangbuch hoch.

„Eine Sammlung von Liedern.“

„Können Sie singen?“

„Ja, natürlich“, antwortete ich.

„Dann singen Sie ein Lied“, befahl er. Ich war entschlossen, diese Gelegenheit maximal zu nutzen und dem Staatsanwalt und dem jungen Polizisten möglichst viel Evangelium vorzusingen. Also wählte ich das wunderschöne Lied aus, das mich durch meine erste Nacht im „Kühlschrank“ gebracht hatte: Händels „Tochter Zion“. Ich sang alle Strophen und die beiden Männer hörten mir zu.

Danach wollte ich diesen besonderen Moment noch weiter nutzen und fragte: „Erlauben Sie mir, Ihnen den Inhalt des Liedes zu übersetzen?“ Der Staatsanwalt war einverstanden und damit hatte ich die Möglichkeit, den beiden Männern von Jesus zu erzählen. Ich war sehr dankbar für diese unerwartete Gelegenheit. Als ich anschließend wieder mit dem Gesangbuch in meiner Zelle saß, hatte ich ein breites Lächeln im Gesicht. Ich kam mir vor wie die Israeliten in der Babylonischen Gefangenschaft:

> *Die uns gefangen hielten, forderten von uns, eines unserer Lieder zu singen, unsere Peiniger verlangten von uns, fröhlich zu sein: Singt uns eines eurer Zionslieder!* Psalm 137,3 (NGÜ)

Für mich stand fest: Ich würde singen, solange Gott mir die Möglichkeit dazu geben würde!

In einem meiner nächsten Briefe erinnerte ich meine

Familie daran, dass die Bibel uns aufforderte, unter allen Umständen dankbar zu sein.[6]

Gott für alle meine Herausforderungen meinen Dank auszusprechen, gab mir tiefen Frieden, große Freude, Kraft und Hoffnung. Außerdem hatte ich in den Psalmen gelesen, dass wir im festen Glauben und mit mutigem Herzen auf Gottes Eingreifen warten sollten.[7]

Wir konnten uns darauf verlassen, dass seine liebevollen Hände uns festhalten und bewahren würden.[8]

Nur Gott allein hatte den Überblick und er führte seinen Willen auf seine Art aus. Auch wenn wir seine Wege nicht immer verstanden, konnten wir ihn trotzdem anbeten, weil wir wussten, dass er wirken und eingreifen würde.[9]

So konnte ich in Frieden in meiner Zelle sitzen und warten – wissend, dass Gott in Bewegung war und handelte.[10] Er konnte die Herzen der Sudanesen, die über mein Schicksal entscheiden würden, lenken und sie dazu bringen, seinen Willen zu tun.

Während meine Familie und ich der Verfolgung ausgesetzt waren, blieb Gott treu an unserer Seite, er hielt uns fest, bewahrte und tröstete uns.

Eines Tages würden wir andere trösten können, die in einer ähnlichen Lage sein würden wie wir jetzt.[11]

Ich erinnerte meine Lieben daran, dass die gegenwärtigen Herausforderungen nur kurz und gering waren, auch wenn sie uns schmerzten, aber dass wir dadurch eine umso größere ewige Herrlichkeit empfangen würden.[12]

Zum Schluss schrieb ich: *„Ihr seid immer in meinen Gedanken und in meinem Herzen. Ich bete für euch, ich* *danke Gott für euch und ich kann es kaum erwarten, bald nach Hause zu kommen und euch alle wiederzusehen!"*

𝍸

Obwohl mein tägliches Bibellesen in der Einzelzelle wirklich kostbar war, ich mich über mein Liederbuch freute und viele geistliche Lieder sang – manchmal kamen trotzdem auch Selbstmitleid und Traurigkeit auf. Längst hatte ich gelernt, damit umzugehen, indem ich laut bekannte, dass Jesus mein Friede und meine Freude ist. Das verscheuchte die trüben Gedanken und Gefühle wieder. Trotzdem überfielen mich diese Gefühle regelmäßig und hatten zeitweise die Oberhand.

Eines Nachmittags steckte ich wieder einmal tief in einer Selbstmitleidsphase, als ich plötzlich eine Vision hatte, an die Wand meiner Zelle geworfen wie eine Projektion. Ich sah die Gesichter von drei Männern aus Eritrea: Haile Naizgi, Dr. Kiflu und Kidane Woldu, alle waren Freunde von mir. Wie ein Blitz leuchteten sie an der Wand auf. Sie waren Gemeindeleiter, die ich vor Jahren auf einer Reise nach Eritrea kennengelernt hatte. Wegen ihres christlichen Glaubens und ihren Tätigkeiten als Pastoren waren sie ins Gefängnis gekommen. Wahrscheinlich hatten sie viele Tage in diesen berüchtigten Schiffscontainern verbracht, in denen es tagsüber unerträglich heiß und nachts eiskalt ist. Seit *zwölf Jahren* waren sie schon in Haft.

Das Bild mit den drei Gesichtern verschwand sofort

wieder, aber ich hörte in meinem Herzen ganz klar die Frage: „Hast du wirklich Grund zum Selbstmitleid? Richte deine Gedanken doch lieber auf deine Brüder in Eritrea! Wie geht es ihnen wohl?"

Von da an betete ich täglich für diese drei Pastoren und bat Gott, ihnen in ihrer Not beizustehen.

Im weiteren Verlauf meiner Haft wiederholte sich das mehrfach. Plötzlich standen mir Christen aus China, Nordkorea und Zentralasien vor Augen, die ich persönlich kannte und die zurzeit um ihres Glaubens willen im Gefängnis waren. Als ich anfing, regelmäßig für diese vielen tapferen Christen zu beten, wurde die Last, die ich selbst Tag für Tag zu tragen hatte, deutlich leichter.

Štěpán Slámas nächster Besuch war gleichzeitig seine letzte Reise in den Sudan, ehe er eine neue Stelle in Australien antreten würde. Wie immer begegneten wir uns im Büro des Oberstaatsanwaltes, aber nach ein paar Minuten verließ der Sudanese plötzlich den Raum.

Eilig stand Štěpán Sláma auf, zog sein Handy aus der Hosentasche und reichte es mir. „Hier, nehmen Sie", sagte er knapp, „rufen Sie Ihre Familie an."

Aufgeregt tippte ich auf die Tasten. Dreißig Sekunden lang konnte ich die Stimme meiner Tochter hören. Nur Augenblicke, nachdem ich das Handy zurückgegeben hatte, trat der Staatsanwalt wieder ins Büro. Die Situation war mir unerklärlich – außer, dass das Ganze abgesprochen und genau so gewollt war. Hatte der sudanesische Staatsanwalt mir diese kostbaren Sekunden mit meiner Tochter geschenkt? Was für eine Freundlichkeit und Gnade inmitten dieser schrecklichen Umstände.

Sorgfältig achtete ich darauf, die Tage und Monate zu zählen, die seit meiner Verhaftung am 10. Dezember vergangen waren. Wann würde sich ein Gericht mit meinem Fall befassen? *Gott, wie lange muss ich noch hier sein?*

Ich erhielt die Antwort, während ich schlief. In einer glühend heißen Julinacht ging ich im Traum neben einem Mann eine lange Straße entlang, die steil bergan führte. Der Mann neben mir war der neue Botschaftsmitarbeiter, der die Stelle von Štěpán Sláma ab Anfang September übernehmen würde. Im Traum fragte ich ihn, wie gut er Arabisch sprechen könne. *Gott, willst du mir damit sagen, dass ich einen Arabisch sprechenden Unterstützer an meine Seite bekommen werde, der dann auch die in Arabisch geführten Gerichtsverhandlungen verstehen kann?*

Der Traum ging weiter. Schneefall setzte ein, weiße Flocken blieben im Weitergehen auf unseren Haaren liegen. *Was bedeutet der Schnee? Werde ich nicht im Juli, August oder September, sondern erst im Januar oder Februar freigelassen werden?*

Der Sommer war heiß und trocken, im Gefängnis der Polizeistation funktionierte nur eine der Toiletten. Alle Duschen hatten ihren Geist aufgegeben, wir konnten uns nur am Waschbecken waschen. Doch dann regnete es und plötzlich floss wieder Wasser aus der Dusche – es war allerdings braun und matschig. Trotzdem sammelten wir es in Eimern, warteten, bis der Dreck sich abgesetzt hatte und schütteten es dann in ein anderes Gefäß um. Das war eine mühsame Angelegenheit, aber es ging nicht anders. Und immerhin wurde keiner von uns krank. Zumindest vorerst.

Eines Tages entschloss ich mich nämlich, den Wassereimer zu reinigen, der neben der Toilette gestanden hatte und schmutzig geworden war. Bald darauf entzündete sich die Haut an meiner rechten Hand, mit der ich den Eimer geputzt hatte. Rasend schnell breitete sich die Entzündung aus. Meine komplette Haut reagierte so heftig, dass auch die Haarfollikel an meinen Armen und Beinen und bald an meinem ganzen Körper fürchterlich zu jucken begannen. Mir kam die Geschichte von Hiob in den Sinn:

> *Eitrige Geschwüre brachen an Hiobs Körper aus, von Kopf bis Fuß. Voll Trauer setzte Hiob sich in einen Aschehaufen, suchte eine Tonscherbe heraus und begann sich damit zu kratzen.*
>
> *Hiob 2,7-8 (HFA)*

Am 3. August wurde die Niyaba-Mendola-Polizeistation durch das Justizministerium untersucht. Die inhaftierten Menschenrechtler hatten sich bei ihrem Anwalt über die Haftbedingungen beschwert und nun war der Generalstaatsanwalt persönlich gekommen, um sich vor Ort ein eigenes Bild von der Situation zu machen. Er schaute im ganzen Gebäude, unter welchen Bedingungen die Gefangenen lebten. Schließlich stand er vor den Gitterstäben meiner Zellentür.

„Ist bei Ihnen alles in Ordnung?“, fragte er mich. Endlich! Ich konnte meinen Fall vorbringen.

„Danke, dass Sie fragen“, begann ich. „Nichts ist in Ordnung. Ich werde schon vier Monate hier festgehalten und warte immer noch auf eine Anklage.“

Der Mann hörte mir zu, wandte sich dann ab und ging wortlos weiter.

Doch am nächsten Morgen kam ein Wärter. „Packen Sie Ihre Sachen ein“, befahl er, „Sie werden in ein anderes Gefängnis verlegt.“

So schnell hatte der Generalstaatsanwalt sich für mich eingesetzt? Eilig raffte ich meine Kleidung, Körperpflege-Artikel, Bibel, Gesangbuch und Brille zusammen, um ihm zu folgen. Damit endete meine Zeit in der Einzelzelle ganz plötzlich und unerwartet.

Wenige Minuten später waren auch Pastor Hassan, Monim und Pastor Kuwa an meiner Seite und gemeinsam verließen wir die Polizeistation. In dem Moment kümmerte es uns nicht, wohin die Reise ging. Alles erschien uns besser als die Polizeistation Niyaba Mendola.

Neunzehn

4.–11. August 2016

Gefängnis in der Nähe des Gerichtshofs in Khartum/ Omdurman-Männerhaftanstalt

Es war der 4. August, als wir in ein Gefängnis in der Nähe des Gerichtsgebäudes von Khartum eingeliefert wurden. Dort sollte auf persönliche Veranlassung des sudanesischen Generalstaatsanwalts über die schlechten Haftbedingungen in der Polizeistation Niyaba Mendola verhandelt werden. Ihm unterstanden alle Staatsanwälte im Sudan, einschließlich derer, die sich mit den Fällen aus dem NISS-Gefängnis befassten. Von anderen Gefangenen hatte ich gehört, dass der Generalstaatsanwalt auf diese Staatsanwälte, die vor allem die Wünsche der NISS-Geheimdienstler befolgten, nicht gut zu sprechen war. Unsere Verhandlung dauerte etwa drei Stunden, dann traf der Richter seine Entscheidung. Wir sollten in ein anderes Gefängnis gebracht werden: eine Männerhaftanstalt, die einen wesentlich besseren Ruf hatte als unsere bisherigen Aufenthaltsorte und angeblich auch weniger streng bewacht wurde. Das Gefängnis war in Omdurman, einer Zweimillionenstadt nordwestlich von Khartum.

Bei unserer Ankunft dort sahen wir, dass es zwei sehr unterschiedliche Abteilungen in dieser Haftanstalt gab. In dem größeren Bereich – „Kolumbien“ genannt – hausten rund eintausend Drogenhändler, Alkoholiker und Diebe in großen Hallen, die kein Dach hatten. Regnete es, verwandelte sich die staubige Erde in einen schlammigen Untergrund, in dem alles versank.

Die zweite Abteilung war den etwa dreihundert VIP-Gefangenen vorbehalten. Sie hatten ungedeckte Schecks ausgestellt oder auf andere Weise versucht, ein bisschen Geld zu ergaunern. Wer zu dieser Gruppe gehörte, genoss besondere Privilegien. Jeder von ihnen hatte beispielsweise ein eigenes Bett, das aus einem Eisengestell und einer Matratze bestand. Im Außenbereich gab es für jeden VIP-Gefangenen einen Plastikstuhl, während die anderen Häftlinge auf umgedrehten Eimern hocken mussten. Wir vier wurden der kleineren, privilegierten Gruppe zugeteilt. Schnell erfuhren wir, dass unter diesen Gefangenen zahlreiche islamische Spione waren. Das überraschte uns nicht, wir hatten schon bemerkt, dass einige Männer uns unablässig misstrauisch beobachteten.

Trotz unseres Privilegierten-Status ging es uns am neuen Ort nicht besser. Da wir tagsüber in den offenen Hallen der Sonne ausgesetzt waren, bekam ich Sonnenbrand. Pastor Hassan litt unter Zwölffingerdarmgeschwüren und Pastor Kuwa hatte sich noch nicht ganz von einer kürzlichen Malaria-Erkrankung erholt. Mich plagte immer noch das Hautproblem und ich hätte alles für ein Stück Karbonseife gegeben, aber das war hier leider nicht zu bekommen. Dafür hatten die Wärter uns sämtliche Medikamente ausgehändigt, die wir im Gepäck hatten. Es schien ihnen egal zu sein, was wir mit all den Tabletten tun würden. Doch keine Pille half gegen den dicken Staub, die schlechten hygienischen Bedingungen und die sengende Augustsonne, deren Hitze wir schutzlos ausgeliefert waren.

Die Jugendlichen aus Pastor Hassans Gemeinde brachten uns vier Plastikstühle und Hassan konnte für mich auch ein eisernes Bettgestell für 250 sudanesische Pfund organisieren (entsprach damals umgerechnet ca. 40 €). Eigentlich hätte zu dem Bett auch eine Matratze gehören sollen, aber die war nicht angekommen. Trotzdem schlief ich lieber auf den unbequemen Metalldrähten, als im Dreck zu liegen, während die Ratten zwischen den schlafenden Männern nach Essbarem suchten.

Zwei Tage später besuchten uns die Jugendlichen erneut und brachten drei weitere Bettgestelle und vier Matratzen mit. Was für ein Luxus – nun hatte jeder von uns ein eigenes Bett! Abends trugen meine sudanesischen Brüder und ich unsere Betten in den Hof. Hier gefiel es uns besser als in der überfüllten Halle.

In „Kolumbien“, der anderen Abteilung, gab es auch eine kleine Kapelle, etwa hundert Meter von uns entfernt. Nachdem ich monatelang nichts dergleichen betreten hatte, war ich überglücklich, dass ich nicht nur diese Kapelle besuchen durfte, sondern dass die anderen Häftlinge mir sogar erlaubten, zweimal dort zu predigen.

Der 6. August war ein Samstag. Zwei Tage waren wir nun schon im Männergefängnis von Omdurman und hatten immer wieder beobachtet, wie andere Häftlinge mit ihren Familien zu Hause telefonierten. Offensichtlich konnte man hier Handys ins Gefängnis schmuggeln. Ich gab mein restliches sudanesisches Geld aus, um das Handy eines Mitgefangenen benutzen zu dürfen. Da meine Kinder ihre Handynummern häufig änderten, kannte ich sie nicht auswendig. Aber mir fiel eine andere Nummer ein, die ich jetzt wählte.

Es war acht Monate her, seit ich zuletzt in Ruhe mit Vanda geredet hatte – damals im Paradise Hotel, kurz bevor ich zum Flughafen von Khartum gefahren war, um das Land zu verlassen. Danach hatte es nur zwei kurze Anrufe gegeben. Den ersten hatte ich ja direkt nach meiner Verhaftung machen dürfen, als ich mich auf den vorformulierten Text beschränken musste. Der zweite war jener 30-Sekunden-Anruf mit dem Handy von Štěpán Sláma gewesen.

Ich wählte und wartete, während es klingelte.

Vanda berichtete mir später, dass sie sich gerade mit unserem Sohn unterhalten hatte, als plötzlich meine – für sie fremde – Telefonnummer auf ihrem Handy erschienen war. An der Vorwahl hatte sie sofort erkannt, dass der Anruf aus dem Sudan kam. *Wer kann das sein?*, hatte sie sich gefragt. *Die Geheimpolizei?*

„Hallo?", hörte ich nun ihre unsichere Stimme.

„Ich bin's, Petr!", platzte ich heraus und meine Stimme zitterte.

Ich hörte Vanda nach Luft schnappen. „Haben sie dich freigelassen?" Sicher raste ihr Herz, ihre Stimme klang voller Hoffnung.

„Nein, ich bin in Omdurman im Gefängnis, aber ich kann heimlich mit dem Handy eines Mitgefangenen telefonieren." *Wie lange würde mein gekauftes Guthaben reichen?* Hektisch versuchte ich, so viel wie möglich von meiner Familie zu erfahren. Doch Vanda sehnte sich ebenso nach Nachrichten von mir. Also erzählte ich hastig, was ich in den zurückliegenden Monaten erlebt hatte. Dabei betonte ich auch, dass meine lange Haft bestimmt von Gott gewollt war, weil er hier etwas mit mir vorhatte. Dann hörte ich ihr zu. Es war so schön, ihre Stimme zu hören, und ich spürte die Liebe darin. Schon nach wenigen Sätzen war es wieder wie selbstverständlich, mit Vanda zu reden. Es hatte sich unsere gewohnte, vertraute Leichtigkeit eingestellt, mit der wir immer telefonierten, wenn ich in Afrika unterwegs war. Plötzlich kam es mir so vor, als würde ich bald wieder an der Gepäckausgabe stehen und meine Frau würde vor dem Terminal auf mich warten.

Nach zwanzig wunderbaren Minuten war das Guthaben verbraucht und unsere Redezeit zu Ende. Nur widerstrebend legte Vanda auf, mit einem Lächeln, das ihr ganzes Gesicht leuchten ließ. In der folgenden Nacht konnte sie nicht schlafen, zu viel Adrenalin, zu viel Freude und überwältigende Dankbarkeit erfüllten ihr Herz. Sie war unendlich erleichtert, dass Gott sich um uns alle kümmerte, auch in dieser ganz besonderen, schweren Zeit.

Am 8. August, unserem vierten Tag im Omdurman-Gefängnis, kam ein Wärter und befahl: „Nehmen Sie Ihre Sachen und kommen Sie mit!“ Er meinte Pastor Hassan,

Pastor Kuwa, Monim und mich. Wir ließen unsere Betten und Stühle zurück und folgten dem Wärter zu einem Viehtransporter. Damit wurden wir in das nahe gelegene Gefängnis von Kober gebracht – ein berüchtigtes Hochsicherheitsgefängnis, in dem häufig Folter eingesetzt wurde!

Doch am Ziel angekommen, wurden wir überraschenderweise abgewiesen. Die Verantwortlichen dort wussten, dass unser Fall noch nicht gerichtlich geklärt war. Deshalb wollten sie uns nicht aufnehmen. Erst nach einer Verurteilung könnten wir wiederkommen. Also brachte der Viehtransporter uns in die Männerhaftanstalt in Omdurman zurück.

Die dortigen NISS-Männer lachten hämisch, als sie uns erblickten. Sie würden es uns spüren lassen, dass wir ihre Zeit vergeudet hatten – das war von ihren Gesichtern abzulesen.

Drei Tage später, am 11. August, kam wieder ein Wärter und wieder sollten wir unsere Sachen packen. Nun war es endgültig. Die NISS-Geheimdienstler hatten einen Weg gefunden, wie sie uns bestrafen und loswerden konnten.

Erneut kletterten wir in den Viehtransporter, doch dieses Mal fuhren wir deutlich weiter. Meine sudanesischen Mitgefangenen ahnten bald, wohin es dieses Mal gehen würde – nach Al-Huda, einem riesigen Gefängniskomplex weit außerhalb von Khartum. Während wir bisher nur mit politischen Gefangenen und Kleinkriminellen zusammen untergebracht gewesen waren, würden wir in Al-Huda mit Verbrechern aller Art zusammenleben. Ihnen wurde alles Mögliche vorgeworfen, von organisierter Hehlerei über Drogenhandel, Kindesmissbrauch und Vergewaltigung bis hin zu Mord. Es war ein riesiges Gefängnis, das bei voller Auslastung bis zu zehntausend Gefangene aufnehmen konnte.

Ängstlich und nervös fragte ich mich, was uns wohl in unserem neuen Zuhause in der sudanesischen Wüste erwarten würde.

Zwanzig

August 2016

Al-Huda-Gefängnis

Die Fahrt nach Al-Huda dauerte etwa eineinhalb Stunden. Wir fuhren in nördlicher Richtung, immer weiter in die Wüste hinein. Ich schaute aus dem Viehtransporter und sah rechts von uns, wie sich aus der braunen Landschaft allmählich drei Berge erhoben, Gebu Aba Mera, Gebel Mekhiat und Gebel Leirik. Dann bogen wir links in eine staubige Straße, die direkt durch ein großes grünweißes Sicherheitstor zum Eingang des berüchtigten Wüstengefängnisses führte.

Schon allein von seiner Größe her war das abgelegene

Al-Huda-Gefängnis beeindruckend. Der Gebäudekomplex bestand aus großen Blöcken, die wiederum in Abteilungen mit jeweils vier Zellen untergliedert waren. Jede Zelle war für hundert Häftlinge ausgelegt. Ich war sehr aufgeregt und mein Magen fühlte sich an wie ein Stein, als wir aus dem Transporter ausstiegen und in einen der Blöcke gebracht wurden.

Wir vier durften zusammenbleiben und wurden in einer überfüllten Zelle der zweiten Abteilung untergebracht, in der lauter dreistöckige Betten standen. Der Fußboden war grau-beige gefließt, die Wände wurden gerade von einigen Männern weiß gestrichen. In der Niyaba-Mendola-Polizeistation hatte ich oft darüber gestaunt, dass ich dort in der Einzelzelle den ganzen Tag lang meine Bibel hatte lesen dürfen – drei Monate lang! Bereits wenige Stunden nachdem wir in Al-Huda angekommen waren, verstand ich Gottes Plan: Diese Zeit war nötig gewesen, um mich auf die Aufgabe vorzubereiten, die mich hier erwartete.

Im ersten Moment konnte ich dieser neuen Situation jedoch nichts Positives abgewinnen. Ich war sehr enttäuscht, weil immer noch keine Freilassung in Sicht war. Zu allem Überfluss hatte ich hier keine Einzelzelle mehr und stellte dann auch noch fest, dass es in der neuen Umgebung zu düster war, um in meiner Bibel zu lesen. Tiefe Traurigkeit erfasste mich. Aber noch ehe der Tag zu Ende war, zeigte Gott mir, wozu ich hier war.

Am Nachmittag kamen zwei Gefangene in unsere überfüllte Zelle, die eine große Ruhe und Freundlichkeit ausstrahlten. „Sind hier die Pastoren, die heute Morgen angekommen sind?", erkundigten sie sich. Meine Kollegen und ich hoben zögernd die Hände, woraufhin die Männer zu uns kamen und uns herzlich begrüßten. Ihr nächster Satz war eine Überraschung: Sie luden uns in die Gefängnis-Kapelle ein!

„Gefängnis-Kapelle?", fragte ich begeistert. „Hier gibt es auch eine Kapelle?"

„Ja, gibt es", kam die lächelnde Antwort. Doch ich ahnte immer noch nicht, wie viel Gutes mich im Zusammenhang mit dieser Kapelle erwartete.

Im NISS-Gefängnis und der Niyaba-Mendola-Polizeistation hatte es noch nicht mal eine Moschee für die Muslime gegeben. Dieses riesige Gefängnis hier besaß dagegen sogar mehrere Moscheen, für jede Abteilung mit je vierhundert Gefangenen eine. Tagsüber, wenn die Zellen offen waren, konnte jeder Gefangene die Moschee aufsuchen, wann immer er wollte, und fünfmal am Tag erklang der Ruf des Muezzins. Darüber hinaus hatte die Gefängnisleitung allen Nichtmuslimen eine gemeinsame Kapelle zur Verfügung gestellt. Unter den Gefangenen in Al-Huda gab es nämlich auch Angehörige verschiedener anderer Religionen – vor allem Christen aus dem Südsudan, aber auch Animisten, die verschiedene traditionelle afrikanische Religionen praktizierten.

Früher war der Raum im zweiten Stock der fünften Abteilung eine gewöhnliche Zelle für hundert Gefangene gewesen. Dann wurden die Betten herausgeräumt, die Wände mit blauer Latexfarbe gestrichen und Stuhlreihen aufgestellt – und schon war das Gotteshaus fertig gewesen. Es bot Sitzplätze für zweihundert Gefangene und wenn das Treffen im Stehen stattfand, passten noch mehr Leute in den Raum. Die Wände waren mit den unterschiedlichsten religiösen Symbolen, Ikonen und Gemälden verziert. Im vorderen Bereich stand ein langer Tisch mit Plastikdecke, der als Kanzel und Altar diente, und ein Kruzifix hing direkt über dem Kopf des Predigers.

Die beiden Männer, die uns eingeladen hatten, waren Älteste der Gefängnisgemeinde. Zur Feier unserer Ankunft luden sie mit afrikanischen Trommeln zum Gottesdienst ein. Minuten später hatten sich schon knapp dreißig Leute eingefunden. So begann unser Begrüßungsgottesdienst. Die Ältesten baten die beiden sudanesischen Pastoren und mich nach vorne und überraschten uns mit einem Satz, den wir aus der Apostelgeschichte kannten: „Liebe Brüder, wenn ihr ein Wort der Ermutigung mitgebracht habt, das ihr an die Gemeinde weitergeben wollt, dann ist jetzt Gelegenheit dazu!" (Apostelgeschichte 13,15; NGÜ).

Meine sudanesischen Freunde hatten miterlebt, wie ich in der Niyaba-Mendola-Polizeistation drei Monate lang die Bibel studiert hatte. Deshalb ließen sie mir jetzt den Vortritt. Ich schlug meine Bibel auf und sprach über Johannes 15,1-10, wo Jesus sich selbst als den Weinstock bezeichnet, der von seinem Vater beschnitten wird:

> *Ich bin der wahre Weinstock, und mein Vater ist der Weinbauer. Jede Rebe an mir, die nicht Frucht trägt, schneidet er ab; eine Rebe aber, die Frucht trägt, schneidet er zurück; so reinigt er sie, damit sie noch mehr Frucht hervorbringt.*
>
> *Johannes 15,1-2 (NGÜ)*

Ich las den Text vor, dann begann ich zu sprechen: „Manchmal ist unser Leben wie dieser Weinstock, bei dem die Reben zurückgeschnitten werden. Das tut weh."

Dann erzählte ich ihnen die Geschichte der nigerianischen Christin Monica, die von Boko-Haram-Kämpfern schwer verletzt worden war. Die anwesenden Männer waren tief bewegt. Als ich ihnen dann auch noch von der Reaktion meiner IS-Mitgefangenen im NISS-Gefängnis berichtete, die über diese grausame Tat gejubelt hatten, waren sie fassungslos.

Ich hatte auch im Omdurman-Gefängnis zweimal gepredigt, was aber nur ein schwacher Vorgeschmack auf das gewesen war, was Gott für mich in Al-Huda vorbereitet hatte. Mitten in der Wüste, in diesem riesigen Gefängnis, hatte Gott mich in eine Oase für Körper und Seele gebracht.

Zwei Tage nach unserer Ankunft wurde ich von der zweiten in die dritte Abteilung verlegt, wo einige der gefährlichsten Männer untergebracht waren. Einer von ihnen war Shukwan. Vor zehn Jahren war er zu siebeneinhalb Jahren Haft verurteilt worden, weil er bei einer Schlägerei aus Versehen seinen Freund getötet hatte. Er sah aus wie ein stahlharter Typ, ein richtiger Kämpfer, mit einem von Narben übersäten Körper.

Aber seit drei Jahren war Shukwan ein Nachfolger Jesu, der durch seine christlichen Mitgefangenen in Al-Huda zum Glauben gekommen war. Seine Haftstrafe wegen Totschlags hatte er schon abgesessen, aber er war immer noch im Gefängnis, weil er die Gerichtskosten von 38.000 Sudanesischen Pfund nicht hatte bezahlen können (was damals einem offiziellen Gegenwert von 6.300 US-Dollar entsprach oder, wenn man auf der Straße wechselte, wo sich die Inflation deutlicher bemerkbar machte, nur 2.000 US-Dollar).

Als meine erste Nacht in der neuen Zelle anbrach und ich mich zum Schlafen auf den Boden legte, kam Shukwan zu mir und bat mich, mit ihm zu tauschen. Von da an schlief er auf dem Boden und überließ mir sein Bett, in dem ich wunderbar schlafen konnte. Ich war sehr beeindruckt von diesem Ausdruck der Selbstlosigkeit. Hier konnte man die Veränderung sehen, zu der die Liebe Jesu fähig ist, die diesem Mann ein neues, weiches Herz geschenkt hatte. Die Gefangenen in Al-Huda warteten oft Monate, manchmal auch Jahre, bis sie von einem entlassenen Häftling ein Bett übernehmen konnten. Entsprechend bedeutsam war das, was Shukwan getan hatte – zumal ich nichts besaß, was ich ihm dafür hätte geben können. Alle anderen in unserer Zelle, auch die Muslime, hatten diesen besonderen Tausch beobachtet. Bis dahin hatten sie Shukwan respektiert, weil er ein ausgezeichneter Kämpfer war, aber jetzt achteten sie ihn auch um seines Charakters willen.

Doch trotz dieses wunderbaren Geschenkes und trotz des tiefen, erholsamen Schlafs in den Nächten – der Gedanke, möglicherweise zu lebenslanger Haft an diesem Ort verurteilt zu werden, belastete mich sehr.

Einundzwanzig

August 2016
Al-Huda-Gefängnis

Es gab in der ganzen, riesigen Gefängnisanlage in Al-Huda nur einen einzigen sauberen Ort: unsere Kapelle. Wir taten alles, was irgend möglich war, um diesen Raum rein zu halten. Dafür bezahlten wir sogar einige Wärter, die einmal im Monat alles ausräucherten, um die Stechmücken zu bekämpfen. Es gab auch fließendes Wasser in der Kapelle, aber der Druck war niedrig und erforderte eine elektrische Pumpe, um das Wasser nach oben und in das Gebäude zu drücken. Lief das Wasser, dann nutzten wir die Gelegenheit und ließen mehrere große Kanister volllaufen, damit wir etwas zu trinken hatten, wenn der Strom wieder ausfiel und die Pumpe stillstand.

Ich besaß vier Plastikflaschen, die jeweils zwei Liter fassten. Diese füllte ich in der Kapelle regelmäßig und trug sie dann in meine Zelle. Die Kapelle verfügte sogar über ein Badezimmer, das ich jeden Morgen um sieben Uhr, gleich nach dem Morgenappell, aufsuchte. Dann duschte ich mit einem Eimer Wasser. Die frühe Uhrzeit war wichtig, um die Gefahr zu verringern, dass die anderen Häftlinge mir meine Sachen stahlen, während ich in der Dusche war.

Jede Woche gab es fünf Gottesdienste in unserer Kapelle und alle Christen waren willkommen, egal aus welcher Kultur sie kamen und welcher Konfession sie angehörten.

Sonntags kam regelmäßig eine Gruppe aus Eritrea. Gemäß ihrer Tradition zogen sie immer zuerst ihre Schuhe aus und küssten dann die Marienbilder, die an den Wänden hingen. Jedes Bild wurde dreimal geküsst. Auch das Kruzifix küssten sie. Ich beobachtete sie und konnte es kaum erwarten, ihnen den lebendigen Christus predigen zu können, mit dem sie direkt und persönlich in Kontakt treten konnten, ohne die Umwege über die Ikonen und Rituale.

Einmal predigte ich über Johannes 3,14-15[13]. In dem Bibelabschnitt wird berichtet, wie Jesus mit Nikodemus sprach und ankündigte, dass er auch erhöht werden würde, so wie Mose in der Wüste die Schlange erhöht hatte. Wer auf die Schlange sah, wurde gesund – und wer an den gekreuzigten Jesus glaubt, bekommt ewiges Leben. Dazu erzählte ich die Geschichte, die in 4. Mose 21 steht. Die Israeliten waren in der Wüste unterwegs und wurden von Schlangen gebissen. Gott hatte Mose gesagt, dass er eine Schlange aus Bronze machen, an einem Stab befestigen und für alle sichtbar aufrichten sollte. Jeder, der von einer Schlange gebissen wurde, sollte auf diese Schlange schauen und würde dann gesund werden. Ich sagte, dass unsere Situation vergleichbar sei: Wenn wir erkennen, dass wir das Gift der Sünde in uns haben, dann müssen wir auf Jesus schauen, der am Kreuz hing, dadurch werden wir gerettet, gesund und von Neuem geboren.

Dann erwähnte ich eine weitere Bibelstelle:

> *Er ließ die Opferstätten auf den Hügeln zerstören,*
> *zerschmetterte die Steinmale, die fremden Göttern*

geweiht waren, sowie den Pfahl der Göttin Aschera. Er zerschlug auch die bronzene Schlange, die Mose einst gemacht hatte, denn die Israeliten verbrannten vor ihr immer wieder Weihrauch als Opfer. Man nannte sie Nehuschtan.

2. Könige 18,4 (HFA)

Der Heilige Geist hatte mich an diese Bibelstelle erinnert, während ich beobachtete, wie manche Christen sich vor all den heiligen Symbolen und Gegenständen verbeugten und die Bilder an den Wänden küssten. In dieser Bibelstelle wird von Hiskia, einem jüdischen König erzählt. Er hatte alle falschen Orte der Anbetung und alle Götzenbilder zerstören lassen, auch die bronzene Schlange, der die Israeliten auch Jahrhunderte später noch Opfer darbrachten.

Dann erklärte ich meinen Mitgefangenen, dass diese Schlange, die ursprünglich von Gott genutzt worden war, um sein Volk zu heilen, später zu einem Götzen geworden war. Genauso ist es auch, wenn wir Gegenstände oder Personen verehren, die uns an Jesus erinnern, statt Jesus persönlich anzubeten.

Nach dieser Predigt geschah etwas Erstaunliches: Viele der Häftlinge aus Eritrea kamen zu mir, dankten mir für die Predigt und erklärten, dass der Heilige Geist ihnen die Augen geöffnet hatte. Von nun an würden sie sich nur noch vor Jesus verbeugen und nicht mehr vor den Kruzifixen. Sie wollten mit Jesus selbst in Beziehung treten.

Die meisten Gefangenen aus Eritrea hatten den Sudan illegal betreten, um über den Sudan und Libyen nach Europa zu gelangen. Für dieses Vergehen musste man entweder eine Strafe von viertausend Sudanesischen Pfund bezahlen oder drei Monate im Gefängnis verbringen. Viele von ihnen blieben nur kurz in Haft, weil ihre Angehörigen den Betrag für sie bezahlten. Andere, denen die Familie nicht helfen konnte, mussten die volle Zeit absitzen.

Seit meiner Ankunft war es mir ein- oder zweimal pro Woche möglich gewesen, in der Kapelle zu predigen. Zu unseren Gottesdiensten kamen auch viele Nichtchristen, deshalb waren meine Predigten meistens evangelistisch ausgerichtet, aber in ungefähr jeder dritten Predigt sprach ich auch besonders zu den Christen und stärkte sie, damit die Verfolgungen wegen ihres Glaubens sie nicht erschreckten oder erschütterten.

Wenn ich mich an die Christen wandte, dann predigte ich das „Evangelium der Verfolgung". Es handelte von einem leidenden Erlöser, der grausam hingerichtet wurde, um uns von Sünde und Tod zu befreien und ewiges Leben für uns zu erwerben. Doch wer ihm nachfolgen wollte, würde dafür auch leiden müssen. Ein Jünger Jesu würde immer auch Anteil haben an dem Leiden Jesu. Dazu erzählte ich Geschichten von Christen, die verfolgt wurden, Geschichten von Frauen wie Monica oder jungen Leuten wie Danjuma. Es war mir wichtig, den Männern von Al-Huda zu vermitteln, was die Bibel über das Leiden um Jesu willen sagt, und sie auf das vorzubereiten, was ihnen möglicherweise bevorstand.

Ohnehin glaube ich, dass dieses Evangelium der Verfolgung das wahre Evangelium ist.

Dieses Foto von mir, Pastor Hassan, Pastor Kuwa und Bruder Monim (v. l. n. r.) ist in der Kapelle des Al-Huda-Gefängnisses aufgenommen worden. Pastor Hassan und Bruder Monim wurden am 29. Januar zu 12 Jahren Haft verurteilt.

Jeder Gottesdienst begann um 9 Uhr morgens, an fünf Tagen in der Woche, mit Glockenläuten. Vor dem Gebet und der Predigt wurde gesungen, vor allem traditionelle afrikanische Lieder in arabischer Sprache. Es gab keine Gitarren oder andere westliche Instrumente, aber Bongos und Rasseln waren im Einsatz. Diese Instrumente bauten die Gefangenen selbst, besonders während des muslimischen Fests Eid al-Adha, dem „Opferfest".

Im Rahmen dieses Festes bekam jede Zelle einen geschlachteten Widder. Einige der Christen aßen bei diesem Festmahl nicht mit, weil sie sich an den Hinweisen von 1. Korinther 8 orientierten, wo steht, dass die ersten Christen auch kein Fleisch aßen, das den Götzen geopfert worden war. Ich selbst hielt mich aber an die andere Aussage von Paulus, wonach ich ohne Gewissensprobleme alles essen sollte, was mir angeboten wurde.[14]

So nahm ich dieses Widderfleisch als Geschenk Gottes und genoss jedes köstliche Gramm, zumal mein Körper dringend Eiweiß benötigte.

Jeder Teil des Widders wurde verwendet, mit allem konnten die Männer etwas anfangen. Die Häute wurden uns beispielsweise zum Teil in die Kapelle gebracht und daraus wurden dann Trommeln für den Gottesdienst angefertigt. Das Gerben des Leders war ein aufwendiger Prozess. Zur Vorbehandlung wurde die Haut drei Wochen lang in Natriumhydroxid, also Natronlauge, eingelegt, was furchtbar roch. Aber so lösten sich Fleisch, Fett und der Rest. Dann wurde die Haut gewaschen, zurechtgeschnitten, in der Sonne getrocknet, gedehnt und schließlich über die Trommeln gespannt.

Am Anfang des Gottesdienstes sangen nur ein paar wenige Männer mit zaghaften Stimmen, die sich selbst mit den Trommeln begleiteten. Doch dann kamen einige andere Gefangene aus den benachbarten Zellen, die den Klang gehört hatten, dazu. Der Gesang wurde lauter, immer mehr Gefangene hörten ihn, die Gruppe wurde größer und zuletzt konnte man auch bis in die entfernteste Abteilung hören, dass jetzt Gottesdienstzeit war.

Das war die Antwort der Christen in Al-Huda auf den Gebetsruf der Muslime.

Manchmal kam ein katholischer Priester, der die Messe hielt und das Abendmahl feierte. Auch ein orthodoxer Geistlicher kam hin und wieder und hielt auf seine Art eine Messe für die orthodoxen sudanesischen Christen. Auch charismatische Pastoren besuchten uns regelmäßig. Sie beteten um Heilung für Kranke und trieben auch Dämonen aus, was in diesem Teil Afrikas niemanden erstaunte.

Die beiden sudanesischen Pastoren, die mit mir zusammen verhaftet worden waren, predigten ebenfalls regelmäßig. Sie gehörten zu einer biblisch fundierten Gemeindebewegung im Sudan und ihre Predigten waren sehr klar an der Bibel ausgerichtet. Ich war meistens freitags und sonntags an der Reihe – und wann immer ich sonst noch eingeteilt wurde. Die konfessionellen Hintergründe spielten keine Rolle, wir alle konzentrierten uns auf die wesentlichen Themen: auf die Erlösung durch Jesus, die Bibel als Gottes Wort und was es bedeutet, von Neuem geboren zu werden.

Eines Freitags sprach ich über den Mann, der blind geboren wurde (Johannes 9). Am Schluss der Predigt lud ich die Versammelten ein, öffentlich auf die Botschaft zu reagieren. Wer von heute an ein Nachfolger Jesu werden wollte, sollte in den vorderen Bereich der Kapelle kommen. Durch Gottes Gnade standen an diesem Tag zwölf Männer auf und gingen nach vorne. Woche für Woche überraschte Gott uns mit weiteren

Männern, die ihm begegneten und von ihm verändert wurden.

Nicht alle Gefangenen, die zur Kapelle kamen, waren Christen, aber alle waren herzlich willkommen. Zu den Besuchern zählten auch Männer aus dem Südsudan, die Tiere als Gottheiten verehrten und alle möglichen traditionellen afrikanischen Riten praktizierten. Ich wünschte ihnen so sehr, dass sie die freimachende Wahrheit von Jesus erfassen würden, und entsprechend gab ich mir alle Mühe, meine Predigten auch besonders auf sie auszurichten. Meine Hoffnung war, dass Gott meine hilflosen Worte gebrauchen würde, um ihre Herzen zu erreichen und sich ihnen zu offenbaren.

Auf keinen Fall wollte ich die unterschiedlichen Hintergründe und Kulturen der Gefangenen herabwürdigen oder verurteilen, nein, ich wollte sie zu Jesus führen, der sagte:

> *Ich bin der Weg, ich bin die Wahrheit, und ich bin das Leben! Ohne mich kann niemand zum Vater kommen.* — *Johannes 14,6 (HFA)*

Vor und nach jeder Predigt betete ich intensiv dafür, dass der Heilige Geist diesen Männern die Wahrheit von Jesus offenbaren würde. Ich betete, dass sie verstanden, dass Gott sie liebt, ihnen vergibt und eine persönliche Beziehung zu ihnen haben möchte, egal was sie verbrochen haben mochten. Und wirklich, durch Gottes Gnade kamen viele Animisten zum Glauben an das Evangelium und lernten Jesus kennen.

Inzwischen war es für mich nicht mehr wichtig, wie lange ich noch in diesem Gefängnis bleiben musste. Gott würde mich genau so lange hierlassen, wie er es für gut befand – keinen Tag länger und keinen Tag kürzer.

Als wir noch in Omdurman gewesen waren, hatten die sudanesischen Pastoren dreimal täglich Besuch von ihren Angehörigen und Gemeindemitgliedern bekommen. Aber Al-Huda war zu weit weg – hier bekamen meine Freunde nur etwa zweimal pro Woche Besuch.

Vanda hätte mich auch gerne besucht, aber der tschechische Außenminister riet ihr zunächst davon ab. Dann sammelte eine Organisation Geld für ihre Reisekosten, woraufhin die tschechische Regierung doch in den Plan einwilligte. Aber ich sagte dem tschechischen Botschaftsmitarbeiter, dass meine Familie nicht in den Sudan kommen sollte – ich wollte das nicht.

Mein Sohn trug den gleichen Namen wie ich und ich hatte Angst, dass er deswegen möglicherweise Schwierigkeiten bekam.

Bald fand ich heraus, dass ein Teil der sudanesischen Wärter größere Verbrecher waren als manche Insassen. Zur Renovierung des Gefängnisses waren hohe Geldbeträge zur Verfügung gestellt worden, aber die Wärter hatten diese Gelder einfach in ihre eigenen Taschen gesteckt. Außerdem waren sie ständig auf Drogen und ließen sich von den Gefangenen alles Mögliche bezahlen, zum Beispiel auch den Strom.

Im Schnitt fiel im Gefängnis etwa zweimal pro Woche die Elektrizität aus. Dann blieben die Ventilatoren an der Decke stehen und die Glühbirnen wurden dunkel. Die Gefangenen, die das schon länger beobachteten, waren sich sicher, dass die Wärter dahintersteckten und den Generator extra ausschalteten. Nachdem sie nämlich von jeder Zelle 100 Sudanesische Pfund eingesammelt hatten, „um das Problem zu lösen", lief der Generator plötzlich wieder.

Auch das Essen, das wir in Al-Huda bekamen, war sehr bescheiden. Deshalb wurde es von den Gefangenen in den Zellen mit Zutaten verfeinert, die ins Gefängnis geschmuggelt wurden. Zum Kochen gab es aufgrund der Wärter-Problematik oft keinen Strom und so mussten wir kreativ werden. Eine Option war Holzkohle, doch der Rauch, der dann die Zelle füllte, war unerträglich. Auch wenn wir es in der Nähe der Tür versuchten, konnte man in der Zelle kaum atmen. Irgendwann hatte jemand die Idee, grüne Kaffeebohnen auf einer heißen Platte über dem Feuer zu rösten. Dabei entstand ein angenehmes Aroma, das gegen den unangenehmen Rauch half.

Doch trotzdem waren die Holzkohlefeuer keine Lösung für unser Kochproblem. Die Gefangenen waren aber sehr einfallsreich, wenn es darum ging, alle möglichen Dinge ins Gefängnis zu schmuggeln, die dann unter den Häftlingen zum Kauf angeboten wurden. Und so kauften meine Zellengenossen und ich Widerstandsdrähte, um unsere eigenen Elektroplatten herzustellen: Wir nannten sie „afrikanische Kochplatten“. Einmal, als ich versehentlich die beiden stromführenden Drähte zusammen berührte, traf mich ein enormer Stromstoß. Anschließend konnten wir den Strom aber durch die Widerstandsdrähte in mehrere gehärtete, runde Tonscheiben leiten, mit denen wir dann unser Essen erhitzten.

Fiel der Strom aus, war das für alle belastend und in den überfüllten Zellen wurde die Stimmung aggressiv. Einige gingen dann in die Kapelle, wo es angenehm ruhig war, um sich abzukühlen. Ich verbrachte auch viel Zeit dort, las die Bibel, ermutigte andere Gefangene und führte lange Gespräche mit den Männern, die neu zum Glauben an Jesus gekommen waren oder die sich entschlossen hatten, mit allen Konsequenzen ein Nachfolger Jesu zu werden. Viele Männer, die in diesem Gefängnis lebten, sehnten sich nach Gott, und die Kapelle war der ideale Ort, um mit ihnen über geistliche Dinge zu reden.

Jeden Abend um 17 Uhr wurde durchgezählt und dann wurden die Zellen verschlossen. „Wenn Sie uns eingeschlossen haben“, erklärte mir ein Häftling, „können wir tun und lassen, was wir wollen.“

Schon an meinem ersten Abend in Al-Huda verstand ich, was er meinte. Kaum hatten die Wärter abgeschlossen, zückten die Gefangenen ihre Handys und begannen zu telefonieren.

Zweiundzwanzig

August 2016
Al-Huda-Gefängnis

Seit meiner Verhaftung waren schon über acht Monate vergangen, als am 21. August 2016 endlich das Gerichtsverfahren für Pastor Hassan, Pastor Kuwa, Monim und mich begann.

Frühmorgens duschten wir im Badezimmer der Kapelle mit dem Wassereimer und zogen unsere besten Sachen an. Die Pastoren trugen ihre Dienstkleidung: schwarze Hosen, schwarze Hemden und dazu den weißen Kragen als deutliches Zeichen, dass sie Geistliche waren. Ich trug Jeans, ein graues T-Shirt und Flip-Flops. Meine Haare und der Bart waren lang gewachsen, wild, ungepflegt und grau. Da ich mir sonst den Kopf immer kahl rasierte, fühlte ich mich im neuen Look ausgesprochen unwohl im Hinblick auf den großen Tag.

Ein Sonderteam von Wärtern – Sicherheitspersonal des Gerichts – holte uns in Al-Huda ab. Zwei Stunden dauerte die Fahrt, die wir ohne Handschellen auf der Ladefläche eines Viehtransporters verbringen durften, der auf jeder Seite der Ladefläche eine lange Metallbank besaß.

In der Stadtmitte von Khartum legte man uns die Handschellen wieder an und dann wurden wir in die Zelle einer Polizeistation in der Nähe des Gerichts geführt, wo außer uns noch rund fünfzig weitere Männer auf ihre Verhandlung warteten. Der Boden war schmutzig und es gab keine Sitzgelegenheit, aber zu der Zelle gehörte ein mit Stacheldraht eingezäunter Innenhof, in dem wir die nächsten Stunden verbrachten. Während ich auf und ab ging, hörte ich plötzlich Stimmen von draußen auf der Straße, Menschen, die Lieder sangen.

Meine Freunde und ich verstanden bald, woher der Gesang kam, und konnten es kaum fassen. Hunderte von Gläubigen aus den Nuba-Bergen waren angereist, Angehörige des Stammes, zu dem Pastor Kuwa gehörte. Sie waren mit Bussen nach Khartum gekommen, um ihre Solidarität zu demonstrieren. Aber die sudanesische Polizei hatte sie mit Schildern, Schlagstöcken und Tränengas empfangen und davon abgehalten, das Gerichtsgebäude zu betreten. Deshalb standen sie nun draußen und sangen ein Lied über David und Goliath. Das Singen dieser Christen war eine unbeschreibliche Ermutigung für uns, während wir im nahe gelegenen Innenhof der Polizeistation auf unsere erste Anhörung warteten. Sie riskierten viel, um uns in aller Öffentlichkeit zu unterstützen. Ihre Kühnheit beeindruckte mich zutiefst! Ich fragte mich, wie viele von ihnen als Folge dieser Aktion wohl verhaftet werden würden ... Pastor Kuwa weinte, während er den Liedern in seiner Muttersprache zuhörte.

Es war kurz vor 13 Uhr, als wir in den Verhandlungssaal des Khartumer Gerichts geführt wurden. Männer in blauen Uniformen, mit Maschinenpistolen im Anschlag, begleiteten uns. Wir mussten ein seltsames Bild abgegeben haben – allein schon durch die Handschellen wirkten wir wie gefährliche Kriminelle. Wir waren jeweils zu zweit zusammengekettet, Pastor Hassan und ich bildeten das erste Paar, Pastor Kuwa und Monim das zweite. Während wir den kurzen Weg über die Straße zum Gerichtsgebäude gingen, kamen wir an der Gruppe der Christen aus der Nuba-Region vorbei. Hassan und ich hoben unsere Arme zum Gruß, während die Gruppe in lauten Jubel ausbrach. Ich verstand nicht, was sie uns zuriefen, aber die Tränen von Hassan und Kuwa sagten mir genug.

Die Stimmen dieser Christen begleiteten uns den ganzen Weg vom Innenhof der Zelle bis ins Gerichtsgebäude hinein. Was für ein bewegender Moment! Mühsam rang ich mit meinen Emotionen.

Dann betraten wir den Verhandlungssaal, einen heruntergekommenen, ungepflegten Raum, in dem hellgelber Putz von den Wänden bröckelte und es nach Schimmel roch. Jemand öffnete das Fenster. Die Glasscheiben, die von Aluminiumrahmen gehalten wurden, waren dreckig und teilweise zerbrochen. Durch die Fenster kam etwas Luft herein, die gegen den muffigen Geruch und die Hitze half, aber nicht verhindern konnte, dass sich überall auf meiner Haut dicke Schweißperlen bildeten.

Während wir den Raum durchquerten, fiel mir als Erstes die enorme Zahl an Sicherheitsbeamten auf. Ich sah nicht nur die NISS-Leute, die Gerichtspolizei und die Gefängnispolizei, sondern auch noch weitere bedrohlich wirkende Männer in Kampfausrüstung, mit Tränengas bewaffnet. Dann merkten wir, dass – zusätzlich zu den Christen auf der Straße – auch im Zuschauerbereich des Saales eine größere Gruppe von Christen anwesend war. Durch Hassan und Kuwa erfuhr ich, dass unter ihnen auch Leute aus verschiedenen Gemeinden in Khartum waren. Ich erkannte verdeckt arbeitende Mitglieder einer Menschenrechtsorganisation, die sich für freie und geheime Wahlen und die Entwicklung einer demokratischen Grundordnung im Sudan einsetzten. Einige von ihnen hatte ich als Mitgefangene kennengelernt. Daneben saßen Vertreter der amerikanischen und der Schweizer Botschaften, ich entdeckte den tschechischen Botschaftsmitarbeiter und einen Vertreter des internationalen Strafgerichtshofes. Bei ihnen sah ich auch einige Männer und Frauen, die ich nicht zuordnen konnte, die aber Diplomaten anderer europäischer Länder sein konnten, sowie eine Reihe von Journalisten.

Den Angehörigen meiner Mitangeklagten waren im vorderen Teil des Raumes Plätze angewiesen worden, wo sie dicht gedrängt saßen. Alle Sitzplätze waren belegt, einige Personen saßen sogar auf dem Boden.

Vor drei Monaten hatte der sudanesische Geheimdienst endlich unsere Akte unter der Nummer 41/2016 angelegt, aber erst im August, nachdem wir über Omdurman nach Al-Huda verlegt worden waren, war der Fall dem Gericht übergeben worden. Ursprünglich war der erste Verhandlungstag schon für den zurückliegenden Sonntag angesetzt gewesen, war dann aber um ein paar Tage verschoben worden. Offiziell hatte man die Verzögerung uns gegenüber mit dem starken Regen begründet, der die Fahrt vom Gefängnis zum Gericht unmöglich gemacht hätte. Tatsächlich erfuhren wir später die wahren Gründe. Als die sudanesischen Geheimdienstmitarbeiter sahen, wie viele Bewohner der Nuba-Region zu unserer

Verhandlung nach Khartum gekommen waren, verlegten sie den Termin in der Hoffnung, die Menschen würden wieder nach Hause zurückkehren. Aber diese Männer und Frauen waren unseretwegen tagelang in alten, überfüllten Bussen unterwegs gewesen und dachten nicht daran, wieder zu gehen, ohne ihren Pastoren ihre Unterstützung zu zeigen. Sie blieben in der Stadt und wurden von verschiedenen Christen in Khartum aufgenommen, in deren Wohnungen sie auf den neuen Termin warten konnten.

Doch nun war es so weit. Der Vorsitzende Richter, Dr. Osama Mohammed Abdalla, hatte in einem schwarzen Talar vorne im Saal auf einem Podest Platz genommen. Abdurrahman Ahmed Abdurrahman war der leitende Ermittler der Staatsanwaltschaft. Dazu waren sage und schreibe siebzehn Anwälte erschienen – drei offizielle und vierzehn freiwillige aus verschiedenen Menschenrechtsorganisationen –, um uns vier Angeklagte zu vertreten. Es gab so viele Anwälte, dass die Gerichtsdiener die Anwaltsbank mit zusätzlichen Stühlen erweitern mussten.

Mein persönlicher Anwalt, Dr. Shumayna, war mir von der tschechischen Botschaft empfohlen worden. Er war vierundachtzig Jahre alt, trug teure Anzüge und hatte schon im Vorfeld ein ungewöhnlich hohes Honorar verlangt, wahrscheinlich um die korrupten Beamten des sudanesischen Rechtssystems damit zu bestechen. Die Staatsanwälte behandelten ihn mit großem Respekt und auch die Leiter der Niyaba-Mendola-Polizeistation schienen auf ihn zu hören. Ich vermutete, dass er mit den NISS-Leuten kollaborierte. Als ich erfahren hatte, dass der erste Gerichtstermin feststand, hatte ich mich vor der Anhörung mit ihm treffen wollen, um unser Vorgehen zu besprechen. Wir hatten auch einen Termin vereinbart, aber dann war er nicht erschienen, weil ihm angeblich die Fahrt zum Al-Huda-Gefängnis zu weit gewesen war. Das hatte nicht nur mein Vertrauen in ihn erschüttert, sondern ich ging nun auch unsicher und unvorbereitet in unseren ersten Verhandlungstag.

Die Gerichtsverhandlung wurde ausschließlich in Arabisch durchgeführt. Staatsanwalt Abdurrahman eröffnete die Verhandlung mit der Verlesung der Anklage: „Am 18. Dezember verhaftete der sudanesische Nachrichten- und Geheimdienst eine Gruppe christlicher Leiter und Pastoren, die im Oktober 2015 an einer sudanesischen und südsudanesischen christlichen Konferenz in Addis Abeba teilgenommen hatten. Sie wurden später alle wieder auf freien Fuß gesetzt, bis auf die vier anwesenden Angeklagten."

Der Staatsanwalt verlas dann die Liste der Anklagepunkte, die gemäß den „Artikeln 21, 50, 51, 53, 57, 64 und 66 des sudanesischen Strafgesetzbuchs von 1991" gegen mich erhoben worden waren, außerdem „gemäß Artikel 30-1 des Staatsangehörigkeitsgesetzes und Artikel 23 der Verordnung über die freiwillige Tätigkeit im Bereich der humanitären Hilfe". Die Vorwürfe gegen mich waren umfangreich: gemeinschaftliche Durchführung krimineller Handlungen, Angriff auf die Verfassung und den Staat, Spionage, Betreten und Fotografieren von militärischen Anlagen und Einsätzen, Aufwiegelung und Aufruf zum Hass gegen Glaubensgemeinschaften oder innerhalb von Glaubensgemeinschaften, Verbreitung falscher Nachrichten, illegale Einreise in den Sudan und unerlaubte Aktivitäten für Wohltätigkeitsorganisationen.

Dem ermittelnden Staatsanwalt zufolge waren wir an geheimdienstlichen Aktivitäten gegen den Sudan beteiligt gewesen und hatten die sudanesische Volksbefreiungsarmee in den Nuba-Bergen aktiv unterstützt. Er erklärte, wir hätten Beweise gesammelt, um verschiedene Vorwürfe gegen die sudanesische Regierung zu untermauern: Gewalttaten einschließlich Vertreibung der Zivilbevölkerung, außergerichtliche Hinrichtungen, das Niederbrennen von Dörfern und Völkermord, die Unterdrückung und Folter von Christen und die Zerstörung von Kirchen.

Mein Übersetzer war von den NISS-Leuten bestellt worden und ich bekam recht schnell Zweifel an seiner Zuverlässigkeit. Sein Englisch war nicht besonders gut – das war mir schon am Anfang aufgefallen, als er übersetzt hatte, ich sei mit einem *Terroristen*-Visum statt eines *Touristen*-Visums ins Land eingereist. Der sudanesische Bruder, der neben mir auf der Bank saß, bestätigte meinen Verdacht: Was mir übersetzt wurde, deckte sich nicht mit dem, was tatsächlich gesagt wurde. Meine Mitgefangenen legten Einspruch ein, doch der Richter ging nicht darauf ein.

Unsere Anwälte widersprachen den Vorwürfen, die gegen uns erhoben wurden, und damit war der erste Sitzungstag beendet. Am 29. August sollte es weitergehen. Wir beschwerten uns noch bei unseren Anwälten über den Übersetzer, dann wurden uns wieder Handschellen angelegt. So, wie wir aneinander angekettet gekommen waren, ging es auch wieder zurück in die Zelle nebenan. Ein paar Stunden später war der Viehtransporter bereit und man brachte uns zurück in unser Gefängnis in der Wüste.

Die gegen mich erhobenen Vorwürfe waren gravierend, aber ich machte mir keine ernsthaften Sorgen. Ich kannte schließlich den obersten Richter persönlich – den, der keine schwarze Robe trug – und wusste, er war auf meiner Seite.

卌

In unserem Gefängnis konnte man hereingeschmuggelte Handys kaufen. Monim war der Erste, der sich eines besorgte. Er ließ mich damit täglich etwa eine Stunde mit meiner Familie telefonieren. Ich hatte meine eigene SIM-Karte und meine Mitgefangenen konnten sie für mich aufladen, so oft es nötig war. Dann beschloss meine Familie, mir durch den Botschaftsmitarbeiter ein eigenes Handy zu schicken. Bei der Verhandlung übergab er es mir in einer Plastiktüte mit Kosmetikartikeln und haltbaren Lebensmitteln. Die wichtigsten Nummern waren bereits eingespeichert. Im Gericht mussten wir keine Durchsuchung fürchten, dafür aber bei unserer Rückkehr nach Al-Huda – das war bekannt! Damit standen wir nun vor der Frage, wie wir das Handy ins Gefängnis bringen sollten.

Doch auch dafür fanden wir eine Lösung: Gegen ein kleines Trinkgeld hielten unsere Wärter auf dem Rückweg nach der Verhandlung unterwegs an und kauften ein paar runde Brote für uns, die in Plastiktüten steckten.

Meine Mitgefangenen halfen mir dann, Handy und Ladegerät heimlich in den Broten in der Mitte der Plastiktüte zu verstecken. Die Wärter befühlten nämlich immer nur die Ränder der Brote und merkten nicht, dass in der Mitte etwas drinsteckte.

Wunderbar! Zurück in der Zelle holte ich meine Schätze aus den Broten und konnte die Zellenschließung zur Nacht kaum erwarten. Endlich war es so weit: Ich rief sofort zu Hause an und freute mich mit meiner Familie, dass ihr Handy tatsächlich bei mir angekommen war. Von nun an wurden die abendlichen Gespräche mit Vanda, Váva und Petr zum festen Bestandteil meines Lebens in Gefangenschaft. Ich nutzte diese Zeit immer, um sie mit den Wahrheiten zu ermutigen, die Gott mir täglich in seinem Wort aufzeigte.

Sobald morgens um sechs Uhr die Zellentüren aufgeschlossen wurden, verschwanden die Handys wieder bis zum Abend in ihren Verstecken. Zunächst trug ich meins immer bei mir, aber als mich ein Wärter zu einer spontanen Durchsuchung herauspickte, entdeckte er das Gerät und ich musste ihm fünfzig Sudanesische Pfund geben, um es zurückzuerhalten. Von da an übergab ich es morgens vor dem Appell immer Shukwan. Er hatte unter seinem Bett eine abschließbare Holzkiste, in der es tagsüber sicher war. Nach dem Morgenappell konnten wir uns in unserer Abteilung des Gefängnisses frei bewegen und ich verbrachte den größten Teil des Tages in der Kapelle.

卌

In den vorigen Gefängnissen war es schwierig gewesen, Briefe zu erhalten und zu versenden, außerdem wurden sie zensiert. Wir mussten in Englisch schreiben, die Geheimpolizei las alles und es dauerte lange, bis ein Brief mithilfe eines Mitarbeiters der Botschaft zugestellt wurde.

Jetzt in Al-Huda, mit den Smartphones, sah die Sache ganz anders aus. Ich konnte tschechische Briefe schreiben, diese fotografieren und meiner Tochter als WhatsApp-Nachricht schicken.

Eine Woche nach unserem ersten Gerichtstermin und einen Tag vor dem zweiten schrieb ich meiner Tochter zum ersten Mal einen solchen Brief. Ich verglich meine vorübergehende, leidvolle Zeit im Gefängnis mit dem ewigen Leben der Männer, die in Al-Huda zum Glauben an Jesus gekommen waren. Dankbar erzählte ich von meinem Bruder Shukwan, den ich aber nicht namentlich nannte, sondern als meinen „Schutzengel" bezeichnete. Er hatte das karge Gefängnisessen, das von den Gefangenen in den Zellen mit einigen Zutaten aufgewertet wurde, so großartig für mich zubereitet, dass ich schon wieder etwas an Gewicht zugenommen hatte. Er hatte mich auch vor allen Gefangenen in unserer Zelle – auch vor den muslimischen – gebeten, ein Dankgebet für unser Essen zu sprechen. Das hatte mir die Gelegenheit gegeben, die Tischgebete zu kleinen Predigten zu erweitern, zumindest für die Gefangenen, die Englisch konnten.

Weiter schrieb ich in meinem Brief, dass ich Shukwan

oft beobachten konnte, wie er die Evangelien in seinem arabischen Neuen Testament las. Wenn ihn die anderen Männer in unserer Zelle dann danach fragten, erklärte er ihnen die biblischen Wahrheiten. Shukwan konnte die Bibel gut erklären und auf ihre Einwände antworten. Immer wenn ich eine solche Szene beobachtete, betete ich leise für ihn.

Am Ende des Briefes erzählte ich davon, dass ich völligen Frieden hatte, was die Länge meines Gefängnisaufenthaltes betraf. Ich wollte genauso lange hier sein, wie Gott mich hier haben wollte. Mein Brief war acht Seiten lang geworden und es tat gut, meiner Familie endlich wieder ganz frei und offen schreiben zu können.

Durch die Smartphones hatten wir auch Zugang zum Internet. Die Übertragungsgeschwindigkeit war mit dem 2G-Mobilfunkstandard in der sudanesischen Wüste natürlich nur sehr niedrig. Trotzdem konnten wir mit Hassans Gerät und etwas Geduld verfolgen, wie unsere Unterstützung weltweit zunahm. Es lief eine Petition für uns, die von der Menschenrechtsorganisation CitizenGO gestartet worden war, einer Stiftung, die sich mit Petitionen unter anderem für verfolgte Menschen einsetzt. Wir drängten uns um Hassans Handy, aktualisierten laufend die Website und beobachteten ehrfürchtig, wie immer mehr Menschen für unsere Sache unterschrieben. Natürlich trugen wir auch uns selbst ein und es verging kaum ein Morgen, an dem uns nicht ein Mitgefangener im Vertrauen erzählte, dass er auch unterschrieben habe. Jeden Tag schauten wir nach und staunten, wie sich die Zahl der Unterzeichner auf eine halbe Million zubewegte.

Dann wurde uns in einem YouTube-Video von einer friedlichen Demonstration vor der sudanesischen Botschaft in Madrid erzählt. Wir konnten den Film nur mit sehr viel Ruckeln und Verzögerungen sehen, aber es war schon etwas Besonderes: Da wurden Schilder mit meinem Namen in die Höhe gehalten und die Menschen forderten lautstark meine Freilassung. Das Video lief über zwanzig Minuten und die Kamera wanderte von Banner zu Banner, von Slogan zu Slogan, und alle hatten mit mir zu tun: Freiheit für Petr Jašek!

卌

Eine Woche nach dem Auftakt des Gerichtsverfahrens waren wir zum zweiten Mal auf dem Weg nach Khartum. Dieses Mal warteten wir zweieinhalb Stunden in der dreckigen Zelle, ehe unsere Verhandlung um 13 Uhr begann. Mehr als zehn Kinder warteten mit uns in der Zelle. Sie waren in bittere Armut hineingeboren und zu Dieben geworden. Als die Angehörigen meiner Freunde uns Essen brachten, teilten wir es mit den Kindern. Das jüngste von ihnen war erst neun Jahre alt.

Im Gerichtssaal hatte der Staatsanwalt, der die Anklage gegen uns führte, einen Projektor aufgebaut. Er spielte Aufnahmen vor, die von den Spezialisten des Geheimdienstes von meinen Festplatten wiederhergestellt worden waren. Eine zerstörte christliche Kirche nach der anderen war zu sehen, im Norden des Landes, aber auch in den umkämpften Nuba-Bergen.

Ich sah ruhig zu, alle anderen auch. Bis ich plötzlich ein Detail entdeckte: Ganz klein in der Ecke der Bilder war das Datum zu sehen – die Bilder waren 2011 aufgenommen worden! Ich richtete mich kerzengerade auf und holte tief Luft. Adrenalin strömte durch meinen ganzen Körper. *Jetzt kann ich beweisen, dass ich unschuldig bin!* Ich beugte mich zu meinem Anwalt und flüsterte: „Die Bilder sind nicht von mir. Ich war 2011 nicht im Sudan!" Der Staatsanwalt protestierte sofort, weil wir in Englisch miteinander redeten, und der Richter gab ihm recht. Daraufhin ging es zwischen den Anwälten und dem Richter laut und heftig in Arabisch hin und her.

Im nächsten Moment fiel der Strom aus und das Licht des Projektors verlosch. Die meisten Anwesenden brachen in schallendes Gelächter aus. Jeder im Land kannte das Problem, ständig war der Strom weg. Nur sehr wohlhabende Menschen konnten sich einen Notstromgenerator leisten – das Gericht besaß keinen. Ohne Strom konnten wir aber nicht weitermachen und die Fortsetzung des Verfahrens wurde auf den 1. September vertagt. Die Verhandlung hatte nur etwa zwanzig Minuten gedauert, doch mir war klar geworden, dass die sudanesische Geheimpolizei versuchte, mit allen Mitteln den Prozess in die Länge zu ziehen. Aber mir machte das nichts aus, denn ich hatte jetzt eine Aufgabe: Ich musste Beweise dafür finden, dass ich 2011 nicht im Sudan war!

Dreiundzwanzig

September 2016

Al-Huda-Gefängnis

Kaum zurück in Al-Huda, rief ich Váva an und erzählte ihr von der neuen Situation. Ich brauchte Dokumente, die belegen konnten, dass ich zu der Zeit, als die Aufnahmen in den Nuba-Bergen gemacht worden waren, in Prag gewesen war. Sie sollte sie einscannen und als E-Mail-Anhang an meinen Anwalt schicken. Damit würde ich meine Unschuld beweisen können. Aufgeregt dachte ich daran, dass ich vielleicht schon bald frei sein würde!

So kam der 1. September und wieder verließen wir frühmorgens unsere Zelle, um uns auf den Weg nach Khartum zu machen. Während wir über das Gelände des Al-Huda-Gefängnisses gingen, beobachteten wir ein schreckliches Ereignis:

„Schaut mal, da rechts", flüsterte ich und stupste Hassan und Kuwa an. Ein Gefangener wurde brutal in eine offene Grube voller menschlicher Fäkalien getaucht. Er tat mir furchtbar leid und ich flehte innerlich für ihn um Gottes Bewahrung. Immer tiefer drückten die Wärter ihn hinein und ließen erst nach, als ihm der Kot schon bis zum Nacken ging.

Wir hatten von den anderen Insassen gehört, dass dies die übliche Strafe für einen Gefangenen war, der die Wärter angegriffen hatte. Er würde mindestens eine halbe Stunde in dieser Grube aushalten müssen – die schlimmste Strafe, die man hier bekommen konnte! Für geringere Vergehen musste man sich draußen im Dreck wälzen. Ohne fließendes Wasser war es fast unmöglich, nach so einer Behandlung wieder sauber zu werden. Eine weitere schwere Strafe war das Zusammenketten der Beine für ein, zwei oder drei Wochen. Das schwere Metall grub sich in die Fußknöchel und wenn die Kette dann wieder entfernt wurde, schlitzte der eiserne Meißel, mit dem das Schloss aufgeschlagen wurde, oft auch die Haut des Gefangenen auf.

Was wir gerade beobachtet hatten, war aber mit Abstand die schrecklichste Strafe – und sie wurde häufig angewandt. Immer wenn sich der abscheuliche Schweinestall-Geruch über Al-Huda verbreitete, wussten die Häftlinge, dass wieder einmal ein Mann in der Fäkaliengrube bestraft wurde. Kein Wunder, dass ständig die Cholera ausbrach. Um sie im Vorfeld zu bekämpfen, bekam jeder gesunde Insasse drei Tabletten Doxycyclin, ein Antibiotikum – in der irrigen Annahme, es würde vorbeugend helfen. Ich betete jeden Tag, dass ich keine Cholera bekam. Auch Tuberkulose war unter den Gefangenen weitverbreitet und immer wieder mussten die Wärter Leichen aus den Zellen holen.

Zu Beginn unserer dritten Anhörung wurde mein Übersetzer entlassen. Obwohl ich nun ohne Übersetzer war, hatte sich meine Situation dadurch nicht wesentlich verschlechtert.

Die Willkür dieses ganzen Verfahrens erinnerte mich an die Situation in den Fünfzigerjahren in der Tschechoslowakei, als Personen, die dem kommunistischen System bedrohlich erschienen, zu lebenslänglicher Haft verurteilt werden konnten. Ich entschied mich aber, den Sorgen nicht die Oberhand zu geben, sondern einfach stumm zu beten. Wie auch immer, in ein paar Wochen würde dieses Verfahren zu Ende sein.

Der dritte Termin zog sich lange hin und war sehr frustrierend. Dieses Mal brachte der Staatsanwalt Belege für mein Treffen mit dem jungen Mann, der vom Islam zum Christentum übergetreten war und dafür Verbrennungen erlitten hatte. Mein Anwalt bestand darauf, dass das Beweismaterial des Staatsanwaltes von Experten auf seine Echtheit geprüft werden musste.

Nach der Verhandlung schrieb ich meiner Familie folgenden Brief:

Nach europäischen Maßstäben sind diese Gerichtsverhandlungen hier ziemlich chaotisch. Der Richter, die Rechtsanwälte und der Staatsanwalt schreien sich gegenseitig an. Die Mitglieder des Nachrichten- und Geheimdienstes nehmen an dem Verfahren teil und dirigieren den Ablauf. Der Richter ist auch einer von ihnen. Von daher muss man davon ausgehen, dass das Urteil dem entsprechen wird, was die Anklage möchte.

Auch die drei Christen, die mit mir zusammen angeklagt werden, sind ruhig und gelassen in der Gewissheit, dass Gott alles in seiner Hand hat. Mir geht es auch so. Gott hat das letzte, entscheidende Wort. Ich denke dabei gerne an Psalm 109,30-31[15]*, diese Worte geben mir Mut und Kraft.*

Vielen Dank für alle Bibelstellen, die ihr mir geschickt habt, sie haben mich sehr ermutigt und passen gut zu dem, was ich selbst auch beim Bibellesen von Gott empfange. Ich habe hier Zeiten, in denen Gott mich stärkt; Zeiten, in denen ich anderen von Gott erzählen kann; Zeiten, in denen ich mich selbst aufbaue, und Zeiten, in denen ich den Austausch mit anderen Christen genießen kann.

Von den fast neun Monaten, die ich jetzt schon in Haft bin, habe ich vier Monate in Einzelhaft verbracht. Zunächst hatte ich keine Bibel. Aber in der Zeit sprach der Heilige Geist zu mir durch Bibelverse, die ich noch auswendig wusste. Als ich dann eine Bibel bekam, schenkte Gott mir ein ganz neues, tiefes Verständnis für sein Wort, besonders auch für Passagen, die ich bis dahin nicht verstehen konnte oder falsch verstanden hatte.

Vielen Dank für eure Gebete und alle ermutigenden Worte. Möge Gott euch alle bewahren und segnen. 1.Petrus 2,20b-23[16]*.*

Zwei Wochen zuvor hatten Vanda und die Kinder einen Brief geschrieben und ein Carepaket geschnürt, das der neue Mitarbeiter der tschechischen Botschaft, Herr Afifi, mir bringen sollte. „Ich bin wirklich stolz auf dich", schrieb Vanda, „für deinen Mut und die Geduld, mit der du die ganze Situation ertragen kannst. Du bist uns ein großes Vorbild und ermutigst uns alle. Ich lese deine Briefe immer wieder und halte sie in meinem Herzen!"

Nach dem dritten Gerichtstermin sprach ich zum ersten Mal mit Herrn Afifi. Bei der Gelegenheit gab er mir das Päckchen und den Brief, worauf ich direkt wieder antwortete:

Meine Lieben,

vielen Dank für das Geld, das mir Herr Afifi, der Mitarbeiter der Botschaft, heute geben konnte. Ich habe es geschafft, das Handy von euch ins Gefängnis zu schmuggeln, was mich nur zwei kleine „Geschenke" für die Wärter gekostet hat. Man kann hier für Geld fast alles ins Gefängnis bringen. Ich habe mich riesig gefreut über das Buch Wenn Gefängnismauern sprechen könnten *von Richard Wurmbrand, das ihr mir geschickt habt. Es ist ungefähr zwanzig Jahr her, seit ich dieses Buch das erste Mal gelesen habe. Aber jetzt bin ich in einer ganz ähnlichen Situation wie Richard Wurmbrand und alles spricht mich sehr direkt an. Vieles, was ich hier erlebe, löst in mir die gleichen Gefühle aus, die auch er beschreibt. Ich musste beim Lesen an mehreren Stellen weinen, weil mich das Buch so berührt hat. Ich habe nur einen Nachmittag zum Lesen gebraucht und freue mich bereits auf einen weiteren Durchgang!*

Es war wirklich erstaunlich. Viele meiner Erfahrungen deckten sich mit dem, was Richard Wurmbrand Jahrzehnte früher im kommunistischen Rumänien erlebt hatte. Auch meine Gefühle und mein neues Verständnis der Bibel fand ich in seinem Buch wieder. Ich fühlte mich richtig verbunden mit diesem Mann. Wir teilten das gleiche Schicksal, wurden beide von einem totalitären Staatssystem verfolgt und wir waren beide Nachfolger Jesu. Falls Gott mich irgendwann aus dem Gefängnis holte, wie er es auch bei Wurmbrand getan hatte, dann wollte ich gerne – mit Gottes Hilfe – ebenfalls den Mut haben, meine Erfahrungen aufzuschreiben, sodass andere dadurch die Liebe Gottes kennenlernen konnten.

Vierundzwanzig

September 2016
Al-Huda-Gefängnis

Dankbar beobachtete ich, wie ich während meiner Zeit in Al-Huda geistlich und emotional immer stärker wurde. Meine Familie hatte mir einen MP3-Player mit Audioaufnahmen der ganzen Bibel in Tschechisch und Englisch geschickt. Außerdem war auf dem MP3-Player ein Französisch-Lehrbuch. Wenn die Sonne untergegangen war und ich nicht mehr lesen konnte, hörte ich oft noch bis spätabends dem Bibeltext zu. Das Audio-Sprachlernprogramm nahm ich zu Hilfe, als ich meine Mitgefangenen im Raum der Kapelle in Englisch und Französisch unterrichtete.

So waren Geist und Verstand beschäftigt und guter Dinge. Dennoch zehrten die anstrengenden wöchentlichen Fahrten zum Gericht in Khartum an meinen Kräften. Es herrschte unverändert glühende Hitze und die Ladeflächen der Viehtransporter waren sehr unbequem. Irgendwann begann ich, mich vor den Transporttagen zu fürchten.

Am 5. September war die nächste Verhandlung. Ein neuer Übersetzer war bestellt worden, er war Dozent für Übersetzungswesen an der Universität von Khartum.

Im Verlauf der zurückliegenden Anhörungen war das meiste, was ich gesagt hatte, verzerrt oder falsch verstanden worden. Deshalb beugte Hassan sich nun zu mir und flüsterte mir zu, was mir Neues vorgeworfen wurde: Ich hätte zugegeben, der Vertreter einer amerikanischen Organisation zu sein, die dem jungen Mann mit den Verbrennungen helfen wollte – was so nie geschehen war! Außerdem erfuhr ich von Hassan, dass ich durch den Einsatz finanzieller Mittel versucht hätte, einen Umsturz der Regierung zu bewirken. Im weiteren Verlauf der Sitzung beobachtete ich Hassan und Kuwa, sie sahen enttäuscht und frustriert aus und murmelten immer wieder leise Kommentare.

„Einspruch, Euer Ehren“, warf mein Anwalt unzählige Male ein, aber niemand reagierte auf ihn. Nach diesem Verhandlungstag, an dem sich das Gericht vor allem mit dem verletzten christlichen Studenten beschäftigt hatte, kamen einige Botschaftsvertreter auf uns zu. Sie schüttelten uns die Hände und bestätigten uns, dass das Verfahren ein Politikum im Zusammenhang mit den bri-

Pastor Hassan (rechts) und ein Ältester der Gefängniskapellen-Gemeinde (links). Als Pastor Hassan, Pastor Kuwa und ich ins Al-Huda-Gefängnis überstellt wurden, nutzten die Gemeindeältesten die Möglichkeit, die wöchentlichen Gottesdienste von damals zwei auf fünf zu erhöhen. In meiner freien Zeit unterrichtete ich befreundete Gefangene in Englisch und Französisch in der Kapelle.

santen Religionsfragen des Landes war. Sie dankten uns für unsere Geduld und sprachen mit Wertschätzung und Bewunderung über die Art, wie wir mit der Situation umgingen.

Dann warteten wir wieder etliche Stunden in der Zelle, aber wir waren guter Dinge, denn die Worte der internationalen Prozessbeobachter hatten uns sehr ermutigt. So gingen wir zwischen den anderen Gefangenen auf und ab und dankten Gott für die vielfältige Unterstützung – durch Christen aus aller Welt, durch die Christen aus der Nuba-Region, durch die Vertreter der Botschaften –, bis wir wieder auf den Transporter verladen wurden.

Woche für Woche ging es so weiter und jedes Mal mussten wir die belastende Fahrt antreten. Wenn der Verkehr stark oder das Wetter schlecht war, brauchten wir drei Stunden für eine Strecke. Oft hielten wir auch noch an anderen Gerichtsgebäuden in Khartum und sammelten weitere Häftlinge für die Rückfahrt ein, bis unser Transporter so überfüllt war, dass wir kaum Luft bekamen.

Am 26. September saßen wir wieder einmal vor dem Richter, wieder einmal hörten wir dem Staatsanwalt zu, der einen Vorwurf nach dem anderen erhob. Dann zeigte er einen Film, der im Jahr 2011 in den Nuba-Bergen gedreht worden war. Meine Anspannung stieg. Meine Familie hatte viele Nachweise dafür zusammengetragen, dass ich zu dieser Zeit nicht im Sudan war. Da sich ein Großteil der Anklage auf dieses Video stützte, würde es nun nicht mehr lange dauern, bis meine Anklage fallen gelassen werden würde.

Der Staatsanwalt zeigte den Film und mein Dolmetscher übersetzte mir flüsternd: „Dieses Video wurde auf der externen Festplatte des Angeklagten Nummer eins gefunden“ – der Staatsanwalt deutete auf mich – „und es zeigt den Angeklagten mit drei weiteren Personen, die zusammen in einem Fahrzeug sitzen und durch die Kriegsgebiete in den Nuba-Bergen fahren.“

Mein Anwalt drehte sich zu mir um: „Er behauptet, dass Sie hier zu sehen seien.“

„Unmöglich", flüsterte ich zurück, „ich war zu der Zeit in Tschechien. Sie haben die Beweise."

Mein Anwalt hob den Arm, um Einspruch zu erheben. Vermutlich wollte er weitergeben, was ich gerade gesagt hatte. Dann hob er einen Stapel Blätter in die Höhe, der vor ihm gelegen hatte. „Hier haben wir die Beweise, dass Herr Jašek zu der Zeit, als das Video aufgenommen wurde, in Prag war."

Er reichte die vielen Ausdrucke von Belegen und Nachweisen an den Richtertisch und bewies als Nächstes, dass das Video nicht einmal mit meiner Kamera aufgenommen worden war. Meine Kamera war eine Canon Rebel XT3, aber die Aufnahmen waren mit einer „Canon Rebel XTi" gemacht worden.

Sein Einwand war gut präsentiert, die Argumente nicht zu widerlegen – dachte ich. Doch der Richter wirkte nicht überzeugt, sah sich die Dokumente oberflächlich an und legte sie unbeeindruckt zur Seite. Dann sagte er etwas auf Arabisch und mein Anwalt hob resigniert die Schultern. Mein unbestreitbarer Beweis hatte nichts bewirkt.

Ich sah mich im Raum um – der Einwand meines Anwaltes wurde nicht einmal zu Protokoll genommen. Niemand hatte mitgeschrieben. Mein Argument, von dem ich mir die Freiheit erhofft hatte, war nicht einmal in die offiziellen Aufzeichnungen gelangt!

Fünfundzwanzig

Oktober 2016
Al-Huda-Gefängnis

Am 17. Oktober wurden wir zu unserer nunmehr achten Verhandlung nach Khartum gebracht. Zwei Monate dauerte dieser Prozess jetzt schon, ein deprimierender Gedanke. Aber aus den Briefen und heimlichen Telefongesprächen mit meiner Familie wusste ich, dass Christen auf der ganzen Welt für mich beteten, was mich sehr ermutigte.

Die Mitglieder meiner Gemeinde in Tschechien beteten und fasteten weiterhin ein jeder in seinem Haus. Außerdem trafen sie sich regelmäßig in den Gemeinderäumen, um auch gemeinsam für mich zu beten. Die Freunde des amerikanischen Teils der *Hilfsaktion Märtyrerkirche* kamen immer dienstags zum Gottesdienst zusammen und beteten dann auch für uns. Von Pastor Hassan und Pastor Kuwa wusste ich, dass zusätzlich die gesamte sudanesische Christenheit für uns betete. Mit dem Gedanken an so viele Unterstützer betrat ich zum achten Mal den Verhandlungssaal.

Dieses Mal eröffnete Staatsanwalt Abdurrahman – der Leiter der Anklage – die Verhandlung mit der Ankündigung, er hätte einen Film über mein nächtliches Treffen mit dem verletzten Studenten dabei. Anscheinend hatte der Geheimdienst uns mit Nachtsicht-Kameras gefilmt. Dazu behauptete er, eine Audioaufnahme über ein Gespräch zwischen Monim und mir zu besitzen, in dem wir uns über diesen Studenten unterhielten. Es wäre zu hören, wie wir über die Abkehr des Studenten vom Islam und seiner Hinwendung zum Christentum sprachen. Ich konnte mich an das Gespräch erinnern, hielt es aber für sehr unwahrscheinlich, dass davon eine Tonaufnahme existieren konnte. Wir hatten uns in einem Restaurant aufgehalten, wo es sehr laut war. Kaum vorstellbar, dass es davon einen verständlichen Mitschnitt gab.

Ich verfolgte gespannt, wie es nun für einige Zeit mit Fragen und Antworten zwischen dem Staatsanwalt und unseren Anwälten hin und her ging.

„Warum haben Sie meinen Mandanten überhaupt verhört?“, fragte mein Anwalt.

„Weil seine wiederholten Reisen in den Sudan illegal waren. Er hat einige Orte in den Nuba-Bergen besucht und sich dort mit den Rebellen getroffen, die gegen die Regierung kämpfen. Dabei sammelte er Beweise, um die Vorwürfe der Unterdrückung, Folter und zwangsweisen Islamisierung und Arabisierung der Bevölkerung in der Nuba-Region zu erhärten.“

Der Staatsanwalt fuhr fort: „Er unterstützte die Regierungsgegner logistisch, praktisch und moralisch und berichtete vor internationalen Organisationen von seinen Beobachtungen, besonders vor dem Hauptsitz der amerikanischen Organisation, für die er arbeitet.“

Mir war klar, dass sie damit die *Hilfsaktion Märtyrerkirche* meinten.

„Wo ist der Hauptsitz der *Hilfsaktion Märtyrerkirche*?“, fragte ihn mein Anwalt.

„In den USA“, antwortete der Staatsanwalt.

„Haben die Berichte, die mein Mandant eingereicht hat, etwas bewirkt?“

„Ja, sie haben dem internationalen Ansehen des Sudan in politischer, wirtschaftlicher und militärischer Hinsicht geschadet“, antwortete er.

Ich war überrascht über dieses bemerkenswerte Eingeständnis meiner Ankläger! Die sudanesische Regierung bestritt nicht, Christen zu verfolgen, wehrte sich jedoch energisch gegen die Verbreitung dieser Informationen außerhalb des Sudan. Kopfschüttelnd hörte ich dem Staatsanwalt zu. Das Problem – nach Einschätzung meiner Ankläger – war nicht die Verfolgung von Christen im Sudan, sondern die Gefahr, dass die Nachrichten dazu dem Ansehen des Landes schaden könnten!

Diese Befragung dauerte einige Zeit, und Staatsanwalt Abdurrahman sprach über verschiedene illegale Aktivitäten, die Pastor Hassan, Pastor Kuwa, Monim und ich angeblich begangen hatten. Unsere Anwälte stritten und protestierten, aber mit geringer Wirkung. Der Richter war grundsätzlich auf der Seite der Staatsanwaltschaft.

Es war offensichtlich, dass mein Prozess eine Farce war – sowohl die Ermittlung als auch die Anklage wurde von ein und derselben Person durchgeführt –, und keiner der Beweise meines Anwalts hatte einen Einfluss darauf, ob ich als schuldig oder unschuldig angesehen wurde. Am schlimmsten war, dass der Richter sich offensichtlich auf die Seite der Staatsanwaltschaft stellte. Als die Staatsanwälte später beim Kreuzverhör nicht in der Lage waren, die Fragen der Anwälte ausreichend zu beantworten, mischte sich der Richter ein und antwortete an ihrer Stelle. Für mich war klar, dass dieser Prozess genauso verlief, wie es in der kommunistischen Tschechoslowakei früher üblich gewesen war. Von daher gab es kaum eine Aussicht auf ein faires Urteil.

Zwei Tage später schrieb ich einen weiteren Brief an meine Familie. Dann berichtete ich meiner Familie, was vor Kurzem in meiner Zelle geschehen war. In einer brenzligen Situation hatte Gott überraschend deutlich zu meinen Gunsten gehandelt. Vor etwa zwei Wochen war ein neuer, gefährlicher Häftling in unsere Zelle gebracht worden. Wir waren zu dem Zeitpunkt fünfundneunzig Männer in dem Raum, aber es gab nur fünfundsiebzig Betten für uns. Von Shukwan erfuhr ich, dass der Neuankömmling ein Drogenboss war, der schon als Teenager wegen eines Verbrechens verurteilt worden war und jetzt gerade das vierzehnte von zwanzig Jahren absaß. Zu meiner Überraschung setzte sich der Mann einfach auf das Bett, das direkt neben meinem stand, und begann sofort damit, den Zellengenossen „Bango“ auszuteilen – eine halluzinogene Droge, die man raucht. Er brachte einen riesengroßen, modernen Fernseher und einen DVD-Player mit und verwandelte unsere ruhige Zellenecke in eine lärmende Drogenhölle, in der die Gefangenen die ganze Nacht lang rauchten und einen Kampffilm nach dem anderen sahen.

Shukwan, mein „Leibwächter“, war empört. Am nächsten Morgen räumte er die Zelle um. Er verschob unser dreistöckiges Bett um neunzig Grad und sperrte damit diese Ecke der Zelle so ab, dass nicht noch mehr Häftlinge herüberkommen und Filme schauen konnten. Darüber regte sich der Drogenboss natürlich auf. Statt aufzugeben, scharrte er umso mehr Leute um sich, die alle direkt neben meinem Bett „Bango“ rauchten. Zweimal stellte ich mich ihnen entgegen, teilte ihnen in meinem schlechten Arabisch mein Missfallen mit und forderte sie auf, zu gehen. Zu meiner Überraschung schienen viele Gefangene mich zu respektieren, zogen sich zurück und rauchten am anderen Ende der Zelle weiter.

Doch damit verlor der Drogenboss natürlich Kunden und sann von nun an auf Rache. Es war ein offenes Geheimnis, dass jeder, der im Gefängnis mit Drogen zu tun hatte, auch ein Komplize der Wärter war. Das bekam ich gleich am nächsten Tag zu spüren, als ich von der Kapelle zurück zu unserer Zelle ging. Mehrere Wärter verstellten mir den Weg und begannen, mich zu durchsuchen. In meinen Kleidern fanden sie zwar nichts, aber einer von ihnen entdeckte meinen Hüftgürtel, den ich unter der Unterhose trug. Darin hatte ich mein Geld und ausgerechnet heute auch mein Handy versteckt. Natürlich wurde es sofort beschlagnahmt und ich musste es für 50 Sudanesische Pfund freikaufen (nach damaliger Umrechnung etwa 8 USD oder 7 €).

Ich wurde noch eine Weile schikaniert, ehe ich schließlich gehen konnte. Als ich die Zelle betrat, herrschte dort erwartungsvolles Schweigen, als ob alle auf mich gewartet hätten. Der Drogenboss saß mit vor der Brust verschränkten Armen auf seinem Bett und gab sich alle Mühe, mich einzuschüchtern. Er verspottete mich und ließ den restlichen Tag nicht mehr von mir ab. Am Abend stellte er seinen Fernseher direkt neben das Fußende meines Bettes und drehte die Lautstärke voll auf, sodass der ganze Raum den Boxkampf der Frauen verfolgen konnte, den er uns zeigte.

Am nächsten Abend ließ er direkt neben meinem Kopf bis zwei Uhr morgens Musik laufen. Doch Gott schenkte mir so viel Frieden und Gnade, dass ich mitten in all dem Lärm wunderbar schlafen konnte. Die anderen Häftlinge hatten es da schwerer. Sie ärgerten sich über den Lärm in der Nacht und nahmen dem Gefangenen gegenüber eine feindselige Haltung ein, auch wenn keiner es wagte, ihn offen zu kritisieren. Dem Mann schlug eine zunehmend hasserfüllte Stimmung entgegen, während in mir Sympathie für ihn wuchs. Gott selbst schenkte mir eine übernatürliche Liebe für diesen jungen Mann. Dazu trug auch eine Bibelstelle bei, die ich in diesen Tagen las:

> *Was du vorhast, wird dir nicht durch die Macht eines Heeres und nicht durch menschliche Kraft gelingen: Nein, mein Geist wird es bewirken!*
>
> *Sacharja 4,6 (HFA)*

Ich dachte über diesen Satz und über den Gefangenen nach und spürte, wie der Heilige Geist mir ein weiches, sanftes Herz für diesen Mann schenkte. Ich versuchte, ihn so liebevoll zu sehen, wie Jesus ihn sah. Er hatte bisher ein hartes Leben gehabt. Seit vierzehn langen Jahren lebte er schon in diesem Gefängnis – seit seiner Teenagerzeit! Mit Gottes Hilfe konnte ich von da an freundlich auf alle seine Gemeinheiten reagieren.

Der darauffolgende Abend war seltsam ruhig – keine laute Musik, keine Versuche, mich einzuschüchtern, auch keine Durchsuchungen seitens der Wärter. Am nächsten Nachmittag, als ich aus der Kapelle in unsere Zelle zurückkehrte, war das Bett des Drogenbosses leer. Auch Fernseher und DVD-Player waren verschwunden. Überrascht erkundigte ich mich, was geschehen war und erfuhr, dass der Mann ganz plötzlich und unerwartet in ein anderes sudanesisches Gefängnis gebracht worden war, das fast tausend Kilometer entfernt lag. Ich konnte es kaum glauben und betete in dieser Nacht viel für ihn, dass Gott ihm seine Gnade offenbaren würde. Es war beinahe unglaublich, wie schnell Gott eingegriffen und diese Situation verändert hatte – wirklich, Gott wachte über mir und kümmerte sich um meine Sicherheit, während ich unter Kriminellen, Mördern, Dieben und Drogenhändlern lebte! Ich war sein Eigentum und er hatte auf mich acht, das hatte er einmal mehr bewiesen.[17]

Sechsundzwanzig

November 2016
Al-Huda-Gefängnis

Der nächste Verhandlungstermin im Oktober wurde zweimal verschoben und wir warteten angespannt, wann unser Verfahren weitergehen würde. Erst am 3. November machten wir uns wieder auf die Reise nach Khartum. Zu Beginn dieses Gerichtstermins erfuhren wir, dass die Staatsanwaltschaft ihre Ermittlungen und die Erhebung der Anklage beendet hatte und die Verteidigung nun an der Reihe war.

Mein Anwalt nahm den Staatsanwalt ins Kreuzverhör. Es war bewundernswert, wie unerschrocken er sich gegen die Vertreter der Regierung stellte. Bis heute bin ich ihm dafür unendlich dankbar!

„Wenn ein Bürger eines anderen Landes ein Visum erhalten hat, um den Sudan zu besuchen, gibt es dann Einschränkungen, wonach er sich nicht mit sudanesischen Bürgern treffen dürfte?“, begann er. „Führen der Sudan und Tschechien Krieg gegeneinander?“

Staatsanwalt Abdurrahman verneinte.

„Nach Ihren Ausführungen wurden die meisten der Bilder, die in den Nuba-Bergen entstanden sind, 2011 gemacht. War der Angeklagte 2011 im Sudan?“

So ging es weiter, Frage um Frage, und mein Anwalt zerpflückte das ganze Material, das der Staatsanwalt vorgelegt hatte – sämtliche Audio-, Video- und Fotoaufnahmen.

„Haben Sie ein stimmenvergleichendes Gutachten erstellen lassen? Wissen Sie, dass Stimmen durch den Einsatz technischer Geräte verzerrt werden können? Die Kamera des Angeklagten, die Sie uns hier präsentiert haben – war das wirklich die Kamera, mit der die Aufnahmen gemacht wurden?"

Tatsächlich, Staatsanwalt Abdurrahman räumte ein, dass ich 2011 nicht im Sudan gewesen war. Aber er bestand darauf, dass die Bilder von 2012 aussagekräftig genug waren, um als Beweismaterial zu dienen, auch wenn sie mit einer anderen Kamera gemacht worden waren.

Unsere Anwälte stellten Fragen über die Konferenz in Addis Abeba, über die Fotos des verletzten Studenten und über die humanitäre Hilfe, die ihm angeboten worden war. Staatsanwalt Abdurrahman bestätigte fast alle Argumente der Verteidigung und ich begann, wieder Mut zu schöpfen.

Der Staatsanwalt hatte drei Monate gebraucht, um seine Anklagen vorzutragen, doch unsere Anwälte nahmen alle seine Punkte in drei Stunden auseinander.

Leider erfüllte sich meine Hoffnung nicht. Im November und Dezember fanden allwöchentlich insgesamt sieben weitere Verhandlungen statt und mir wurde klar, dass es – auch wenn wir manchen Punkten der Anklage widersprechen konnten – noch sehr viel belastendes Material gab. Die Staatsanwaltschaft sprach von staatsfeindlichen

Handlungen, die eine Bedrohung für die nationale und soziale Sicherheit des Landes darstellten. Meine „illegale humanitäre Arbeit" würden den Interessen der sudanesischen Bevölkerung zuwiderlaufen. Dabei gaben sich die Regierungsvertreter alle Mühe, den Anschein eines demokratischen Rechtsstaates zu erwecken. Dennoch war mir klar, dass alles, was von meinen Anwälten kam, keinerlei Einfluss auf den Ausgang des Verfahrens haben würde. Der Richter würde exakt zu dem Ergebnis kommen, das die NISS-Behörde von ihm erwartete, unabhängig von Fakten und Beweislage.

Nach jedem Gerichtstermin brachten die regierungstreuen Zeitungen Berichte über uns. Wir wurden als gefährliche Verbrecher dargestellt, die eine große Gefahr für die sudanesische Regierung waren. Obwohl ich diese Vorgehensweise von totalitären Regimen weltweit kannte und selbst bereits im Rahmen meiner Arbeit oft Christen unterstützt hatte, die auf diese Art diffamiert worden waren, war die Situation für mich doch sehr schwer zu ertragen. Die Hilflosigkeit, mit der ich den Lügen ausgeliefert war, setzte mir zu. Ich musste davon ausgehen, schuldig gesprochen zu werden, und es war durchaus möglich, dass ich zum Tod verurteilt wurde. Im besten Fall würde ich die nächsten zwanzig Jahre hier im Gefängnis verbringen.

Abends, wenn ich ungestört telefonieren konnte, bereitete ich meine Familie auf diese Möglichkeiten vor. Vielleicht würde ich doch noch freigelassen werden, vielleicht würde ich aber auch zu jahrelanger Haft, einem Leben im Gefängnis oder sogar zum Tod verurteilt werden. Es war mir wichtig, dass sie sich auf alle Möglichkeiten einstellten.

Bei jedem Termin waren auch verschiedene Botschaftsvertreter anwesend, oft kam die tschechische Botschafterin aus Kairo persönlich dazu. Von dieser Seite wurde mir immer wieder versichert, dass man gleich nach der Urteilsverkündung aktiv werden und sich für meine Freilassung einsetzen würde. Aber wie lange würde dieses Verfahren noch dauern? Wochen? Monate?

„Ich vermute, sie werden mich zu zwanzig Jahren verurteilen", sagte ich einmal nach einer Verhandlung zum tschechischen Konsularbeamten.

„Nein, nein", widersprach er, „in ähnlichen Fällen wurde die Haftstrafe auf die Zeit begrenzt, die der Betreffende schon im Gefängnis verbracht hat. Ich gehe davon aus, dass Sie nach diesem Verfahren frei sein werden."

Ich betete, dass er recht haben würde.

Siebenundzwanzig

November–Dezember 2016
Al-Huda-Gefängnis

Bei meiner Verhaftung in Khartum war ich frisch rasiert gewesen, sowohl im Gesicht als auch auf meinem Kopf. Seither waren acht Monate vergangen und mittlerweile hatte ich am Hinterkopf lange Haare, mein Bart bedeckte mein ganzes Gesicht und ging sogar bis zur Brust. Man sah mir an, dass ich mein Dasein weit außerhalb der Zivilisation fristete.

Das machte sich auch anderweitig bemerkbar: Ich musste mir ständig Sorgen machen, dass mir jemand meine Sachen wegnahm. Bei meinen früheren Gefängnisaufenthalten hatten die Wachen meinen Handgepäckkoffer immer in Lagerräumen aufbewahrt, aber hier in Al-Huda war das nicht üblich, denn es wurde zu viel gestohlen. Jeder Gefangene hatte selbst die Verantwortung für seine Sachen. Drei Tage nach meiner Ankunft lernte ich das auf die harte Tour, als mir klar auffiel, dass die Sachen in meinem Koffer immer weniger wurden. Deo, Seife, Essen und Medizin – alles verschwand nach und nach! Aus diesem Grund fing ich an, mein Gepäck überallhin mitzunehmen. Sogar zu den Gerichtsverhandlungen hatte ich meinen kleinen Koffer im Schlepptau.

Um meine Wertsachen wie Handy, Kreditkarten, meine Brieftasche und mein Geld zu schützen, versteckte ich sie in dem geheimen Fach, das Vanda an meinem Hüftgürtel angenäht hatte. Ich trug den Beutel immer am Körper, außer wenn ich mich auszog, um mich zu waschen.

In meiner ersten Woche in Al-Huda machte ich den Fehler, diesen Gürtel an einen Wandhaken im Badezimmer zu hängen. Während ich die Seife aus meinem Gesicht spülte, waren meine Augen ein paar Sekunden lang geschlossen. Als ich sie wieder öffnete, waren meine kompletten Wertsachen verschwunden. Jemand musste in der zweiten Toilette auf den perfekten Moment gewartet haben. Der Verlust setzte mir zu, ich fühlte mich tief verletzt und angegriffen und war sehr wütend. Aufgeregt lieh ich mir ein Handy aus und rief meine Familie an, damit sie meine Kreditkarten sperren ließen.

Doch schon ein paar Minuten später kam Shukwan mit meinen Kreditkarten in der Hand auf mich zu. Er hatte seine Macht und seinen Einfluss genutzt, um den Dieb zu finden und ihm alles wieder abzunehmen. Nur das Bargeld sah ich nie wieder.

Eines Tages erzählte ich dem für die Kapelle verantwortlichen Gefangenen, dass man mir Medikamente aus meinem Koffer gestohlen hatte.

„Warum hast du das nicht schon früher mal erwähnt? Du kannst deinen Koffer hier abstellen", bot er mir an.

Ich folgte ihm ins Bad der Kapelle, wo nur zwei der fünf Toiletten in Betrieb waren. Die drei anderen waren abgeschlossen und wurden von ihm und den Ältesten der Gemeinde als Lagerraum genutzt. Dort konnte ich meinen Koffer einschließen, sodass kein Unbefugter an die Sachen herankommen konnte.

Langsam näherten wir uns dem Jahresende. In unserer Wüstenregion wurde es kälter und kälter. Im Dezember froren wir erbärmlich beim täglichen Appell, der im Freien stattfand. Die riesige Schar von Gefangenen saß während des Appells immer in Fünferreihen auf dem Boden. Alle schwiegen. Der frühe Morgen war wohl die traurigste Zeit des Tages – das empfanden neben mir auch alle anderen. Es war dunkel, wir zitterten vor Kälte und fragten uns, was die Zukunft wohl bringen würde. *Ein weiterer Tag hinter Gittern!*, seufzten wir unhörbar. *Wie viele solcher Tage werden wohl noch kommen?*

Direkt vor der Reihe, in der ich saß, standen drei große, leere Tonkrüge, die Trinkwasser enthielten und *Dabangas* genannt wurden. Jeden Morgen starrte ich sie an. Eines Morgens entschloss ich mich, die deprimierende Zeit während des Apells besser zu nutzen und jeden Tag mit Gebet zu beginnen! Die Dabangas sollten mir dabei helfen, mich zu fokussieren und mir meine Familie vorzustellen. Der erste Tonkrug stand für meine Frau, der zweite für meine Tochter, der dritte für meinen Sohn. Dann betete ich der Reihe nach für sie. Nach meinem Gebet fragte ich mich: *Ach, meine liebe Vanda-Dabanga, wie oft werde ich wohl noch morgens hier sitzen müssen? Wann kann ich dich endlich wieder in meine Arme schließen?* Der Morgenhimmel war übersät mit hell leuchtenden Sternen. Ich sah zu ihnen hinauf, sah den Mond und das Sternbild des Großen Bären. *Ob Vanda jetzt gerade auch diese Sterne sieht?*, fragte ich mich. *Was sie jetzt wohl gerade macht?* In diesen besonderen Momenten, wenn ich zu den Sternen aufschaute, fühlte ich mich eng mit ihr verbunden.

Erst Monate später erfuhr ich von Vanda, dass es ihr genauso gegangen war. Frühmorgens stand sie immer an der Bushaltestelle und fror, sah zum Sternenhimmel auf und betete für mich. Es waren auch für sie die Momente, in denen sie eine besondere Verbundenheit mit mir erlebte!

Gleich nach dem Appell ging ich immer in die Kapelle. Voller Freude erklomm ich die vielen Stufen, die zum dritten Stock hinaufführten – gespannt, was mein Gott heute wieder für mich vorbereitet hatte! Die Freude, die

Gott mir schenkte, spülte das Heimweh und die schmerzliche Sehnsucht nach meinen Lieben stets weg.

Wenn andere da waren, die ein Gespräch wünschten, nahm ich mir Zeit für sie. Ansonsten hatte ich in der Kapelle Zeit mit Gott und seinem Wort. Ich las immer noch in der Bibel, die mir der Mitarbeiter der tschechischen Botschaft aus Kairo mitgebracht hatte. Darüber hinaus war unsere Kapelle auch mit Bibeln ausgestattet, die die Gefängnis-Mission *Prison Fellowship*, eine internationale Organisation zur Unterstützung von Gefangenen, uns geschenkt hatte. Gelegentlich besuchten uns einige Mitarbeiter von *Prison Fellowship* und brachten uns Obst oder andere Lebensmittel, um die Gefängniskost etwas zu ergänzen. Ihre Besuche waren eine Wohltat für uns, ein Segen für Körper, Seele und Geist.

Gott segnete unsere Gefängnisgemeinde und wir konnten wiederum ein Segen für andere sein. Eines Nachmittags saßen Pastor Hassan, Pastor Kuwa und ich in der Kapelle, als wir deutlich den Eindruck bekamen, dass Gott unseren Aufenthalt in Al-Huda bestätigte. Es war sein Plan für uns, dass wir hier waren und unsere Mitgefangenen, die absolut hoffnungslos, verzweifelt und von der Welt vergessen waren, mit ihm bekannt machten. Mitten in ihrer Verlorenheit konnten diese Männer hören, dass es für sie die Möglichkeit gab, durch das Blut Jesu Versöhnung mit Gott zu finden und die Ewigkeit im Himmel zu verbringen. Was war schon ein Jahr – oder möglicherweise auch mehrere – in dieser qualvollen Situation verglichen mit einer ganzen Ewigkeit im Himmel für jemanden, der durch unseren Dienst ein Jünger Jesu wurde? Hassan und Kuwa dachten dabei auch besonders an die Gefangenen in der Todeszelle. Wir wurden alle daran erinnert, dass Gottes Absichten viel besser sind als unsere menschlichen Gedanken und Wege und dass seine Pläne größer sind als unsere Pläne.[18]

Gerade wenn es mir emotional nicht gut ging, erlebte ich, wie ich durch die Kraft des lebendigen Wortes, durch die Gegenwart des Heiligen Geistes und durch meinen Dienst in der Al-Huda-Gefängniskapelle wieder gestärkt, ermutigt und mit Freude erfüllt wurde. Ich wusste auch, dass meine Kirche zu Hause in der Tschechischen Republik regelmäßig für mich betete und fastete. Sie hatten mich nicht vergessen – und Gott noch weniger! Ich befand mich im Zentrum seines Willens und seines Plans.

An besonders schwierigen Tagen gab Gott mir zumindest immer genug Kraft, um es bis zum nächsten Morgen zu schaffen. Er erinnerte mich an einen Vers, den ich versuchte, täglich umzusetzen, wenn ich mit muslimischen Gefangenen und Wärtern sprach:

> *Seid immer bereit, Rede und Antwort zu stehen, wenn euch andere nach der Hoffnung fragen, die euch erfüllt.* *1. Petrus 3,15 (HFA)*

Auf unerwartete und überraschende Weise schenkte Gott mir immer alles, was ich brauchte, um weitermachen und weiterpredigen zu können. Manchmal gab Gott mir auch ganz neue Gedanken und Einsichten, die ich dann notierte und in der Kapelle predigen konnte.

Schon bald nach meiner Verhaftung hatte ich das Gefühl gehabt, dass Gott mich ganz bewusst durch diese schweren Zeiten gehen ließ. Als ich dann in Al-Huda ankam, erkannte ich, dass Gott sorgfältig jeden meiner Schritte geplant hatte – von der Verhaftung im Flughafen über die Verhöre bis zu meiner Zeit in Isolation. Er hatte mich vorbereitet und ausgerüstet, um den Gefangenen in Al-Huda in seinem Namen zu dienen.

Durch die ersten fünf Monate in Haft, als ich keine Bibel gehabt hatte, war mein Gebetsleben intensiver geworden. In der dreimonatigen Einzelhaft danach hatte ich mich dann rund um die Uhr mit Gottes Wort beschäftigen und Hunderte von Notizen machen können. Diese Zeit des gründlichen Bibelstudiums war meine Vorbereitung für die folgenden sechs Monate in Al-Huda gewesen. Bis dahin hatte ich noch nicht oft in Englisch gepredigt, aber ich vertraute darauf, dass Gott mir nun auch jetzt die richtigen Worte geben würde.

Ich war entschlossen, jede Gelegenheit zu nutzen, um die gute Nachricht von Jesus zu verbreiten.

Achtundzwanzig

Dezember 2016
Al-Huda-Gefängnis

Dann kam der Jahrestag meiner Verhaftung. Obwohl ich fast jeden Abend mit meiner Familie telefonieren konnte, nahm ich mir in den folgenden Tagen Zeit, meinen Lieben einen langen Brief zu schreiben, in dem ich über das zurückliegende Jahr nachdachte.

Meine Lieben, ich grüße euch alle und wünsche euch alles erdenkliche Gute und Gottes Frieden zum Advent!

Ich dankte ihnen für ihre Gebete, für das Fasten und für alle ermutigenden Briefe. Während ich auf das letzte Jahr zurückschaute, war ich umso zuversichtlicher, dass jede Stunde, die vergangen war, und jede Minute, die ich in all den verschiedenen Gefängnissen im Sudan verbracht hatte, vor Gott wertvoll war. Gott handelt immer absichtsvoll.

Ich unterbrach mein Schreiben, um darüber nachzudenken, wie Gott mich in den zurückliegenden zwölf Monaten meiner Gefangenschaft verändert und geformt hatte. In vielerlei Hinsicht fühlte ich mich wie Josef im Alten Testament, der in Ägypten zu Unrecht beschuldigt und eingesperrt wurde. Fesseln hatten seine Füße verletzt und die Gefängniswärter legten ihm Eisenketten um den Hals. Aber es stimmte auch, was in den Psalmen über ihn steht, es war eine Zeit der Läuterung, der Vorbereitung.[19]

Während meine Lebensbedingungen hart waren und jedes neue Gefängnis neue Herausforderungen und Schwierigkeiten mit sich brachte, gab Gott mir Einblick und Verständnis für die großen Zusammenhänge, in denen er denkt und plant.

Dann beschrieb ich in meinem Brief auch noch eine andere Begebenheit, die erst eine Woche zurücklag. Eines Morgens, als ich wieder einmal in der Kapelle gesessen hatte, war ein junger Sudanese hereingekommen, der unbedingt mit mir sprechen wollte. Sofort unterbrach ich mein Bibellesen und fragte ihn nach seiner Beziehung zu Gott. Während ich ihm zuhörte, spürte ich, wie der Heilige Geist mich aufforderte, ganz deutlich mit ihm über Jesus zu reden und ihn zum christlichen Glauben einzuladen. Zufällig hieß er Abraham. Es dauerte nur wenige Minuten, bis er beschloss, in die Fußstapfen seines Namensvetters zu treten und sein Leben Christus zu übergeben. Erst einige Stunden später fiel mir auf, dass dieser Tag der einjährige Jahrestag meiner Inhaftierung war! Was für ein besonderes Geschenk zu meinem Gefängnisjubiläum – ich hatte einen Mithäftling zu Christus führen können!

Fast jeden Tag sandte Gott jemanden in die Kapelle, und ich hörte beständig die leise Stimme des Heiligen Geistes, der mich führte und mir die richtigen Worte gab. Gottes Pläne waren so gut![20]

Neunundzwanzig

WEIHNACHTEN 2016–JANUAR 2017
AL-HUDA-GEFÄNGNIS

Mit dem Jahresende stand auch wieder Weihnachten bevor, mein zweites Weihnachtsfest im Sudan. Am 24. Dezember schaute ich abends in der Kapelle in über zweihundert Gesichter. Nachdem zusätzliche Stühle und Bänke besorgt worden waren, hatten alle Gefangenen in der ehemaligen Zelle einen Platz gefunden. Die Gefängnisleitung hatte uns Lautsprecher zur Verfügung gestellt und die sudanesischen Christen sangen noch leidenschaftlicher als sonst. Der Gesang zog sogar einige Muslime an, die dadurch Lust bekommen hatten, mit uns Weihnachten zu feiern.

Es wurde ein sehr emotionaler Gottesdienst. Aus einer der Toilettenkabinen rief ich schnell noch meine Familie an und sagte ihnen, dass ich gleich predigen würde. Für längere Weihnachtswünsche blieb keine Zeit.

Wir verbrachten die ganze Nacht in der Kapelle, beteten und bereiteten uns auf den nächsten Morgen vor. Ein katholischer Priester würde uns besuchen und zum ersten Mal in der Geschichte des Al-Huda-Gefängnisses würden einige Gefangene, die zum Tode verurteilt worden waren, zum Gottesdienst kommen dürfen – hundert Männer! Sie waren in der sogenannten Todeszelle untergebracht und warteten auf ihre Hinrichtung. Pastor Hassan und Pastor Kuwa gingen jeden Sonntag in diese Zelle und predigten dort, aber mich ließen die Wärter nicht mitkommen, weil ich ein Ausländer war.

Am Weihnachtsmorgen begegnete ich diesen Männern aus der Todeszelle, die meine Brüder geworden waren, zum ersten Mal. Weinend umarmten wir uns. Diese Männer hatten nicht mehr lange zu leben und ich wusste, dass wir uns wahrscheinlich kein zweites Mal sehen würden.

Aber im Himmel würden wir uns wiedersehen.

卌

Ende Dezember kam endlich der Gerichtstermin, an dem ich meine Aussage machen durfte. Der Staatsanwalt stellte mir Fragen und ich antwortete unbefangen.

„Wann haben Sie den Sudan besucht?“, begann er.

„Ich habe 2012 den Südsudan besucht, bin aber nicht in den Sudan eingereist und habe keine militärischen Befehlshaber getroffen.“

„Wie sind Sie 2015 in den Sudan gekommen?“

„Ich bin mit einem Touristenvisum eingereist.“

„Arbeiten Sie für die *Voice of Martyrs, der Hilfsaktion Märtyrerkirche*?“

„Ich arbeite freiberuflich bei Projekten der *Hilfsaktion Märtyrerkirche* mit“, erklärte ich, „aber ich bin kein angestellter Mitarbeiter, weil ich kein amerikanischer Staatsbürger bin.“

„Warum haben Sie an der Konferenz in Addis Abeba teilgenommen?“

„Ich war dort, um für den Frieden im Sudan zu beten.“

Über 200 Inhaftierte nahmen dicht gedrängt an Heiligabend am Gottesdienst in der Kapelle teil. Am ersten Weihnachtsfeiertag durften mehr als 100 Gefangene aus dem Todeszellentrakt den Gottesdienst besuchen. Ihre Suche nach geistlicher Wahrheit war deutlich zu spüren. Der katholische Priester, der für den Gottesdienst ins Gefängnis kommen durfte, staunte über diese hohe Zahl an Gottesdienstteilnehmern. Für ihn, der auch schon in Rom gepredigt hatte, war das die größte Zuhörerschar seines Lebens.

Zu den Gottesdiensten kamen Mal für Mal mehr Inhaftierte. Den ersten Gottesdienst im Al-Huda-Gefängnis feierte ich noch mit 20 Gottesdienstbesuchern.

Es folgten weitere Fragen zu meiner Arbeit, meinen Besuchen im Sudan und der Unterstützung, die ich für den verletzten christlichen Studenten hatte organisieren wollen. Dann schloss ich meine Aussage mit einer kühnen Erklärung ab. „In einem normalen Land ist die Regierung dankbar, wenn jemand aus dem Ausland Geld bringt, um einem Bürger des Landes zu helfen. Ich bin nicht in den Sudan gekommen, um Spionage zu betreiben. Ich bin gekommen, um einem jungen Sudanesen zu helfen, der in gesundheitlicher Not ist. Der Sudan sollte dankbar sein."

Ich wusste, dass diese Aussage Gewicht hatte, aber ich wusste auch, dass sie nicht ausreichen würde.

Der 29. Januar war ein Sonntag. Ich wachte bereits vor dem Morgengrauen auf und bereitete mich auf die vermutlich letzte Fahrt zum Gericht nach Khartum vor. Einundzwanzig Termine lagen hinter uns, die sich über fast sechs Monate hingezogen hatten. Die ganze Zeit hatten die sudanesischen Medien über meinen Fall berichtet – natürlich aus Sicht der Regierung und in propagandamäßiger Weise. Ursprünglich hatte ich mit drei Monaten Haft gerechnet und dachte, der gegen mich gerichtete Verdacht würde sich leicht widerlegen lassen. Doch nun war es schon Januar.

Aber heute war endlich der letzte Termin. Wie auch immer das Urteil lauten würde – in jedem Fall würden uns in Zukunft diese langen, staubigen Fahrten auf der Ladefläche des Viehtransporters erspart bleiben. Ich packte meine Sachen in meinen kleinen Koffer und stieg ein hoffentlich letztes Mal in den Transporter.

Bruder Monim verbrachte im Gefängnis viel Zeit damit, die Zeitungen zu lesen und übersetzte sie anschließend immer für mich. Da unsere Verhandlungen in der Regel sonntags stattfanden, gab es meistens am Montag oder Dienstag lange Artikel über unseren Fall, oft illustriert mit Bildern von meiner Festplatte. Sie waren für die regierungstreuen Medien der Beweis, dass ich ein Spion war.

Aufgrund dieser ausgiebigen Berichterstattung der staatlich gelenkten Medien war mir eigentlich klar, dass wir nicht nur zu einer kurzen Haftstrafe verurteilt werden konnten. Der Staat hatte sich zu viel Mühe gegeben, uns als Kriminelle und Spione darzustellen – da würde man uns jetzt nicht einfach gehen lassen. Die sudanesische Regierung legte großen Wert darauf, von der Weltöffentlichkeit als ein funktionierendes Regierungssystem und Rechtsstaat wahrgenommen zu werden, dessen islamische Gesetze gegen christliche Aktivitäten gut und angemessen waren. Natürlich war meine Verhaftung politisch motiviert und ich machte mich innerlich auf alles gefasst – wohl wissend, dass mir vielleicht weitere Monate oder Jahre in Haft drohten. Ich wollte die Dinge tun, die Gott für mich vorbereitet hatte, egal ob das im Sudan oder in Tschechien war.

Jeden Abend, wenn ich heimlich mit meiner Familie telefonierte, sprachen wir auch offen darüber, dass ich für schuldig erklärt werden könnte. „Es kann sein, dass das Urteil fünfzehn oder zwanzig Jahre vorsieht", sagte ich ihnen immer wieder und bat sie, auch in solch einem Fall zuversichtlich zu bleiben. Immerhin hatten uns die ausländischen Botschaftsvertreter ja mitgeteilt, dass sie erst nach dem Urteil aktiv werden konnten. Es gab zwar zum jetzigen Zeitpunkt schon meinetwegen Verhandlungen zwischen den Regierungen beider Länder, aber erst wenn alle Beteiligten wussten, mit welchem Urteil wir es zu tun hatten, konnten auch entsprechende Maßnahmen eingeleitet werden.

Pastor Kuwa war bereits am 2. Januar freigesprochen worden. Der Richter hatte sich davon überzeugen lassen, dass sich der Pastor zu der Zeit, als ich in Khartum gewesen war, gar nicht in der Stadt aufgehalten hatte. Er hatte lediglich Pastor Hassan sein Auto geliehen. Damit war die Anklage gegen ihn aus Mangel an Beweisen fallen gelassen worden. Ich freute mich sehr für ihn und hoffte, dass wir Übrigen auch milde Urteile bekämen.

So waren also nun Pastor Hassan, Monim und ich allein auf dem Weg nach Khartum zur Urteilsverkündung. Schweigend betraten wir das Gerichtsgebäude, jeder von uns war in Gedanken vertieft, betete, beobachtete die Szene und wartete angespannt. Ich dachte an Vanda. Was würde sie heute machen? Hoffentlich würde die Nachricht von meinem Urteil sie nicht zu sehr erschüttern, darum betete ich innerlich. Es war eine große Anzahl Zuschauer gekommen: Medienvertreter, Angehörige mehrerer Botschaften und viele andere Leute. Als der Richter den Raum betrat, erhoben wir uns alle.

Mit fester, klarer Stimme verlas der Richter ein vorbereitetes Dokument. Pastor Hassan und Monim wurden in allen vier Punkten der gegen sie erhobenen Anklage für schuldig befunden und zu zwölf Jahren Haft verurteilt. Pastor Hassans Tochter, ein Mädchen im Teenageralter, brach im hinteren Teil des Saales laut weinend zusammen.

Dann war ich an der Reihe. Da alles auf Arabisch stattfand, musste ich erst auf meine Übersetzung warten. Heute übernahm Pastor Hassan diesen Job. Ich saß auf der Anklagebank, atmete schwer und versuchte, mich irgendwie selbst zu beruhigen, trotzdem spürte ich das laute Klopfen meines Herzens. Meine Augen waren auf den Richter fixiert und ich wartete. Dann las der Richter mein Urteil vor, Hassan beugte sich zu mir und übersetzte. Aber seine Stimme bebte, als er mein Urteil aussprach. Er konnte sein Entsetzen nicht verbergen.

„Der Richter spricht dich in allen acht Anklagepunkten schuldig. Du bekommst lebenslänglich – die höchste Strafe, die es gibt, gleich nach der Todesstrafe!“

Außerdem wurden mir 100.000 Sudanesische Pfund als Geldstrafe auferlegt (damaliger Wert etwa 17.000 USD = 15.000 €) und alle meine technischen Geräte gingen in den Besitz der sudanesischen Regierung über.

Mich erfüllte die Gewissheit, dass mein Leben in erster Linie in Gottes Hand war, das ließ mich ruhig bleiben. Auch wenn es im Nachhinein kaum vorstellbar ist, war ich irgendwie sogar *erleichtert*. Natürlich hatte ich auf ein anderes Urteil gehofft und auch dafür gebetet, aber es war abzusehen gewesen, dass die sudanesische Regierung mich zu lebenslanger Haft verurteilen würde (was in der Realität zwanzig Jahren entsprach). Doch nun war ich hauptsächlich erleichtert, dass der quälend lange, anstrengende Prozess endlich vorbei war.

In gewisser Hinsicht zeigte diese harte Strafe deutlich die Absurdität des gesamten politischen und religiösen Gerichtsverfahrens gegen mich und meine lieben sudanesischen Mitgefangenen und Brüder. Wenn die Regierung eine angemessene Strafe verhängt hätte – sechs Monate oder ein Jahr –, hätten manche Leute vielleicht gedacht, die Anklage sei legitim und ich sei wirklich an kriminellen Aktivitäten im Sudan beteiligt gewesen. Aber eine lebenslange Haftstrafe für jemanden, der nur als Hilfe ins Land gekommen war, zeigte deutlich, dass der gesamte Prozess eine Farce gewesen war.

Der Verlust meiner Geräte war nicht schlimm für mich. Ich würde mir irgendwann wieder einen neuen Computer oder eine neue Kamera kaufen können. Da hielt ich es mit Hiob:

> *Nackt bin ich zur Welt gekommen, und nackt verlasse ich sie wieder. HERR, du hast mir alles gegeben, du hast mir alles genommen, dich will ich preisen!* Hiob 1,21 (HFA)

Ich machte mir nicht einmal Sorgen um die lebenslange Haftstrafe. Schließlich gehörte mein Leben nicht mehr mir – es gehörte Jesus Christus! Er hatte dafür mit seinem Leben bezahlt.

Dreißig

JANUAR–FEBRUAR 2017
GEFÄNGNIS IN OMDURMAN / KHARTUM NORTH COMMON PRISON
(„KOBER-GEFÄNGNIS“)

Nun waren Pastor Hassan, Monim und ich keine Angeklagten mehr. Jetzt waren wir verurteilte Kriminelle und wurden direkt in ein anderes Gefängnis verlegt. Für die beiden tat es mir unendlich leid! Sie waren sich ihrer Freilassung so sicher gewesen, dass sie bereits ihre Kleider und sonstigen Habseligkeiten an die Mitgefangenen in Al-Huda verschenkt hatten. Doch statt freigesprochen zu werden, waren wir nun alle drei zu langen Haftstrafen verurteilt worden und als Nächstes stand uns der mühsame Akt der Aufnahme und Registrierung an unserem neuen Bestimmungsort bevor. Unzählige Male wurden unsere Fingerabdrücke abgenommen. Dann kam wieder eine Fahrt mit dem Viehtransporter. Diesmal wussten wir jedoch nicht, wohin es gehen würde. Angst begann, sich in die Unsicherheit zu mischen, aber ich beruhigte mich damit, dass Gott immer noch die Kontrolle über alles hatte.

Der Viehtransporter kämpfte sich durch die staubigen Straßen von Khartum Richtung Flughafen und erreichte schließlich das *Khartum North Common Prison*, bekannt als „Kober-Gefängnis“. Als wir vor dem riesigen Komplex anhielten, erfüllte mich eine seltsame Mischung aus Besorgnis und Frieden. Ich wusste, dass Gott bei mir war, aber ich hatte keine Ahnung, was diese nächste und vermutlich endgültige Etappe meiner Reise durch das sudanesische Gefängnissystem mir abverlangen würde. Das Hauptgebäude des Geländes war 1905 von einem Briten namens Cooper erbaut worden. Als sein Nachname jedoch ins Arabische übertragen worden war, hatte sich C-O-O-P-E-R in K-O-B-E-R verändert. Die Gitter-Zellentüren auf beiden Stockwerken von Kobers Hauptgefängnistrakt sahen so aus, als stammten sie direkt aus einem amerikanischen Film. Wir wurden als Insassen registriert und dann in getrennte Teile des Gefängnisses gebracht. Die Wachen nahmen mir meinen MP3-Player und das Handy ab, die

SIM-Karte konnte ich behalten. Ich hatte große Angst, dass sie auch meine Bibel beschlagnahmen würden, aber glücklicherweise durfte ich sie behalten. Hassan und ich landeten in getrennten Abteilungen, die aber beide in ziemlich gutem Zustand waren – sogar Toiletten und Duschen funktionierten.

Monim hatte nicht so viel Glück. Er kam in das ursprüngliche, von Mr. Cooper erbaute Gebäude, dem ältesten Teil des Gefängnisses. Dort war es schmutzig und es gab weder fließendes Wasser noch funktionierende Toiletten. Monim stammte aus Darfur, wo Bürgerkrieg herrschte. Wer von dort kam, wurde im Sudan grundsätzlich als Verräter angesehen. Darüber hinaus machte ihn seine dunklere Haut zu einer Zielscheibe für den Rassismus, der unter vielen arabischen Muslimen im Sudan verbreitet ist.

Das Kober-Gefängnis war dafür bekannt, dass sich hier auch einige der „ghost houses" (Geisterhäuser) des Sudan befanden – geheime Gebäude, in denen politische Gefangene physisch und psychisch gefoltert wurden. Auch Hinrichtungen wurden hier durchgeführt. Die Gefangenen aus der Todeszelle in Al-Huda wurden kurz vor der Hinrichtung hierhergebracht – das hatten Hassan und Monim damals von unseren Brüdern aus der Todeszelle erfahren. Wir bekamen davon während unseres Aufenthalts allerdings nichts mit.

Es gab im Kober-Gefängnis zwei Küchen – in der ersten wurde das Essen für die eigenen Gefangenen zubereitet. In der anderen wurde für die Insassen im benachbarten NISS-Gefängnis gekocht. Da unser Essen vor Ort zubereitet wurde, war das sudanesische Fladenbrot, das wir jeden Tag erhielten, manchmal frisch und warm. Aber nicht nur das Brot, sondern das ganze Essen war in Kober viel besser als im Al-Huda-Gefängnis, wo nicht einmal die sudanesischen Gefangenen die bereitgestellten Mahlzeiten aßen, ohne sie auf ihren im Gefängnis gebastelten Elektroplatten mit viel Kreativität zu verfeinern. Wie in Al-Huda durften auch die Gefangenen in Kober, soweit sie Geld hatten, ein paar Lebensmittel kaufen, darunter Weizen und manchmal sogar Fleisch. Damit konnten sie ihr Essen aufwerten, statt es so zu essen, wie es ihnen in die Zellen gebracht wurde.

Pastor Hassan und ich wussten, dass einige unserer muslimischen Zellengenossen aus Al-Huda hierhergebracht worden waren, weil sie die Gefängniswärter betrogen hatten und dabei erwischt worden waren. Zur Strafe kamen sie in den strengsten Teil der Haftanstalt. Als wir uns nach einigen Tagen in Kober begegneten, eilten die Männer zu mir und umarmten mich mit einem breiten Lächeln auf ihren Gesichtern. Es wurde deutlich, wie sehr sie unsere Freundschaft schätzten, und wieder war ich dankbar dafür, von Gott hier gebraucht zu werden.

Der Gefängnisleiter und sein Stellvertreter waren immer wieder vor Ort, um die Beschwerden der Gefangenen zu hören. So versuchte ich, meinen MP3-Player wiederzubekommen. „In Al-Huda durfte ich ihn haben“, erklärte ich ihnen. „Warum hier nicht?“ Man versprach mir, dass ich ihn zurückerhalten würde – ich sollte einfach die Wärter darum bitten. Das tat ich, doch nichts geschah.

So unterrichtete ich ohne MP3-Player Englisch und nahm als Lehrbuch das Johannesevangelium zu Hilfe. Damit brachte ich meinen muslimischen Mitgefangenen die Grundlagen der englischen Sprache bei und betete gleichzeitig, dass die Inhalte zu ihren Herzen sprechen würden.

Wie in Omdurman und Al-Huda gab es in Kober eine Kapelle. Aber anders als in den ersten zwei Gefängnissen hatte ich hier nur selten Gelegenheit zu predigen. Da ich wusste, dass einige Muslime an den Gottesdiensten teilnahmen, stellte ich sicher, dass meine Predigten evangelistisch waren. Gleichzeitig hatte ich viele Gedanken und Erkenntnisse aus der Zeit des Bibelstudiums in Niyaba Mendola noch nicht gepredigt und bedauerte, nicht mehr so oft zu den Menschen reden zu können wie zuvor.

Einunddreißig

FEBRUAR 2017
KHARTUM NORTH COMMON PRISON („KOBER-GEFÄNGNIS“)

Allmählich gewöhnte ich mich an die Bedingungen in Kober. Ich konnte Pastor Hassan tagsüber immer noch treffen, aber nach dem Appell am Nachmittag wurden wir in verschiedene Zellen des Gefängnisses eingesperrt, die in unterschiedlichen Abteilungen lagen. In meiner sogenannten „VIP“-Abteilung war ich mit verurteilten Regierungsbeamten, Polizisten und militärischen Spezialkräften eingesperrt, die bei den Kämpfen in Darfur oder im Jemen den Dienst verweigert hatten – Männer, die auf Geheiß von Präsident al-Baschir für Saudi-Arabien in den Kampf geschickt worden waren. Sogar ein Oberst des sudanesischen Militärgeheimdienstes, dem Befehlsverweigerung vorgeworfen wurde, war unter uns.

Diese Männer waren freundlich und teilten sogar ihr Essen mit mir, das ihre Angehörigen ihnen ins Gefängnis brachten. Einer der Gefangenen lebte in einer klimatisierten Einzelzelle mit Satellitenfernsehen. Er hatte Gicht und als er eines Tages über starke Schmerzen klagte, gab ich ihm einige meiner Ibuprofentabletten. Sie verschafften ihm Erleichterung und er war sehr dankbar dafür. Als er erfuhr, dass ich meine Familie nicht anrufen konnte, weil man mir das Handy abgenommen hatte, lud er mich ein, seine klimatisierte Zelle zu besuchen und sein Telefon zu verwenden – wann immer ich wollte. War das eine

Falle? War er etwa ein NISS-Spion? Ich war mir nicht sicher. Zuerst lehnte ich sein Angebot ab, doch nach ein paar langen Tagen ohne Kontakt mit der Heimat gab ich nach und rief meine Frau von seinem Handy aus an.

Das Gefängnis befand sich ganz in der Nähe des Flughafens, ich konnte von meiner Zelle aus sehen, wie die Flugzeuge auf einer nahe gelegenen Startbahn abhoben. Sie waren so nahe, dass ich beobachten konnte, wie ihr Fahrgestell nach dem Start eingeklappt wurde. Wenn ich mit Vanda telefonierte und gerade eine der lauteren Maschinen abhob, konnte sogar sie das ohrenbetäubende Dröhnen hören.

Meine Familie hatte durch einen Mitarbeiter der tschechischen Botschaft in Kairo von meiner Verurteilung erfahren. Natürlich waren sie sehr enttäuscht, aber die Entscheidung des Gerichts traf sie nicht unvorbereitet. Sie hofften genau wie ich, dass die diplomatischen Verhandlungen über meine Freilassung bald erfolgreich sein würden. Aber niemand konnte wissen, ob der Prozess Wochen, Monate oder vielleicht sogar Jahre dauern würde. Also fasteten und beteten sie weiter.

Die inhaftierten Soldaten in unserer Abteilung kamen und gingen. Sobald sie sich bereit erklärten, in die Krisengebiete zurückzukehren, wurden sie freigelassen.

Zum Glück stellte sich heraus, dass mein neuer Freund in der klimatisierten Zelle kein NISS-Spion war, aber ich traf auf viele andere, die welche waren. Einem begegnete ich das erste Mal am Tag unserer Urteilsverkündung, nachdem wir in das Übergangsgefängnis in Omdurman gebracht worden waren. Wir Gefangenen standen in einer Schlange und warteten darauf, dass unsere Fingerabdrücke genommen wurden. Da bemerkte ich einen weißen Mann, der etwas älter war als ich, und ich begrüßte ihn auf Englisch. „Woher kommen Sie?“, fragte ich.

Schnell legte er seinen Finger auf die Lippen, als wollte er mich warnen, still zu sein. Dann antwortete er mit starkem russischem Akzent: „Kein Englisch.“ Also wiederholte ich meine Frage auf Russisch und nun antwortete er mir. Er sei Maschinenbauingenieur und von einer Firma betrogen worden, die ihm einen guten Job im Sudan versprochen hatte. Doch eines Tages seien die Mitarbeiter des Unternehmens aus dem Sudan verschwunden, und statt seines Gehaltes habe am Ende nur eine unbezahlte Hotelrechnung auf ihn gewartet.

Die Begegnung war irgendwie seltsam gewesen und es wunderte mich nicht unbedingt, als er Hassan, Monim und mich nach Kober begleitete. Obwohl er behauptete, kein Englisch zu sprechen, war er immer irgendwie in unserer Nähe und schien unsere englischen Gespräche zu belauschen. Ich fühlte mich in seiner Nähe nicht wohl, aber ich beschloss, ihm trotzdem auf Russisch von Jesus zu erzählen. Daraufhin behauptete er, ein russisch-orthodoxer Christ zu sein!

Als er wieder einmal in unserer Nähe herumlungerte, erkannte ihn ein ägyptischer Gefangener als russischen Piloten, der früher Spezialkräfte des Militärs von Khartum nach Darfur geflogen hatte. Der Ägypter sprach kaum Englisch, doch er erschreckte den Russen zu Tode, als er sagte: „Anatolie ... Geheimdienst ... Pilot ...“ Dazu zeigte er auf die Schultern des Mannes, an die Stelle, wo normalerweise die Offiziersränge auf der Uniform befestigt sind. Der russische Pilot machte sich, so schnell er konnte, aus dem Staub und es dauerte einige Zeit, bevor wir ihn wiedersahen.

Monim durfte unsere Abteilung des Gefängnisses nur selten besuchen. So verbrachte ich meine Zeit alleine, indem ich tagsüber meistens im Schatten saß und meine Bibel las. Da es mir nicht so oft erlaubt war, die Gefängniskapelle zu besuchen, beschloss ich, meinen französischsprachigen Mitgefangenen auf Französisch von Jesus zu erzählen. Ein junger islamischer Fußballspieler aus Guinea hörte meinen kleinen französischen Predigten sehr gerne zu und wir wurden gute Freunde. Ich betete ab da jeden Tag, dass Jesus sich ihm offenbaren würde.

Es verging kein Tag in Kober, an dem ich mir nicht bewusst machte, dass meine Zeit und mein Leben in Gottes Hand waren. Er allein hatte die Kontrolle über alles. Eines Morgens, als ich wieder einmal unter einem schattigen Baum saß und in den Psalmen las – meinem Lieblingsbuch in der Bibel –, kam ich zu Psalm 126:

> *Als der HERR uns aus der Gefangenschaft nach Jerusalem zurückbrachte, da kamen wir uns vor wie im Traum. Wir lachten aus vollem Hals und jubelten laut vor Freude. Auch die anderen Völker mussten zugeben: „Was der HERR für sie ge-*

tan hat, ist groß und gewaltig!" Ja, der HERR hat große Taten für uns vollbracht! Wir waren außer uns vor Freude. Psalm 126,1-3 (HFA)

Da standen plötzlich zwei Wärter vor mir und sprachen mich an. Ich hatte Mühe, den Inhalt ihrer Worte zu erfassen, so überraschend kam die Nachricht.

„Petr", sagten sie, „Sie werden heute aus dem Gefängnis entlassen!"

Das Gefühl, von dem ich gerade in Psalm 126 gelesen hatte, überströmte mich. *Ist das real?*, fragte ich mich. *Oder war das jetzt gerade ein Traum?* Zu oft hatte ich in den zurückliegenden Monaten gedacht, dass ich freigelassen würde, und immer war es eine Täuschung gewesen. Doch bald stellte sich heraus, dass es dieses Mal tatsächlich wahr war! Tränen traten mir in die Augen und mein erster Gedanke galt Vanda. *Endlich!*

Die Nachricht von meiner Freilassung verbreitete sich unter den Gefangenen in unserer Abteilung in Windeseile. Jedes Mal, wenn ein Gefangener freigelassen wurde, freuten sich alle mit ihm und feierten seine Freiheit. *Vielleicht bin ich der Nächste*, hoffte jeder insgeheim. Meine Mitgefangenen jubelten laut und umarmten mich herzlich. Es dauerte nicht lange, bis Hassan und Monim auf mich zugerannt kamen. Auch sie freuten sich von ganzem Herzen mit mir – wenn ich nun freikam, würde man sie sicher auch bald gehen lassen.

Wie es unter den Gefangenen üblich war, schenkte ich den Zurückbleibenden meine Habseligkeiten. Die Männer griffen erfreut nach meinen wenigen Sachen und in einem aufgeregten Chaos war alles schnell verteilt. Ich ließ sie gewähren, achtete aber darauf, dass Hassan und Monim meine Medikamente erhielten. Da die Wärter bereits auf mich warteten, riss ich mich los und folgte ihnen mit meinem kleinen, halb leeren Koffer in der Hand zum Eingangsbereich des Gefängnisses.

Zwei Sicherheitsbeamte des NISS erwarteten mich. „Der Präsident des Sudan hat Sie begnadigt“, teilten sie mir förmlich mit. „Von nun an sind Sie ein freier Mann.“

Ich sah, wie sich unter ihren Hemden ihre Waffen abzeichneten, und war mir sehr bewusst, dass ich noch nicht in Sicherheit war, selbst wenn ich jetzt das Gefängnis verließ. Ich befand mich immer noch im Sudan, in den Händen eines totalitären Regimes, das alles tun konnte, was es wollte. Ein dumpfes Gefühl der Angst beschlich mich und ich war in höchster Alarmbereitschaft. Präsident al-Baschir war seit fast drei Jahrzehnten an der Macht und ich wusste, dass diese neue „Freiheit“, die er mir soeben geschenkt hatte, möglicherweise noch nicht bedeutet, dass ich wirklich frei war.

Die Gefängniswärter gaben mir meine Wertsachen zurück, auch den MP3-Player und mein Handy. Die SIM-Karte war immer noch sorgfältig in der Geheimtasche meiner Unterwäsche versteckt.

„Folgen Sie uns“ befahlen die bewaffneten, uniformierten Männer.

Zweiunddreißig

Februar 2017
Khartum, NISS-Wohnung

Ich beobachtete angespannt, wie die Beamten meinen Koffer auf die Rückbank eines kleinen weißen Autos legten und mich dann zu einem Friseursalon fuhren. Sie bestanden darauf, dass mein Bart rasiert wurde. Der Friseur wies mir einen Stuhl zu, ich lehnte mich zurück und bekam nach der Rasur noch eine pflegende Gesichtsmaske verpasst. War das der lächerliche Versuch, der Welt zu beweisen, dass es mir in sudanesischer Haft gut gegangen war? Der Barbier wiederholte die Gesichtsbehandlung dreimal. Mein Rücken begann zu schmerzen, weil ich so lange in derselben unbequemen Position stillhalten musste. Als er mit meinem Gesicht zufrieden war, holte er ein kleines, mobiles Massagegerät hervor, um die Verspannungen in meinem Nacken und meinen Schultern wieder zu lösen.

„Sie müssen sich entspannen", sagten mir die Beamten, als wir den Friseur endlich verließen. Leichter gesagt als getan. Ich war schließlich immer noch in der Gesellschaft der NISS-Geheimdienstler, die mich verhört und ins Gefängnis gebracht hatten. Allein ihr Anblick weckte in mir Erinnerungen an die schlimmsten Momente der letzten fünfzehn Monate – dazu noch die Waffen, die ich unter ihren Hemden sehen konnte. Nein – an Entspannung war nicht zu denken!

„Wir bringen Sie jetzt in eine Sauna", sagten sie dann.

Ich hatte keine Lust auf Sauna – mal ganz abgesehen davon, dass die Männer in der Zeit in Ruhe meine Taschen nach meinem Handy durchsuchen können würden –, aber es gehörte wohl zu meiner neu gewonnenen „Freiheit", dass ich tun musste, was diese bewaffneten Männer wollten. Ich hatte keine Wahl, also ging ich kommentarlos mit. Sie brachten mich zu einer privaten Sauna und ich betrat die Umkleidekabine.

Nachdem ich mich ausgezogen hatte, faltete ich meine Kleidung und legte sie ordentlich auf meine Tasche. Aber was sollte ich nur mit dem Handy machen? Die Männer würden alles durchsuchen! Ich konnte das Handy ja schlecht mit in die Sauna nehmen ... Eine Sache durfte ihnen auf keinen Fall in die Hände fallen – meine SIM-Karte! Sie enthielt alle Informationen über meine Telefonanrufe und Nachrichten aus der Zeit im Gefängnis. Also nahm ich das kleine Plastikteil schnell aus der Geheimtasche in meiner Unterhose, steckte es in meinen Mund und schob es sicher hinter den letzten Backenzahn.

Nach zehn unruhigen Minuten in der heißen Sauna bestand ich darauf, dass wir wieder gingen.

Anschließend fuhren wir zu einem örtlichen Fast-Food-Restaurant, wo die Männer mir eine große Mahlzeit mit gebratenen Hähnchenschenkeln, Pommes frites, Salat und Sprite bestellten und mich beim Essen beobachteten. Eine schwierige Situation, denn mein Magen war empfindlich und viel kleiner geworden, nachdem ich über ein Jahr lang mit mageren Rationen hatte auskommen müssen. Außerdem war es ungemütlich, vor einem so aufmerksamen Publikum zu essen – und die SIM-Karte hatte ich auch noch im Mund!

Vom Restaurant aus fuhren wir weiter zu einem noblen Bekleidungsgeschäft. „Wollen Sie Parfum kaufen? Einen Anzug? Auf jeden Fall brauchen Sie ein Hemd und eine Krawatte.“ Einer der Männer spielte vielsagend mit einem beeindruckenden Stapel Geldscheinen.

Auf keinen Fall, dachte ich. *Ich bin in Afrika. Ich reise nicht im Anzug.*

Offensichtlich hatten meine Begleiter den Auftrag, mich wieder in die gepflegte Person zurückzuverwandeln, die ich vor meiner Verhaftung gewesen war. Wenn ich bei meiner Freilassung als gut gekleideter Geschäftsmann aus einem Luxushotel trat, würde mir wohl keiner glauben, dass ich misshandelt worden war. Was für ein Schmierentheater. Ich versuchte, so wenig wie möglich mitzuspielen, ohne meine Aufpasser zu verärgern.

„Ich habe gute Kleider“, wand ich ein.

„Nein, nein, Ihre Kleidung ist nicht gut genug.“ *Wofür?* Sie hatten mir ja nicht einmal angedeutet, wohin die Reise gehen sollte.

„Ich habe diese Jeans“, sagte ich und zeigte ihnen das saubere Kleidungsstück in meinem Koffer. Sie hatten wohl strenge Anweisungen erhalten, mich auszustaffieren. Schließlich ließen sie sich aber widerstrebend darauf ein, mir nichts weiter als einen Gürtel zu kaufen, um die zerfetzte Plastikschnur zu ersetzen, die meine Hose hielt.

Als Nächstes fuhren wir zu einem Lebensmittelgeschäft, wo ich Lebensmittel für ein Frühstück kaufen sollte – ausreichend für drei oder vier Tage. Also suchte ich mir Instantkaffee, Tee, Brot, Eier, Obst und Schokoriegel zusammen.

Weiter ging's zu einem großen Wohnblock. Eine hohe Betonmauer mit Stacheldraht umgab das Anwesen und Schäferhunde begannen, bedrohlich hinter dem Zaun zu bellen, als wir aus dem Auto stiegen. Die NISS-Offiziere führten mich hinein. Hier würde ich bis Montag bleiben, sagten sie – also vier Nächte. Sie nahmen mein bestes T-Shirt mit, um es in die Reinigung zu bringen – das Shirt, das ich für meine Heimreise aufgehoben hatte –, und versprachen, es in Kürze zurückzugeben.

Die Männer gingen und ich war allein in einer leeren Wohnung. Bestimmt wurde hier alles abgehört, trotzdem wollte ich Vanda anrufen. Ich sah mich um und stellte fest, dass das Badezimmer wahrscheinlich der privateste Ort war. Also ging ich zur Toilette, konnte endlich die SIM-Karte aus meinem Mund nehmen, trocknete sie an meinem Hemd ab, schob sie zurück ins Handy und wählte eilig Vandas Nummer.

Sie ging sofort ran. Meine Stimme war ein Flüstern und ich sprach schnell.

„Was ist los?“, fragte Vanda besorgt.

„Ich wurde heute Morgen aus dem Kober-Gefängnis entlassen und bin jetzt an einem unbekannten Ort“, flüsterte ich. „Es sieht aus wie ein Versteck der sudanesischen Geheimpolizei. Mir wurde gesagt, dass ich hier vier Nächte bleiben werde."

In der Tschechoslowakei hatte es während der kommunistischen Zeit auch solche Wohnungen oder Häuser gegeben: geheime Orte, an denen Personen versteckt wurden, Agenten sich trafen, Gefangene verhört wurden oder Parteifunktionäre mit ihrer Geliebten Zeit verbringen konnten, ohne entdeckt zu werden.

Vanda war erschrocken über meinen seltsamen Anruf und machte sich Sorgen. Immerhin klang es so, als ob ich in Gefahr sei. Auch sie war im Kommunismus aufgewachsen und kannte viele Geschichten von politischen Gefangenen, die aus dem Gefängnis „entlassen" wurden, nur um später tot aufgefunden zu werden. Das war für die Regierung damals keine unübliche Weise, um sich unliebsamer Fälle zu entledigen. Jetzt befürchtete sie, dass die sudanesischen Verantwortlichen versuchen könnten, auch meinen Fall zu „beheben".

Wir beendeten das Gespräch und Vanda begann, voller Aufregung und Sorge zu beten.

Dreiunddreißig

Februar 2017
Khartum, NISS-Wohnung

Drei Nächte hatte ich nun in dieser Wohnung verbracht. Ich lag die meiste Zeit auf dem Bett, ließ mir von meinem MP3-Player Bibeltexte vorlesen und fragte mich, was wohl als Nächstes passieren würde.

Die Wohnung war nicht groß, sie besaß nur ein Schlafzimmer, in dem ein einzelnes, breites Bett stand. Das Bettzeug wirkte frisch und sauber, das Bad weniger. Wasser gab es nur gelegentlich, also stellte ich einen Eimer unter den offenen Wasserhahn und wartete darauf, dass Wasser herausfloss. Hatte sich der Eimer gefüllt, konnte ich mit einer Plastikflasche duschen, zum Abtrocknen lagen Handtücher bereit. Sobald ich nachts das Geräusch des fließenden Wassers hörte, sprang ich aus dem Bett, um die Toilette zu spülen.

Während der Nacht überprüften Wachdienst-Mitarbeiter alle halbe Stunde, ob ich noch da war. „Möchten Sie, dass wir Ihnen Wein kaufen", fragten sie zum Beispiel, „und sollen wir Ihnen ein paar Damen kommen lassen?"

Ich wollte weder Wein noch Damen, dafür bemerkte ich bald einige andere Gäste in meiner Wohnung: Mäuse!

Kaum knipste ich zum Schlafen das Licht aus, sprangen sie vom Boden direkt auf mein Bett, landeten auf mir oder meinem Kissen und flitzten an meinem frisch rasierten Kopf entlang. Doch sobald ich aufsprang und das Licht anschaltete, waren die Mäuse wieder weg. Daraufhin durchsuchte ich die Wohnung nach ihnen und fand heraus, dass sie aus den Wasserrohren über die Badewanne in die Wohnung gelangten.

Geplagt von Mäusen und Wachen konnte ich nachts kaum schlafen. Erst nachmittags ließ man mich in Ruhe, da holte ich den Schlaf dann nach. Die Wachen hatten wohl den Befehl erhalten, gut für meine Ernährung zu sorgen, also gingen sie zweimal mit mir essen. Außerdem hatte ich auch noch das Essen, das ich mir im Supermarkt ausgesucht hatte. Die Wohnung hatte einen Gasherd, damit kochte ich Tee und Eier. So wartete ich auf den kommenden Montag.

Am Sonntag, den 26. Februar, kamen um 15.30 Uhr einige Geheimdienstleute in meine Wohnung und sagten: „Machen Sie sich fertig, jemand möchte mit Ihnen sprechen." Laut ursprünglichem Plan hatte ich eigentlich noch einen Tag in der Wohnung vor mir, trotzdem waren meine wenigen Sachen schon gepackt – für alle Fälle! So griff ich schnell nach meinem Koffer und wollte zur Tür hinaustreten. *Endlich war es so weit!*

„Nein, nein, Moment!", bremste mich einer der Männer. „Nur telefonieren." Ich stellte mein Gepäck wieder ab und er reichte mir ein Handy.

Erstaunt hörte ich die Stimme der tschechischen Botschafterin.

„Herr Jašek", sagte sie, „wo sind Sie? Wir holen Sie ab. Wir warten am Flughafen auf Sie." Ich war so glücklich, dass ich kaum sprechen konnte.

„Das ist großartig!", stotterte ich, konnte ihr jedoch nicht sagen, wo ich war und fragte mich, wie ich zum Flughafen kommen würde.

„Unser Flug startet um 17.00 Uhr", fuhr sie fort. Ich wusste, dass ich momentan nicht in der Nähe des Flughafens war und bezweifelte, dass ich das rechtzeitig schaffen würde. Mir blieben nicht einmal mehr eineinhalb Stunden und ich war immer noch im Gewahrsam der NISS-Leute.

Ich legte auf, die Sicherheitsbeamten gingen und mir blieb nichts anderes übrig, als zu warten. Allein in der Wohnung beobachtete ich die Zeiger der Uhr. Minute um Minute verging. Nach einer gefühlten Ewigkeit, kurz nach 16.00 Uhr, kehrten die Männer endlich zurück. Aber zum jetzigen Zeitpunkt war es so gut wie sicher, dass ich den Flug verpassen würde.

Wir stiegen in ein Fahrzeug und machten uns auf den Weg zum Flughafen. Ich besaß weder einen Reisepass noch einen anderen Ausweis. Ob die Sudanesen wenigstens einen meiner Pässe am Flughafen bereithalten würden? Gekommen war ich mit zwei Pässen, aber einer hätte mir nun auch schon genügt. Ganz kurz dachte ich an meinen Computer, die Kamera und die anderen Dinge. Eine vollständige Begnadigung heißt eigentlich immer, dass man vor dem Gesetz als unschuldig erkannt wird, als hätte man nie ein Verbrechen begangen. Also würde man meine Sachen auch nicht weiter beschlagnahmen dürfen – theoretisch … Aber ich wollte so kurz vor dem Ziel nichts riskieren und schwieg. Obwohl ich begnadigt wurde, habe ich diese Gegenstände seit meinem Prozess nie mehr gesehen. Es gibt wahrscheinlich einen NISS-Beamten, der mit meiner Kamera gerade wundervolle Fotos macht …

Ich dachte an meine Fahrt zum Flughafen mit dem Hotel-Shuttlebus vor fünfzehn Monaten und betete, dass diese Reise jetzt anders enden würde.

卌

Endlich kamen wir am Flughafen an. Meine Begleiter waren alle in Zivil und trugen Sonnenbrillen. Mir wurde klar, dass sie sich als Flughafenangestellte ausgaben – samt der entsprechenden Passierscheine. Damit konnten wir direkt in einen besonderen Sicherheitsbereich des Flughafens fahren, wo sie meine Autotür öffneten und mich in eine VIP-Lounge führten. Dort warteten tschechische Geheimdienstmitarbeiter und zwei Ärzte auf mich. Einem der Männer war ich ein Jahr zuvor im *NISS National Club* begegnet.

Zwei NISS-Sicherheitsbeamte folgten mir durch die Lounge, einen von ihnen erkannte ich wieder. Er hatte im NISS-Gefängnis nach meiner Verhaftung die Fahndungsfotos gemacht.

Die Ärzte waren vorbereitet und hatten viele Gerätschaften dabei. Sie führten einen vollständigen Gesundheitscheck durch, schlossen mich an ein EKG-Gerät an, maßen meinen Sauerstoff und boten mir spezielle elektrolythaltige Getränke an. Sie hatten von den Mitarbeitern der tschechischen Botschaft schon erfahren, dass mein Verhalten unauffällig sei und ich mental gesund wäre, wollten aber einer Dehydratation vorbeugen. Die beiden NISS-Offiziere starrten mich erstaunt an. Sicher waren sie spätestens jetzt überzeugt, dass ich doch ein Spion war. Warum hätten mich die Geheimdienstärzte meines Landes wohl sonst so umfassend untersucht?

Dann hieß es wieder warten. Ich erfuhr, dass der tschechische Außenminister bald eintreffen würde und wir mit seinem Flugzeug nach Prag zurückkehren würden. „Ich bin mal kurz zur Toilette“, entschuldigte ich mich.

Auf der Toilette holte ich mein Handy heraus und rief Vanda ganz leise an. Nach dem beunruhigenden Telefonanruf aus der NISS-Wohnung vor drei Tagen war sie erleichtert, endlich wieder meine Stimme zu hören. Vanda hatte den Reiseplan des Außenministers auf seiner offiziellen Website verfolgt und wusste nun, dass er am 26. Februar zu einer eintägigen Reise in den Sudan aufgebrochen war. Sie hatte geschlussfolgert, dass ich dadurch – wenn diese Reise mit mir zu tun hatte – vielleicht schon in wenigen Stunden wieder zu Hause sein würde.

„Ich bin am Flughafen“, flüsterte ich nun aufgeregt in den Hörer, „und es sieht so aus, als würden wir bald fliegen. Wir warten nur noch auf den Außenminister und seine Leute.“ Ich riskierte viel mit diesem Anruf!

Nachdem wir erfahren hatten, dass der Außenminister unterwegs war, verließen wir die Lounge. Sudanesische Sicherheitsleute begleiteten uns bis zu den Treppen eines riesigen Flugzeugs der tschechischen Regierung. Als ich an Bord war, bat ich, noch einmal meine Frau anrufen zu dürfen.

„Nein, auf keinen Fall“, sagte der Geheimdienstoffizier streng. „Sie hätten vorhin die ganze Aktion fast zum Scheitern gebracht, als Sie Ihre Frau von der Toilette aus angerufen haben.“ Die schwierigen Verhandlungen um meine Freilassung hatten anscheinend bis gestern angedauert und auch jetzt mussten wir noch mit allem rechnen, solange ich noch nicht in der Luft war.

Ich lehnte mich in dem weich gepolsterten, ledernen Flugzeugsitz zurück und musste erst einmal den erschreckenden Gedanken verarbeiten, dass ich fast meine eigene Freilassung vereitelt hätte.

Fünfundvierzig Minuten später traf der Außenminister ein, zusammen mit einer ganzen Gruppe von Leuten. Ich hatte etwas Angst vor dieser Begegnung. Meine Familie hatte erzählt, dass ich seiner Meinung nach an meiner Situation selbst schuld gewesen sei – das hätte er öffentlich durchblicken lassen. Man müsse doch damit rechnen, dass es schwierig werden könnte, in einem politisch so instabilen Land unterwegs zu sein – und natürlich würde man mit der sudanesischen Regierung Ärger bekommen, wenn man das Unrecht protokollierte, das auf Anordnung der Regierung in den Nuba-Bergen geschehe und auch vom Ausland heftig kritisiert würde.

Doch als Minister Lubomír Zaorálek dann in den Regierungsflieger stieg, lächelte er mich an und sagte: „Herr Jašek, willkommen an Bord dieses Flugzeugs der tschechischen Luftwaffe! Zunächst möchte ich Sie von meinen Freunden in der Herrnhuter Brüdergemeine in Most grüßen, die mir viel über Ihre humanitäre Arbeit erzählt haben. Ich schätze Ihre Arbeit sehr.“

Was für eine Begrüßung! Erleichtert schüttelte ich ihm die Hand, dann wurde ich von seinen Mitarbeitern und seinem Sprecher begrüßt.

Unser Flug nach Prag dauerte etwas mehr als sechs Stunden. Während dieser Zeit verließ Minister Zaorálek seinen Platz in der Businessclass, um mit mir hinten zu sitzen. Etwa zwei Stunden lang fragte er mich ausführlich nach meinen Erfahrungen des letzten Jahres und hörte ruhig und aufmerksam zu. Was er dann sagte, zeigte mir nicht nur, dass er sich in meine Lage hineinversetzt hatte, sondern es war auch genau das, was ich im letzten Jahr immer wieder gedacht, aber auch kaum zu hoffen gewagt hatte: Er drehte sich zu mir, sah mich direkt an und meinte: „Wenn ich Ihnen so zuhöre, dann habe ich das Gefühl, dass Sie sich den Apostel Paulus zum Vorbild genommen haben."

Vierunddreißig

FEBRUAR 2017
PRAG

Am Abend des 26. Februars klingelte Vandas Telefon erneut. Jaroslav Vejrych, ein Mitarbeiter des tschechischen Außenministeriums, hatte wunderbare Neuigkeiten für sie: „Petr ist im Flugzeug."

Vanda brach in Tränen aus und umarmte die Kinder.

Das erste Familienfoto nach meiner Freilassung, aufgenommen im Prager Militärhospital. Ursprünglich hieß es, dass ich wohl drei Wochen in dem Krankenhaus verbringen müsse. Gott sei Dank waren meine medizinischen Werte jedoch so gut, dass ich bereits nach zwei Tagen nach Hause entlassen wurde.

Sie dankten Gott und informierten die Freunde, die mehr als vierzehn Monate lang für mich gebetet und gefastet hatten.

Meine Familie wusste, dass ich auf dem Militärflughafen in Prag landen würde, wo sie mich nicht treffen konnten. Also fuhren sie zum Militärkrankenhaus und warteten dort.

Als ich Stunden später aus dem Flugzeug stieg, umringten mich viele Reporter, ein Meer von Mikrofonen richtete sich auf mich. Ich nutzte die spontane Pressekonferenz, um als Erstes dem Außenminister für sein unermüdliches und zähes Verhandeln zu danken. Ich sprach davon, wie schwierig es gewesen sein musste, meine Freilassung aus einem Land zu erreichen, dessen Präsident vom Internationalen Strafgerichtshof angeklagt wird. Dann drückte ich meiner Heimatkirche in Kladno und unserem Pastor Daniel Kaleta meine tiefe Wertschätzung aus. Ich dankte dem Team der *Hilfsaktion Märtyrerkirche* für ihre großartige Unterstützung in dieser schwierigen Zeit, dazu meinem Anwalt und besonders meiner Familie. Schließlich dankte ich den Hunderttausenden von Christen, die für mich gebetet hatten, und allen, die die Online-Petition von CitizenGO unterzeichnet hatten, einer Organisation, die sich für verfolgte Menschen auf der ganzen Welt einsetzt.

Während ich auf der Landebahn in Prag stand und anschließend zur Kontrolle ins Militärkrankenhaus gebracht wurde, waren mein Herz und mein Verstand immer noch im Sudan. Das änderte sich erst kurz nach Mitternacht, als ich aus dem Krankenwagen stieg, während meine Familie gleichzeitig aus ihrem Auto sprang und auf mich zueilte. Zum ersten Mal seit über einem Jahr konnte ich sie endlich umarmen. Ich dankte Gott aus überfließendem Herzen für meine kleine Familie – und für die unendlich große weltweite Familie der Christen. Von dieser Familie der Christen war ich nie getrennt gewesen, nicht einmal im Gefängnis im Sudan.

Epilog

Ich kehrte nach Prag zurück und genoss es, wieder bei meiner Frau, den Kindern und den Freunden aus unserer Gemeinde zu sein, die so treu für mich gebetet hatten. Ich begann viel darüber nachzudenken, ob und wie Gott mich in den vierzehneinhalb Monaten meiner Haft verändert hatte.

Tatsächlich war ich Gott dankbar für das Privileg, für den Namen Jesu gelitten haben zu dürfen. Dachte ich an meine Familie, war ich froh, dass meine Kinder schon erwachsen und eine Ermutigung für Vanda gewesen waren. Sie hatte in dieser Zeit am meisten gelitten. Aber für mich selbst hätte ich mir gewünscht, dass Gott diese Erfahrung schon früher zugelassen hätte, weil dann der Rest meines Lebens anders ausgesehen hätte.

Gott lässt manchmal Leiden zu, weil wir lernen sollen, auf ihn zu warten. In den Psalmen steht:

> *Ich setze meine ganze Hoffnung auf den HERRN;*
> *ich warte auf sein erlösendes Wort.*
>
> *Psalm 130,5 (HFA)*

Das Warten auf Gott ist der Schlüssel zu einem christlichen Leben. Es ist der Ausgangspunkt für alle christlichen Disziplinen wie Gebet, Fasten und den Dienst für andere. Wenn wir uns angewöhnen, auf Gott zu warten, dann werden wir frei von diesem „Instant-Christentum" – dieser rastlosen Haltung, die ich zu Beginn meiner Haft an mir selbst beobachtete, wenn Gott meine Gebete nicht sofort erhörte.

Im März 2016 hatte ich fest mit meiner Freilassung gerechnet und war so enttäuscht von Gott, als er mich noch weiter im Gefängnis ließ. Ich wollte nach Hause und mit meiner Familie zusammen sein. Ich wollte wieder in meiner Gemeinde in Tschechien sein und mit den anderen zusammen Gottesdienste feiern. Aber im Rückblick habe ich einen anderen Blick auf diese Zeit: Gott hatte bessere Pläne für mich, er hatte gute Gründe, warum er mich im Sudan haben wollte. Ihm ging es darum, mich auf meine Zeit im Omdurman-Gefängnis, im Al-Huda-Gefängnis und im Kober vorzubereiten, wo ich Gelegenheit zum Predigen hatte. Außerdem wollte er mir ein Herz schenken, das den Anklägern und Anwälten im Gerichtsverfahren seine Liebe zeigen konnte. Gottes Zeitplan ist immer besser als unserer. Als ich lernte, weniger an mich zu denken und mehr an andere, ging es mir besser und ich konnte Gottes großen Plan wahrnehmen.

Meine Zeit im Sudan war vor allem eine Gelegenheit, Jesus an besonderen Orten bekannt zu machen – wenn auch unter schweren Bedingungen.

Manchmal führt Gott uns durch „dunkle Täler", damit wir lernen, auf seine Stärke und nicht auf uns selbst zu vertrauen.[21] Nur im dunklen Tal, auf der Schattenseite des Lebens, in Phasen innerer und äußerer Finsternis sehen wir, wie hell Jesus leuchtet. Je hilfloser, hoffnungsloser und wehrloser wir sind, desto aufmerksamer hören wir auf die Stimme des Hirten, der mit uns geht und uns den Weg zeigt.

Ich war oft frustriert, besonders im NISS-Gefängnis, als es mir gesundheitlich nicht gut ging und ich vor Schwäche kaum noch beten konnte. Manchmal war mein Gebet nur noch ein Stöhnen, während ich von meinen ISIS-Zellengenossen geschlagen wurde. Aber in diesen schrecklichen Momenten stöhnte der Heilige Geist mit mir und trat für mich ein.[22]

Dann hob Gott meinen Blick und ich sah, dass ich von Menschen umgeben war, die er lieb hatte und denen er begegnen wollte.

Je tiefer ich Gott beim Bibellesen begegnete, desto leichter fiel es mir, von mir wegzuschauen und Gottes Absichten für diese besondere Zeit meines Lebens zu erkennen. Im Sudan lernte ich meine Bibel mehr schätzen, als ich es mir jemals hätte vorstellen können. Der Heilige Geist will ja grundsätzlich immer zu uns sprechen, wenn wir Gottes Wort lesen. Aber ich erlebte das in einem für mich bis dahin ungekannten Maß. Während dieser Zeiten des tiefen, intensiven Bibellesens hatte ich mehr Predigten vorbereitet, als ich im Sudan predigen konnte, und bis heute habe ich nicht alle gehalten.

Gottes Botschaft lässt sich nicht einsperren.

2. Timotheus 2,9 (HFA)

Selbst wenn Gottes Leute im Gefängnis sind – sein Wort ist lebendig und wirksam! Je intensiver ich das selbst erlebte, desto leichter fiel es mir, mit anderen darüber zu sprechen. Der Heilige Geist ermutigte mich dazu, mit meinen Mitgefangenen über Jesus zu reden – mit Namenschristen, Animisten und sogar mit Muslimen. Nicht nur, dass ich in verschiedenen Gefängnissen predigen durfte, sondern ich hatte auch die Möglichkeit, meinen Mitgefangenen die Liebe Gottes praktisch zu zeigen. Viele von ihnen waren nur deshalb Feinde des Christentums, weil sie noch nie etwas von dieser Liebe gehört oder erlebt hatten. Durch Gottes Gnade konnte ich den Samen der göttlichen Wahrheiten in manche Herzen pflanzen und ich bete, dass andere Menschen ihn gießen und dass Gott ihn wachsen lässt. Im Gefängnis konnte ich wirklich lernen, meine Feinde zu lieben. Ich bete immer noch für die IS-Gefangenen, dass die vielen christlichen Gefangenen im Sudan die Möglichkeit haben, ihnen Gottes Liebe nahezubringen und von Jesus zu erzählen.

Früher hatte ich wenig Verständnis für Pastoren. Einmal sagte ich zu Vanda: „Ich stelle es mir schwierig vor, Pastor zu sein. Wie kann jemand Sonntag für Sonntag Predigten halten und immer wieder neue Dinge sagen, ohne sich zu wiederholen? Ich könnte niemals Pastor werden."

Erst im Gefängnis, als ich jeden Tag viel Zeit in Gottes Gegenwart verbrachte, begann ich zu verstehen, wie Pastoren das machen. Der Heilige Geist selbst hat mir beigebracht, auf seine Stimme zu hören.

Außerdem habe ich im Gefängnis die Bedeutung des Gebets ganz neu und sehr viel tiefer verstanden. Manchmal sagen wir zueinander so beiläufig: „Ich werde für dich beten." Früher habe ich das auch oft so dahingesagt. Aber habe ich dann auch wirklich für die Person gebetet? Wie oft? Für wie lange? Ein Beispiel: Ich habe einen Freund in der ehemaligen Sowjetunion, einen Mann namens Anatolie, der Morgen für Morgen für mich betet, sobald er aufwacht.

In unserer Kirche in Vlada. Die Gemeindeglieder hatten die Idee, sich auf dem Handy alle für 8 Uhr abends einen Alarm einzustellen – um dann an ihren jeweiligen Aufenthaltsorten zusammen mit allen anderen Gemeindegliedern gleichzeitig für mich zu beten. Um diese Zeit war im Gefängnis Schlaf befohlen. Die Gebete meiner Gemeinde ließen mich fast jede Nacht friedlich einschlafen.

Als ich im Sudan verhaftet wurde, wusste meine Frau kaum etwas über meine Situation. Die erste Person, die sie damals anrief, war unser Pastor. Er startete sofort eine Gebetskette und ungefähr drei Wochen später begann die Fastenkette. Jeden Tag fastete mindestens eine Person – teilweise waren es sogar bis zu drei verschiedene Personen –, die dann an diesem Tag besonders für mich betete, statt zu essen.

Normalerweise besuchte meine Familie einmal in der Woche einen Hauskreis. Während ich im Sudan war, traf sich meine Frau mindestens zwei, manchmal sogar drei Mal pro Woche mit verschiedenen Hauskreisen. An einem dieser Abende änderte der Hauskreisleiter plötzlich das Programm.

Statt über eine bestimmte Bibelstelle zu reden, drängte ihn der Heilige Geist dazu, für mich und die Situation zu beten, in der ich mich gerade befand. Die ganze Gruppe ging auf ihre Knie und erklärte im Gebet, dass in der Zelle, in der ich gerade war, Jesus, der Herr, sei und nur sein Wille geschehen dürfe. Nach dem Beten kehrte die Gruppe friedlich nach Hause zurück, mit dem Gefühl, dass Gott mein Problem gelöst hatte – was auch immer es gewesen war.

Monate später saßen Vanda und ich zusammen in unserem Wohnzimmer und wir erzählten uns, was wir im letzten Jahr erlebt hatten. Wir gingen dabei am Kalender entlang und verglichen Tag für Tag unsere Erfahrungen. Dabei machten wir eine erstaunliche Entdeckung. An dem Abend, als die Gruppe für mich gebetet hatte, hatte ich vor den IS-Zellengenossen knien müssen, während sie mich verhört und mit dem Besenstiel geschlagen hatten. Exakt in dem Moment, in dem ich mehr als jemals zuvor in meinem Leben vom Gebet abhängig gewesen war, hatte der Heilige Geist zu den Christen in meiner Heimat gesprochen und sie gedrängt, mit mir und für mich zu kämpfen.

Vanda und ich waren so dankbar für diese Geschichte! Wie schön, vom Heiligen Geist geleitet zu werden und in Gottes Fürsorge eingebettet zu sein.[23]

Meine eigene Erfahrung im Gefängnis hat mir neu verdeutlicht, wie wichtig es ist, für andere Christen überall auf der Welt einzutreten. Es gibt in der Bibel diese eine Geschichte von Aaron und Hur, die während eines Kampfes die Arme von Mose hochhielten. Genauso ist es auch unsere Aufgabe, die Christen zu unterstützen, die jetzt gerade verfolgt werden, die kämpfen und leiden.

Nach meiner Freilassung habe ich viele Stunden für Pastor Hassan und Monim gebetet. Beide Männer wurden inzwischen freigelassen, aber in meinem Herzen bin ich weiterhin mit anderen Christen im Gefängnis im Sudan verbunden und manchmal höre ich etwas von ihnen per E-Mail oder über die sozialen Medien. Gottes Volk ist *per Definition* ein Volk des Gebets.

Das Reich Gottes wächst nicht so, wie wir es erwarten würden. Gott nimmt gerne schwache und zerbrochene Dinge – zerbrochene Gefäße –, um darin seine lebensverändernde Botschaft zu transportieren. Da Gott mich gebrauchen konnte, um Jesu Liebe zu den Leuten zu bringen, kann er auch Sie gebrauchen.

Es wäre schön, wenn meine Erfahrungen eine Ermutigung für andere wären – für meine christlichen Brüder und Schwestern auf der ganzen Welt, die jetzt oder in der Zukunft noch verfolgt werden. Manchmal werde ich gefragt, ob ich mich als Märtyrer sehe. Nein, ich bin kein Märtyrer, aber ich habe Märtyrer kennengelernt – Christen wie Monica, Danjuma und viele andere, die ich in den sudanesischen Gefängnissen getroffen habe.

Paulus schrieb der Gemeinde in Philippi:

> *Ihr habt nicht nur das Vorrecht, an Christus zu glauben, ihr dürft sogar für ihn leiden.*
>
> *Philipper 1,29 (HFA)*

Es wird hier ausdrücklich gesagt, dass Paulus es als „Privileg“ sah, nicht nur an Christus zu glauben, sondern auch um seinetwillen zu leiden.

Als meine Familie noch unter der Herrschaft des Kommunismus lebte, fuhren mein Bruder, meine Schwester und ich einmal mit dem Auto nach Großbritannien. Das war die weiteste Reise, die für uns damals überhaupt möglich war – mit der Fähre über den Ärmelkanal. Wir besuchten eine Kirche nördlich von London und nahmen auch an einem Bibelabend teil. Die Teilnehmer hatten sich schon über eine gewisse Zeit mit Verfolgung und Leiden beschäftigt – und plötzlich waren wir da, drei Leute aus der kommunistischen Tschechoslowakei.

Nun wollten die Engländer wissen, was wir über Verfolgung dachten. Damals, in dieser Gruppe, waren wir die Experten zu diesem Thema. Ich erinnere mich an die ersten Worte, die meine Schwester Jana sagte: „Ich glaube, es ist ein Privileg, für Jesus zu leiden." Der Pastor verstand sofort, was sie meinte, aber die anderen waren verwirrt. Was für ein Privileg könnte es sein, Verfolgung zu erleben?

Ich habe nun selbst erleben dürfen, warum Verfolgung wirklich ein *Vorrecht* ist, und ich bin einfach nur dankbar dafür, dass ich auch ein wenig am Leiden Jesu Christi teilhaben durfte.

Die Botschaft von Jesus Christus hat immer auch mit Verfolgung zu tun, und darauf hat Jesus seine Jünger vorbereitet:

> *Wenn die Menschen euch hassen, dann vergesst nicht, dass man mich schon vor euch gehasst hat. Diese Welt würde euch lieben, wenn ihr zu ihr gehören würdet. Doch ihr gehört nicht mehr dazu. Ich selbst habe euch erwählt und aus der Welt he-*

Seit meiner Entlassung aus dem Gefängnis bin ich häufig in aller Welt unterwegs. Ich bedanke mich bei den Menschen, die für mich und meine Familie gebetet haben. Und ich berichte darüber, wie Gott mich durchgetragen hat in schwieriger Situation.

rausgerufen. Darum hasst sie euch. Erinnert euch daran, dass ich gesagt habe: ›Ein Diener steht niemals höher als sein Herr!‹ Deshalb werden sie euch verfolgen, wie sie mich verfolgt haben. Und wenn sie auf meine Worte gehört haben, werden sie auch auf eure hören. Das alles wird mit euch geschehen, weil ihr euch zu mir bekennt; denn die Welt kennt Gott nicht, der mich gesandt hat.

Johannes 15: 18-21 (HFA)

An einer anderen Stelle beschreibt Jesus die Verfolgung, auf die seine Nachfolger sich einstellen müssen, noch konkreter:

Aber noch bevor sich das alles ereignet, wird man euch verfolgen. Nur weil ihr zu mir gehört, werden sie euch festnehmen, in den Synagogen vor Gericht stellen und euch ins Gefängnis werfen. Ja, vor Königen und Machthabern werdet ihr verhört werden. Aber dadurch habt ihr Gelegenheit, meine Botschaft zu bezeugen. Denkt daran: Ihr sollt nicht schon vorher darüber nachgrübeln, wie ihr euch vor Gericht verteidigen könnt. Denn ich selbst werde euch Weisheit geben und euch zeigen, was ihr sagen sollt. Dem werden eure Gegner nicht widersprechen können. Selbst eure nächsten Angehörigen, eure Eltern, Geschwister, Verwandten und Freunde werden euch verraten und euch verhaften lassen. Einige von euch wird man in den Tod schicken. Lukas 21,12-16 (HFA)

Ja, manche Christen werden auch wegen ihres Glaubens umgebracht werden. Daran hat Paulus die Christen in Rom erinnert:

Was also könnte uns von Christus und seiner Liebe trennen? Leiden und Angst vielleicht? Verfolgung? Hunger? Armut? Gefahr oder gewaltsamer Tod? Man geht wirklich mit uns um, wie es schon in der Heiligen Schrift beschrieben wird: »Weil wir zu dir, Herr, gehören, werden wir überall verfolgt und getötet – wie Schafe werden wir geschlachtet!« Aber dennoch: Mitten im Leid triumphieren wir über all dies durch Christus, der uns so geliebt hat. Denn ich bin ganz sicher: Weder Tod noch Leben, weder Engel noch Dämonen, weder Gegenwärtiges noch Zukünftiges noch irgendwelche Gewalten, weder Hohes noch Tiefes oder sonst irgendetwas auf der Welt können uns von der Liebe Gottes trennen, die er uns in Jesus Christus, unserem Herrn, schenkt. Römer 8,35-39 (HFA)

Wenn ich daran denke, wie viele Christen im Norden Nigerias jedes Jahr auf grausame Weise getötet werden, dann denke ich oft an dieses Zitat, dass wir Christen *„wie Schafe geschlachtet werden"*. Aber aus der ewigen Perspektive triumphieren wir mitten in all diesem Leid!

Lange bevor ich selbst im Gefängnis war und dort zu den Gefangenen predigte, habe ich mit diesem Bibelzitat die verfolgten Christen auf der ganzen Welt ermutigt. Ich habe auch immer gerne einen anderen Satz von Paulus zitiert und versucht, andere auf Verfolgung vorzubereiten:

Tatsächlich muss jeder, der zu Jesus Christus gehört und so leben will, wie es Gott gefällt, mit Verfolgung rechnen. 2. Timotheus 3,12 (HFA)

Über viele Jahre und an vielen Orten habe ich andere ermutigt, sich auf Verfolgung einzustellen – war es da nicht naheliegend, dass ich auch selbst davon kosten durfte?

Gott hat mir *das Vorrecht* gewährt, um seines Namens willen zu leiden, und es ist eine große Freude, dieser Berufung für würdig geachtet zu werden.

Nachwort

Gedanken über das Leiden

Ein zentrales Thema meiner Geschichte und dieses Buches ist das Leiden, die Verfolgung um des Glaubens willen. Die Christen im Sudan erleben es wie auch Christen in anderen Ländern. Ich hoffe, niemand versteht Verfolgung als ein „Erziehungsmittel" für halbherzige Christen. Es ist auch kein „Beschleunigungsmittel", um das Evangelium besser zu verbreiten.

Das Neue Testament spricht vom Leiden unter einem anderen Gesichtspunkt:

> *Freut euch vielmehr darüber, dass ihr mit Christus leidet; dann werdet ihr auch jubeln und euch mit ihm freuen, wenn er in all seiner Herrlichkeit erscheint.* *1. Petrus 4,13 (HFA)*

Ja, wirklich: Wir sollten uns *freuen*, wenn wir mit Jesus zusammen leiden! Die Apostel, die von den Juden geschlagen wurden, haben das umgesetzt:

> *Die Apostel aber verließen den Hohen Rat voller Freude darüber, dass Gott sie dazu auserwählt hatte, für Jesus Verachtung und Schande zu ertragen.* *Apostelgeschichte 5,41 (HFA)*

Tatsächlich, die Apostel betrachteten es als Ehre, für ihren Herrn geschlagen zu werden.

Ich glaube, dass Leiden, insbesondere das mit dem Tod eines Märtyrers gekrönte Leiden, eine der herausragenden Ehren und ein wichtiges Privileg für Christen ist. Diese „Abschlusszeremonie" umfasst viele Zuschauer – und es gehören nicht nur anspruchsvolle Zuschauer der römischen Arenen oder wütende Mitglieder der ausführenden Kommandos dazu. (Übrigens wurden einige von ihnen echte Christen, als sie die Treue der hingerichteten Christen sahen.) Christliche Märtyrer werden nicht nur von der sichtbaren, sondern auch von der unsichtbaren Welt gesehen, für alle sind sie ein Zeugnis des Glaubens und des Gehorsams:

> *In Wirklichkeit aber, so scheint mir, hat Gott uns Aposteln einen Platz zugewiesen, wie er erniedrigender nicht sein könnte; es ist, als wären wir zum Tod in der Arena verurteilt. Ein Schauspiel für die ganze sichtbare und unsichtbare Welt sind wir geworden, für Engel und Menschen.*
>
> *1. Korinther 4,9 (HFA)*

Ja, ein Schauspiel! Als Christen müssen wir bereit sein, auf der Bühne des Lebens oder – in den Worten von Paulus – in der öffentlichen Arena aufzutreten.

Ich weiß, dass Gott stolz ist auf seine Diener, er prahlt sogar mit ihnen: „Hast du auch meinen Diener Hiob gesehen?" (Hiob 1,8; GNB), fragte Gott den Satan. Es war gar nicht Satan, der Hiob mit böser Absicht ausgewählt hat, um ihn zu versuchen. Es war Gott selbst, der den Satan voller Stolz auf seinen Diener aufmerksam machte, weil er wusste, dass Hiob auch in den schwierigsten Versuchungen treu bleiben würde. Gott weiß, wie viel wir ertragen können.[24]

Ja, ein christlicher Märtyrer ist ein „realer" Darsteller auf der Bühne der Zeitalter, über die Gott selbst Regie führt, und im Zuschauerraum in der ersten Reihe sitzt Satan mit seinen Dienern. Gott demonstriert sowohl der sichtbaren als auch der unsichtbaren Welt die Treue seiner Diener, die Luzifer verlor, als er sich stolz über Gott erhob.

Nicht jeder Christ bekommt von Gott diese Rolle. Trotzdem sind wir ein Leib in Christus.[25]

Da alle Christen die Glieder eines Körpers, eines Leibes, sind, ist es ganz normal, dass wir uns auch dafür interessieren, wo und wie Teile unseres Körpers – unsere Brüder und Schwestern – leiden.[26]

Das Wort „Leib" bedeutet im übertragenen, geistlichen Sinn „Gemeinde". Wenn uns das Schicksal der verfolgten Christen – wo auch immer auf der Welt sie leben – nicht gleichgültig ist, machen wir deutlich, dass ihr Leiden auch unser Leiden ist, weil wir Mitglieder desselben Körpers sind, dessen Kopf Jesus ist.

„Ich war im Gefängnis, und ihr habt mich besucht", sagt Jesus in Matthäus 25,36 (HFA). Die meisten der Gefängnisse in totalitären Ländern kann man nicht besuchen. Wir können den Gefangenen aber eine ermutigende Karte schicken oder eine Protestkarte an den Leiter des Gefängnisses richten. Es gibt viele Möglichkeiten, wie wir zeigen können, dass wir Mitglieder desselben leidenden Körpers sind – Jesus möchte, dass wir das tun.

Über den Autor

Petr Jašek wuchs als Sohn eines evangelischen Pfarrers auf, der in der kommunistischen Tschechoslowakei verfolgt wurde. Seit 2002 arbeitet er bei der *Hilfsaktion Märtyrerkirche* (engl.: Voice of the Martyrs, VOM) mit, um verfolgte Christen in gefährlichen Gebieten und verschlossenen Ländern zu unterstützen. Beruflich kommt er aus der Krankenhausverwaltung, später wurde er zum Leiter der Arbeit der *Hilfsaktion Märtyrerkirche* in Afrika. Petr unternimmt viele Reisen zu verfolgten Christen und ermutigt sie auch mit seinen eigenen Erfahrungen – aus seiner Kindheit und aus der Haft im Sudan.

Im Dezember 2015 wurde Petr am Flughafen in Khartum festgenommen. Er hatte sich mit sudanesischen Christen getroffen, um herauszufinden, wie die *Hilfsaktion Märtyrerkirche* ihnen am besten helfen könnte. Anstatt seine Arbeit für Verfolgte und deren Familien fortzusetzen, wurde Petr selbst ein Gefangener.

Er erlebte im Gefängnis Phasen der Entmutigung, aber er durfte auch Gottes Treue erleben. Seine Haft wurde für ihn eine Zeit, in der er im Glauben wachsen konnte, und er bekam viele Gelegenheiten, seinen Glauben mit anderen Gefangenen zu teilen und inhaftierte Christen zu ermutigen.

Während seiner 445 Tage im Gefängnis wurde Petrs Familie von der *Hilfsaktion Märtyrerkirche* und von Christen auf der ganzen Welt durch Gebet und auf vielfältige andere Weise unterstützt. Nach der Freilassung kehrte

Petr zu seiner Frau Vanda und ihren beiden erwachsenen Kindern in die Tschechische Republik zurück.

Petr ist weiterhin für die *Hilfsaktion Märtyrerkirche* weltweit unterwegs, erzählt von seiner Zeit im Gefängnis und ermutigt die Gläubigen, für die verfolgten Christen zu beten und sie auch praktisch zu unterstützen.

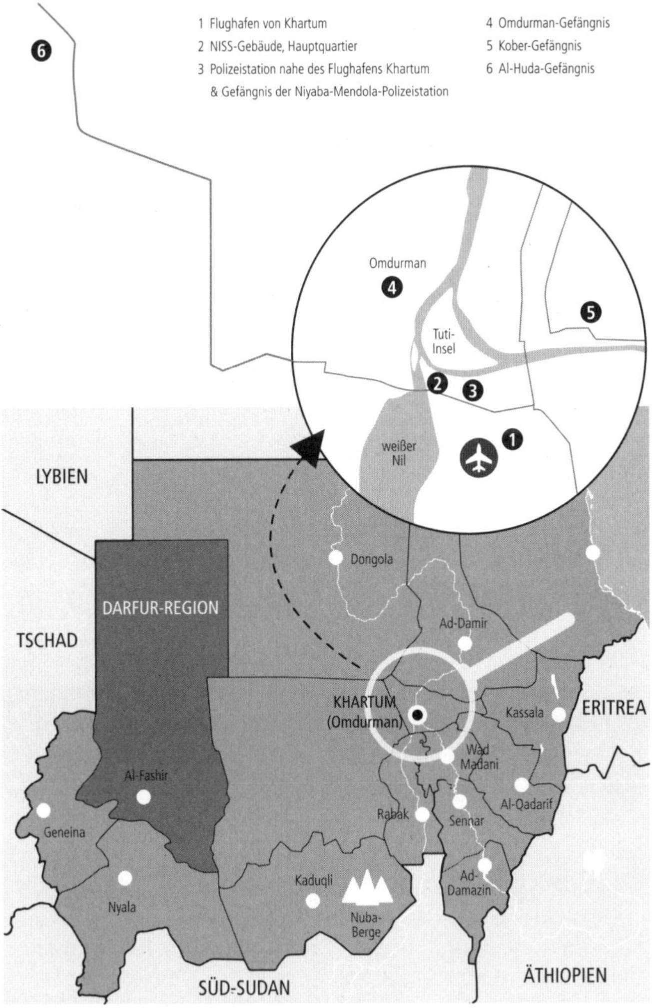
1 Flughafen von Khartum
2 NISS-Gebäude, Hauptquartier
3 Polizeistation nahe des Flughafens Khartum & Gefängnis der Niyaba-Mendola-Polizeistation
4 Omdurman-Gefängnis
5 Kober-Gefängnis
6 Al-Huda-Gefängnis
Omdurman
Tuti-Insel
weißer Nil
LYBIEN
TSCHAD
DARFUR-REGION
Dongola
Ad-Damir
KHARTUM (Omdurman)
Kassala
ERITREA
Wad Madani
Al-Fashir
Geneina
Al-Qadarif
Rabak
Sennar
Nyala
Kaduqli
Nuba-Berge
Ad-Damazin
SÜD-SUDAN
ÄTHIOPIEN

Hilfsaktion Märtyrerkirche

Verfolgten Christen helfen und von ihnen lernen

Unser Anliegen: Wir wollen verfolgten Christen helfen und von ihnen lernen … zur Förderung des Evangeliums!

In mehr als 60 Ländern dieser Welt leiden Christen, über 200 Millionen Christen sind in Gefahr, verfolgt zu werden. Dennoch wächst Jesu Gemeinde allen Widerständen zum Trotz! Warum? Weil Jesus selbst seine Gemeinde baut. Er sagt: „Ich will meine Gemeinde bauen und alle Mächte der Hölle können ihr nichts anhaben." (Matthäus 16,18).

Seit 1969 ist die *Hilfsaktion Märtyrerkirche* (HMK) die Stimme verfolgter Christen in aller Welt. Fast täglich erreichen uns Meldungen von Übergriffen auf unsere Geschwister. Hier hilft die HMK schnell und unkompliziert. Aktuell unterstützen wir 140 Projekte in 45 Ländern.

Die Arbeit geht auf Pfarrer Richard Wurmbrand zurück, der aufgrund seines Glaubens 14 Jahre in rumänischen Gefängnissen inhaftiert war.

Aufgaben der HMK

- Die HMK hilft Christen, die aufgrund ihres Bekenntnisses unter akuter Verfolgung und ihren Folgen leiden. Sie engagiert sich – in enger Zusammenarbeit mit einheimischen Partnern – u. a. in den Bereichen Soforthilfe, Wiederaufbau, Ausbildung, Kinderhilfe, Rechtsbeistand, Evangelisation und medizinische Hilfe.
- Die HMK ermutigt verfolgte Christen, indem sie ihnen eine Stimme gibt und ihr Glaubenszeugnis bekannt macht.

Sie ist Mitglied der Württembergischen Evangelischen Arbeitsgemeinschaft für Weltmission (WAW) und der Arbeitsgemeinschaft Evangelikaler Missionen (AEM).

Ihre Arbeit finanziert sich ausschließlich durch Spenden. Die HMK trägt das Spenden-Siegel des Deutschen Zentralinstitutes für Soziale Fragen (DZI) und das Spenden-Prüfzertifikat der Deutschen Evangelischen Allianz.

Monatlich gibt sie das Magazin „Stimme der Märtyrer" heraus. Dieses Magazin ermutigt und lädt zur Fürbitte und Unterstützung verfolgter Christen ein. Die „Stimme der Märtyrer" und weiteres Material können kostenlos bei der HMK bestellt werden:

Hilfsaktion Märtyrerkirche
Tüfinger Str. 3
88690 Uhldingen

Telefon: 07556 92 11-0
Telefax: 07556 92 11-40
info@verfolgte-christen.org

Büro Wetzlar:
Steinbühlstr. 3
35578 Wetzlar

Telefon: 06441-96 308-0

Aktuelle Meldungen finden Sie auf
facebook.com/HilfeFuerVerfolgteChristen.
Aktuelle Gebetsanliegen und mehr finden Sie auf unserer
Homepage www.verfolgte-christen.org.

—

„Kümmert euch um alle, die wegen ihres Glaubens gefangen sind. Sorgt für sie wie für euch selbst. Steht den Christen bei, die verhört und misshandelt werden." (Hebräer 13,3)

Bibelstellen

1 Sie spuckten ihn an, nahmen den Stock und schlugen ihm damit auf den Kopf. Matthäus 27,30 (NGÜ).

2 Ich bin ganz sicher, dass alles, was wir in dieser Welt erleiden, nichts ist verglichen mit der Herrlichkeit, die Gott uns einmal schenken wird. Römer 8,18 (HFA).

3 Vater, alles ist dir möglich. Lass diesen bitteren Kelch des Leidens an mir vorübergehen. Aber nicht was ich will, sondern was du willst, soll geschehen. Markus 14,36 (HFA).

4 Tragt an den Füßen das Schuhwerk der Bereitschaft, das Evangelium des Friedens zu verbreiten. Epheser 6,15 (NGÜ).

5 Ein Teil der Saat jedoch fällt auf guten Boden. Das bedeutet: Jemand hört das Wort und versteht es und bringt dann auch Frucht – einer hundertfach, ein anderer sechzigfach und wieder ein anderer dreißigfach. Matthäus 13,23 (NGÜ).

6 Dankt Gott in jeder Lage! Das ist es, was er von euch will und was er euch durch Jesus Christus möglich gemacht hat. 1. Thessalonicher 5,18 (NGÜ).

7 Seid stark und fasst neuen Mut, ihr alle, die ihr auf das Eingreifen des Herrn wartet! Psalm 31,25 (NGÜ).

8 Von allen Seiten umgibst du mich und hältst deine schützende Hand über mir. Psalm 139,5 (HFA).

9 Immer wieder will ich dem HERRN danken, in aller Öffentlichkeit will ich ihn loben. Er steht dem Wehrlosen zur Seite und rettet ihn vor denen, die seinen Tod fordern. Psalm 109,30-31 (HFA).

10 Wie man Wasser durch Kanäle leitet, so lenkt der HERR die Gedanken des Königs, wohin er will. Sprüche 21,1 (HFA).

11 Gelobt sei Gott, der Vater unseres Herrn Jesus Christus! Er ist der barmherzige Vater, der Gott, von dem aller Trost kommt! 2. Korinther 1,3 (HFA).

12 Was wir jetzt leiden müssen, dauert nicht lange. Es ist leicht zu ertragen und bringt uns eine unendliche, unvorstellbare Herrlichkeit. 2. Korinther 4,17 (HFA).

13 Und wie Mose damals in der Wüste die Schlange erhöhte, so muss auch der Menschensohn erhöht werden, damit jeder, der glaubt, in ihm das ewige Leben hat. Johannes 3,14-15 (NGÜ).

14 Bei Fleisch, das auf dem Markt verkauft wird, braucht ihr nicht nachzuforschen, ob es einem Götzen geopfert wurde. Ihr könnt alles ohne Bedenken und mit gutem Gewissen essen, denn „die Erde und alles, was auf ihr lebt, gehört dem Herrn“. 1. Korinther 10,25-26 (HFA).

15 Ich aber werde den Herrn laut preisen und mitten unter vielen Menschen ihn rühmen. Denn er steht dem Armen zur Seite, er hilft ihm gegen alle, die sich als Richter über sein Leben aufspielen. Psalm 109,30-31 (NGÜ).

16 Erträgt aber jemand Leid, obwohl er nur Gutes getan hat, dann findet das Gottes Anerkennung.
Denn dazu hat euch Gott berufen. Auch Christus hat ja für euch gelitten, und er hat euch ein Beispiel gegeben, dem ihr folgen sollt.
Er hat sein Leben lang keine Sünde getan; nie kam ein betrügerisches Wort über seine Lippen.
Beschimpfungen ertrug er, ohne mit Vergeltung zu drohen, gegen Misshandlungen wehrte er sich nicht; lieber vertraute er sein Leben Gott an, der ein gerechter Richter ist. 1. Petrus 2,20b-23 (HFA).

17 Wer euch antastet, der tastet seinen Augapfel an.
Sacharja 2,12 (ELB).

18 Meine Gedanken sind nicht eure Gedanken, und meine Wege sind nicht eure Wege.
Denn wie der Himmel die Erde überragt, so sind auch meine Wege viel höher als eure Wege und meine Gedanken als eure Gedanken. Jesaja 55,8-10 (HFA).

19 Sie zwangen seinen Fuß in einen Stock; sein Hals kam ins

Eisen – bis zu der Zeit, da sein Wort eintraf und der Ausspruch des HERRN ihn geläutert hatte. Psalm 105,18-19 (SLT).

20 Gott aber sei Dank! Weil wir mit Christus verbunden sind, lässt er uns immer in seinem Triumphzug mitziehen und macht durch uns an jedem Ort bekannt, wer er ist, sodass sich diese Erkenntnis wie ein wohlriechender Duft überallhin ausbreitet. 2. Korinther 2,14 (NGÜ).

21 Auch wenn es durch dunkle Täler geht, fürchte ich kein Unglück, denn du, HERR, bist bei mir. Dein Hirtenstab gibt mir Schutz und Trost. Psalm 23,4 (HFA).

22 Dabei hilft uns der Geist Gottes in all unseren Schwächen und Nöten. Wissen wir doch nicht einmal, wie wir beten sollen, damit es Gott gefällt! Deshalb tritt Gottes Geist für uns ein, er bittet für uns mit einem Seufzen, wie es sich nicht in Worte fassen lässt. Römer 8,26 (HFA).

23 Gott, der unsere Herzen durch und durch kennt, weiß, was der Geist für uns betet. Denn im Gebet vertritt der Geist die Menschen, die zu Gott gehören, so wie Gott es möchte. Römer 8,27 (HFA).

24 Was eurem Glauben bisher an Prüfungen zugemutet wurde, überstieg nicht eure Kraft. Gott steht treu zu euch. Er wird auch weiterhin nicht zulassen, dass die Versuchung größer ist, als ihr es ertragen könnt. Wenn euer Glaube auf die Probe gestellt wird, schafft Gott auch die Möglichkeit, sie zu bestehen. 1. Korinther 10,13 (HFA).

25 Leidet ein Teil des Körpers, so leiden alle anderen mit, und wird ein Teil geehrt, freuen sich auch alle anderen. 1. Korinther 12,26 (HFA).

26 Gedenkt an die Gefangenen, als wärt ihr Mitgefangene, und derer, die misshandelt werden, als solche, die selbst auch noch im Leib leben. Hebräer 13,3 (SLT).